BERUFLICHES GYMNASIUM 2013

Abitur-Prüfungsaufgaben mit Lösungen

Wirtschaft

Baden-Württemberg

2006–2012

STARK

ISBN 978-3-8490-0077-6

27. ergänzte Auflage
www.stark-verlag.de

Inhalt

Vorwort
Stichwortverzeichnis
Analyse der Stoffstruktur und Zuordnung der Abituraufgaben 1

Hinweise und Tipps

Ablauf der Prüfung I
Bewertung I
Methodische Hinweise und Zeitmanagement II

Abiturprüfung 2006

Gruppe I: BWL mit integriertem RW
Aufgabe 1: Vollkostenrechnung, Kostenanalyse 2006-1
Aufgabe 2: Aktiengesellschaft: Rechtsfragen, Jahresabschluss 2006-6
Aufgabe 3: Vergleich Kapital- und Personengesellschaften und Finanzierung bei diesen Gesellschaftsformen 2006-11
Gruppe II: Volkswirtschaftslehre
Aufgabe 4: Grundlagen der Volkswirtschaftslehre; Ziele der Wirtschaftspolitik, auch anhand wirtschaftspolitischer Tagesfragen 2006-16
Aufgabe 5: Wirtschaftspolitik und wirtschaftspolitische Konzepte anhand von Tagesfragen 2006-20

Abiturprüfung 2007

Gruppe I: BWL mit integriertem RW
Aufgabe 1: Personenunternehmen: Gründung, Rechtsfragen, Gewinnverwendung, Beendigung, Vergleich mit Kapitalgesellschaften 2007-1
Aufgabe 2: Aktiengesellschaft: Rechnungslegung, Bewertung und Gewinnverwendung; Kooperation und Konzentration 2007-6
Aufgabe 3: GmbH: Rechtsfragen; Vollkostenrechnung (Kostenstellen, Kostenträger), Kostenanalyse, Deckungsbeitragsrechnung 2007-12
Gruppe II: Volkswirtschaftslehre
Aufgabe 4: Abstimmung der Angebots- und Nachfragepläne in Verbindung mit der Sozialen Marktwirtschaft und Markteingriffen des Staates . . . 2007-18
Aufgabe 5: Geldschöpfung und Geldpolitik, auch anhand wirtschaftspolitischer Tagesfragen 2007-23

Fortsetzung siehe nächste Seite

Abiturprüfung 2008

Gruppe I: BWL mit integriertem RW
Aufgabe 1: Vergleich Kapital- und Personengesellschaften (einschließlich GmbH & Co. KG), Finanzierung bei diesen Gesellschaftsformen 2008-1
Aufgabe 2: AG: Rechtsfragen, Rechnungslegung, Auswertung des Jahresabschlusses 2008-5
Aufgabe 3: Vollkostenrechnung, Kostenanalyse, Deckungsbeitragsrechnung 2008-11

Gruppe II: Volkswirtschaftslehre
Aufgabe 4: Markt und Preis – Nachfrage und Angebot am Gütermarkt 2008-18
Aufgabe 5: Geldschöpfung und Geldpolitik, auch anhand wirtschaftspolitischer Tagesfragen 2008-23

Abiturprüfung 2009

Gruppe I: BWL mit integriertem RW
Aufgabe 1: AG: Unternehmensführung, Rechnungslegung, Auswertung des Jahresabschlusses 2009-1
Aufgabe 2: Vollkostenrechnung, Kostenanalyse, Deckungsbeitragsrechnung, Prozesskostenrechnung 2009-7
Aufgabe 3: Personenunternehmen: Rechtsfragen, Gewinnverwendung, Vergleich mit Kapitalgesellschaften 2009-13

Gruppe II: Volkswirtschaftslehre
Aufgabe 4: Verhalten der Marktteilnehmer unter Wettbewerbsbedingungen 2009-18
Aufgabe 5: Aktuelle Probleme der Wirtschaftspolitik Umweltpolitik – Beschäftigungs- und Arbeitsmarktpolitik 2009-23

Abiturprüfung 2010

Gruppe I: BWL mit integriertem RW
Aufgabe 1: GmbH: Vollkostenrechnung, Kostenstellenrechnung, Kostenträgerstückrechnung; Rechtsfragen 2010-1
Aufgabe 2: Personengesellschaften im Vergleich (rechtliche Grundlagen), offene Selbstfinanzierung der KG, statische und dynamische Investitionsrechnung 2010-9
Aufgabe 3: Kapitalgesellschaften im Vergleich (rechtliche Grundlagen), Beteiligungs- und Selbstfinanzierung bei der AG 2010-16

Gruppe II: Volkswirtschaftslehre
Aufgabe 4: Binnenwert des Geldes und Geldwertmessung in Verbindung mit den Grundsätzen der Geldpolitik der Europäischen Zentralbank 2010-22
Aufgabe 5: Verhalten der Marktteilnehmer unter Wettbewerbsbedingungen (Nachfrage und Angebot am Gütermarkt), Preisbildung unter Wettbewerbsbedingungen in Verbindung mit Markteingriffen des Staates 2010-29

Abiturprüfung 2011

Teil I: BWL mit integriertem RW

Aufgabe 1: Personen- und Kapitalgesellschaften im Vergleich (rechtliche Grundlagen), Gewinnverwendung bei KG und AG 2011-1

Aufgabe 2: Außenfinanzierung in Form der Darlehensaufnahme, statische und dynamische Investitionsrechnung 2011-6

Aufgabe 3: Zuschlagskalkulation – BAB – Kostenanalyse und Deckungsbeitrag . . . 2011-13

Teil II: Volkswirtschaftslehre

Aufgabe 4: Preisbildung bei Unternehmen mit Marktmacht 2011-21

Aufgabe 5: Ziele und Problemfelder der Wirtschaftspolitik, auch anhand von Tagesfragen: Umwelt-, Beschäftigungs- und Arbeitsmarktpolitik 2011-27

Abiturprüfung 2012

Teil I: BWL mit integriertem RW

Aufgabe 1: Personengesellschaften (rechtliche Grundlagen), Darlehensfinanzierung, Vergleich Leasing – Kredit auch anhand der Barwerte 2012-1

Aufgabe 2: GmbH (rechtliche Grundlagen); Vollkostenrechnung in Form der Zuschlagskalkulation, Angebotskalkulation, Deckungsbeitragsrechnung 2012-9

Aufgabe 3: AG: Jahresabschluss, Bewertung nach HGB (BilMoG), Analyse des Jahresabschlusses 2012-15

Teil II: Volkswirtschaftslehre

Aufgabe 4: Verhalten der Marktteilnehmer unter Wettbewerbsbedingungen (Nachfrage und Angebot am Gütermarkt), Preisbildung unter Wettbewerbsbedingungen in Verbindung mit Markteingriffen des Staates 2012-21

Aufgabe 5: Wirtschaftspolitische Konzeptionen im Vergleich – Ansatzpunkte und Ergebnisse der Wachstums- und Konjunkturpolitik in Deutschland 2012-29

Jeweils im Herbst erscheinen die neuen Ausgaben
der Abiturprüfungsaufgaben mit Lösungen.

Lösungen:
OStR Bertram Hörth und StR Rüdiger Trunz

Vorwort

Liebe Schülerin, lieber Schüler,

der vorliegende Band hilft Ihnen bei einer gezielten Vorbereitung auf Klausuren und das Abitur im **Profilfach Wirtschaft** an den Beruflichen Gymnasien (WG).

Kern des Buches sind die **Original-Abituraufgaben** der letzten Jahre, sodass Sie unter realistischen Bedingungen für die Prüfung üben können. Auf jede Aufgabenstellung folgen komplett ausgearbeitete, **schülergerechte Lösungsvorschläge**, die Ihnen eine Selbstkontrolle ermöglichen. Zusätzlich finden Sie in den Lösungen Hilfestellungen und konkrete Hinweise zum Vorgehen, die ab dem Jahrgang 2011 durch eine Raute ⧫ am linken Textrand gekennzeichnet sind.

Vor den Prüfungsjahrgängen finden Sie **Hinweise und Tipps** zur Abiturprüfung sowie eine **Analyse der Stoffstruktur und Zuordnung der Abituraufgaben**, die es Ihnen ermöglicht, schon frühzeitig mit der Abiturvorbereitung anhand der im Abitur geforderten „integrierten Aufgaben" zu beginnen.

Sollten nach Erscheinen dieses Bandes noch wichtige Änderungen für die Abiturprüfung 2013 vom Ministerium für Kultus, Jugend und Sport Baden-Württemberg bekannt gegeben werden, finden Sie aktuelle Informationen dazu im Internet unter:
www.stark-verlag.de/info.asp?zentrale-pruefung-aktuell

Viel Erfolg bei Ihren Prüfungen wünschen Ihnen Verlag und Autoren!

Stichwortverzeichnis

Abschreibungen
- bilanzielle A. 2006-3; 2006-10
- kalkulatorische A. 2006-3

AG
- Aufsichtsrat 2008-9; 2010-20
- Dividendenpolitik 2008-8
- Entstehung 2006-8
- Ermittlung des Bilanzgewinns 2007-11; 2008-4; 2011-5
- Gewinnverwendungsrechnung 2006-14; 2007-11; 2008-4; 2010-19; 2011-5
- Vertretung der AG 2006-8; 2010-19; 2011-5
- Vorstand 2006-8; 2010-19

Aktie
- Agio 2006-8; 2008-4
- Anzahl 2006-14
- Börsengang 2008-4
- fiktiver Nennwert 2008-4
- Mindesteinzahlung 2008-4
- Namensaktien 2006-8

Amortisationsrechnung 2011-10 f.
Angebot, Einflussgrößen 2009-19; 2011-32; 2012-25
Angebotskurve 2010-33
Angebotsorientierte Wirtschaftspolitik 2006-23; 2011-30
Anhang 2008-8; 2012-19
Anlagendeckungsgrad 2009-4; 2012-19
Annuitätendarlehen 2012-7
Anschaffungskosten 2006-9
Arbeitslosenquote 2009-27; 2011-29; 2012-34
Arbeitslosigkeit 2006-19; 2009-27
Arbeitsmarkt 2006-24; 2009-27; 2012-34

Barwert 2010-14; 2011-11; 2012-7
Betriebsabrechnungsbogen (BAB)
- mehrstufiger BAB 2008-14; 2010-6; 2011-18

Betriebsergebnis 2006-3; 2008-17; 2011-19
Bewertung
- beb. Grundstücke 2006-9
- Fertigerzeugnisse 2007-9; 2012-21
- Rückstellungen 2007-10
- selbsterstellte Anlagen 2006-9
- Umlaufvermögen 2007-10
- Währungsverbindlichkeit 2007-10

Bezugskurs 2010-20
Bezugsrecht
- Gründe für Bezugsrecht 2010-20
- rechnerisch 2006-14; 2010-20

Bezugsverhältnis 2006-14
Bilanzanalyse 2008-9; 2009-4; 2010-20; 2012-19
Bilanzgewinn 2007-11; 2008-4
Bilanzkurs 2006-14; 2007-11
Bruttoinlandsprodukt 2006-18; 2012-31
Bruttonationaleinkommen 2006-18

Cash-Flow 2008-10; 2009-5
Cournot'scher Punkt 2011-26

Darlehen-Leasing-Vergleich 2012-7
Darlehensarten 2011-13
Deckungsbeitrag
- Anwendung 2007-17; 2008-16; 2009-10; 2012-14
- relativer 2008-17; 2012-14

Deficit-Spending 2011-31
Dividende 2010-20

EBIT 2012-21
Eigenkapitalquote 2012-19
ESZB 2007-28
Externe Kosten 2009-26; 2011-31

Finanzierung
- Kreditfinanzierung 2008-3; 2011-12
- Kreditsicherung 2008-3
- Vergleich 2011-12

Finanzierungskennzahlen 2008-9
Fremdbezug 2009-11
Fremdfinanzierung 2008-3; 2011-12

Geldmenge M1; M3 2007-26
Geldmengenziel 2007-26
Geldschöpfung der Banken 2007-28; 2008-26
Geldschöpfung des ESZB 2008-26
Geldwertstabilität 2007-26; 2008-25

Gesamtwohlfahrt 2012-26
Gewinnmaximales Produktionsprogramm 2008-16
Gewinnschwelle 2006-5; 2009-10; 2011-20
GmbH
– Geschäftsanteil 2010-8; 2012-12
– Geschäftsführung und Vertretung 2007-15; 2008-3; 2010-19; 2012-12
– Gesellschafterversammlung 2010-8
– Gewinnverteilung 2007-15
– Gründungsvoraussetzungen 2012-12
– Haftung 2006-13; 2008-3
– Nachteile gegenüber der AG 2010-19
– Satzungsänderung 2012-12
– Stimmrecht 2010-8; 2012-12
– Umwandlungsgründe 2012-6
– Vergleich Geschäftsanteil – Stammeinlage 2007-15; 2012-12
– Vergleich Kommanditist – Gesellschafter 2012-6
– Vorteile ggü. KG 2007-5; 2008-3; 2009-17; 2012-6
GmbH & Co. KG 2007-5; 2008-3; 2009-17

Hauptrefinanzierungsgeschäft 2010-27
Herstellungskosten 2006-9; 2007-9, 15
Höchstpreis 2010-35

Inflation 2008-25; 2010-26
Investitionen 2006-18

Jahresabschluss
– Bestandteile 2008-8; 2010-19
– Feststellung 2007-11
– GUV 2008-8

Kalkulation
– Differenzkalkulation 2009-10
– Gesamtkalkulation 2011-19
– Rückwärtskalkulation 2012-13
– Selbstkosten 2008-15; 2010-5
– Zuschlagskalkulation 2008-15; 2009-11; 2010-5; 2011-17; 2012-13
Kalkulationszinssatz 2010-15
kalkulatorische Kosten 2006-4
Kapital
– Erhöhung 2006-14; 2008-4; 2010-20
Kapitalwertmethode 2010-14; 2011-12
Kartell 2007-9
Kaufkraft 2008-25; 2010-26
KG
– Ausscheiden eines Gesellschafters 2007-5; 2009-17; 2011-4
– Eigenkapital der KG 2007-5
– Firma 2007-4
– Geschäftsführung 2008-3; 2009-16; 2012-6
– Gewinnverteilung 2007-4; 2009-16; 2012-6
– Haftung 2006-13; 2007-4; 2008-3; 2009-16; 2011-3
– Privatentnahme 2010-14; 2012-6
– Rechte des Kommanditisten 2006-13; 2007-4; 2011-4
– Selbstfinanzierung 2009-16; 2010-13; 2011-4
– Vergleich mit AG 2011-4
– Vergleich mit GmbH 2007-5; 2009-15
– Vertretungsmacht 2007-4; 2009-16; 2012-6
– Wettbewerbsverbot 2009-17; 2011-4
– Widerspruchsrecht 2006-13; 2007-4
Komplementärgüter 2009-22
Konjunktur
– -indikatoren 2006-22; 2012-31
– -zyklen 2006-22; 2012-31
Konsumentenrente 2007-20; 2008-21; 2011-25; 2012-26
Konzentration 2007-9
Kooperation 2007-9; 2008-21
Kosten
– Analyse 2006-5; 2011-20
– Deckungsdifferenzen 2011-19
– fixe 2006-5; 2008-21
– kalkulatorische 2006-3
– Überstundenzuschlag 2007-17
– variable 2006-5; 2008-21
Kostenstelle
– Arten 2010-5; 2011-20
– Fertigungsgemeinkosten 2008-15; 2009-11; 2011-19
– Vertriebsgemeinkosten 2007-16
Kostenvergleichsrechnung 2010-14; 2011-10
Kredit
– Aufwand 2008-3
Kritische Menge 2011-10

Laffer-Theorem 2011-31
Lagebericht 2008-8; 2012-19
Leasing 2008-3; 2011-12; 2012-7
Leverage-Effekt 2008-4; 2009-6; 2012-20
Liquiditätskennzahlen 2008-9; 2009-4; 2012-19
Lohnpolitik 2009-28
Lohnquote 2006-19

Markt
– unvollkommener 2007-21
– vollkommener 2007-20; 2008-22; 2009-19
Marktformen 2011-24
Marktkonforme Maßnahmen 2007-21; 2010-35; 2011-32; 2012-27
Marktkonträre Maßnahmen 2007-21; 2010-35; 2012-27
Marktwirtschaft, soziale 2007-22
Maschinenstundensatz 2007-16; 2008-18
Mindestlohn 2009-28
Mindestpreise 2007-21; 2012-27
Mindestreservepolitik 2008-26
Mittelkurs 2010-20
Monopolpreisbildung 2007-21; 2008-20; 2011-24, 26

Nachfragekurve 2010-33
– Einflussgrößen 2009-21; 2010-34
Nachfrageorientierte Wirtschaftspolitik 2006-23; 2007-28; 2011-30; 2012-32

Ökologie 2009-26; 2012-33
Ökosteuer 2011-31
OHG
– Geschäftsführung 2010-13
– Gesellschaftsvertrag 2010-13
– Haftung 2006-13
– Vertretungsrecht 2006-8; 2010-13
– Wettbewerbsverbot 2007-5
Oligopol 2007-22; 2008-21
optimales Produktionsprogramm 2008-16

Pensionsrückstellungen 2012-20
Polypol 2007-20; 2008-22; 2011-24
Preisbildung an der Börse 2007-20
Preisdifferenzierung 2008-21; 2011-25
Preiselastizität der Nachfrage 2006-24; 2008-21; 2009-21
– direkte 2009-22; 2012-33
– indirekte 2009-22; 2010-34; 2012-26
Preisentwicklung 2012-25
Preisfunktionen 2007-22
Preisindex der Lebenshaltung (siehe Verbraucherpreisindex)
Preismechanismus 2006-22; 2007-21; 2010-34; 2011-32
Preisniveau 2007-26; 2008-25; 2010-26
Preisuntergrenze 2007-17; 2009-11
Produktionskonto 2006-18
Produktionsmöglichkeitenkurve 2006-19
Produzentenrente 2012-26
Prozesskostenrechnung 2009-12

Rechtsformwahl 2011-3
Rücklagen
– andere Gewinnrücklagen 2007-11; 2008-4
– gesetzliche 2007-11; 2008-4
Rückstellungen 2007-10; 2012-20

S-förmige Kostenkurve
– individuelle Angebotsfunktion 2009-20; 2011-26
– Gesamtbetrachtung 2012-25
– Stückbetrachtung 2009-19
Selbstfinanzierung
– offene 2007-11; 2009-17; 2010-19
Selbstkosten 2007-16; 2008-15
Shareholder-Value-Konzept 2009-4
Sortimentsentscheidung 2007-17; 2008-16; 2009-10
Soziale Marktwirtschaft 2007-22
Sperrminorität 2006-14; 2008-4
Staatseingriffe 2012-28, 32
Stakeholder-Konzept 2009-4
Subventionen 2012-27

Unternehmensziele 2009-4
Unternehmerlohn 2006-4; 2010-8

Verbraucherpreisindex 2008-25; 2010-26
Verkehrsgleichung des Geldes 2006-23; 2007-27
Verschmutzungsrechte 2009-26
Volkseinkommen 2006-18
Vollkostenrechnung 2008-14

Wechselkurs 2010-28
Wirtschaftspolitik
– Ziele 2008-25; 2011-29; 2012-34
– Zielkonflikte 2007-28; 2011-29
Wirtschaftswachstum 2006-18
Wohlfahrtswirkungen 2012-27

Zentralbank
– Geldpolitik 2007-27; 2008-25; 2010-27
– Leitzins 2007-28; 2008-25; 2010-27
– Probleme der Geldpolitik 2007-28; 2010-28
– ständige Fazilitäten 2007-27; 2010-27
– Zinstender 2007-27
Zinskanal 2007-27
Zusatzkosten, kalkulatorische 2006-3
Zuschlagssätze 2008-15; 2010-7; 2011-19

Analyse der Stoffstruktur und Zuordnung der Abituraufgaben

Im Abitur wird die Lösung von sogenannten „integrierten Aufgaben“ in Wirtschaft verlangt. Dies bedeutet, dass der Abiturient/die Abiturientin – obwohl er/sie in BWL/RW **aus drei Aufgaben** eine Auswahl von **zwei Aufgaben** (bzw. in VWL **1 aus 2**) treffen kann – stets mit mehreren Teilaufgaben aus verschiedenen Teilbereichen konfrontiert wird. Die Kombinationsmöglichkeiten sind hierbei so vielfältig, dass eine Spezialisierung („Mut zur Lücke“) in der Abiturvorbereitung fatale Folgen haben kann.

Das frühzeitige Üben solcher integrierter Aufgaben scheitert aber oft an der zeitlichen Differenz der Stoffinhalte im Unterricht, die meistens inhaltlich-chronologisch erarbeitet werden.

Im Folgenden werden deshalb die abiturrelevanten Lehrplaninhalte des Profilfaches Wirtschaft der Jahrgangsstufen 12 und 13 (in Baden-Württemberg jetzt „Jahrgangsstufe 1“ bzw. „Jahrgangsstufe 2“) nach dem aktuellen Bildungsplan für das Wirtschaftsgymnasium in Baden-Württemberg in eine Struktur gebracht und die Abituraufgaben dieser Struktur zugeordnet. Die dem aktuellen Unterrichtsstoff entsprechenden Teilaufgaben sind dann leicht zu finden. In den meisten Fällen sind diese Teilaufgaben getrennt von der Gesamtaufgabe zu lösen.

Die Aufgaben früherer Jahrgänge wurden an die **rechtlichen Änderungen** und an die **neuen Lehrplaninhalte** angepasst. In einigen Fällen wurden die Fragestellungen deshalb leicht modifiziert, um den neuen Lösungswegen gerecht zu werden. Alle nicht mehr lehrplanrelevanten Aufgabenteile wurden mit einem kursiven Hinweis gekennzeichnet.

Damit wird der Einsatz der Abituraufgaben schon zu Beginn der Jahrgangsstufe 1 erleichtert. Außerdem können Abiturschwerpunkte durch Aufgabenhäufungen erkannt werden.

Legende:

LPE	Lehrplaneinheiten (ab Jahrgangsstufe 1: Nr. 7)
Abituraufgaben	z. B.: 11A1 = Abitur 2011 – Aufgabe 1

Jahrgangsstufe 1 BWL/RW *(Lehrplaneinheiten 1–6 aus Klasse 11 sind nicht abiturrelevant!)*		
LPE	**Thema**	**Abituraufgaben**

7	**Internes Rechnungswesen**	
	Grundbegriffe: • Aufwendungen – Kosten; Erträge – Leistungen	 • 06A1
	Kostenanalyse: • fixe und variable Kosten; Kostenauflösung; Kosten- u. Erlösfunktionen; Stückkosten u. Stückerlöse • Gewinnschwelle und Gewinnmaximum	 • 06A1, 11A3 • 06A1, 09A2, 11A3
	Kostenartenrechnung: • kostenrechnerische Korrekturen; kalkul. Kosten • Ergebnistabelle	 • 06A1, 10A1 • –
	Kostenstellenrechnung: • Einzel- und Gemeinkosten • Verrechnung der Gemeinkosten (BAB) • Gesamtkalkulation (mit Bestandsveränderungen) • Nachkalkulation der Selbstkosten (Ist-Kosten)	 • 10A1, 11A3 • 08A3, 10A1, 11A3 • 10A1, 11A3 • 10A1, 11A3
	Kostenträgerstückrechnung: • Kalkulation mit Normalzuschlagssätzen Angebots-, Rückwärts-, Differenzkalkulation • Vergleich Ist- u. Normalkosten, Kostenabweichungen	 • 07A3, 08A3, 09A2, 10A1, 11A3, 12A2 • 10A1, 11A3
	Deckungsbeitragsrechnung: • Berechnung des einfachen Deckungsbeitrags • Kurz- und langfristige Preisuntergrenze • Annahme von Zusatzaufträgen • Eigenfertigung oder Fremdbezug • Produktionsprogramm bei freien Kapazitäten • Produktionsprogramm bei einer Engpasssituation (relativer DB)	 • 09A2, 11A3, 12A2 • 08A3, 09A2, 12A2 • – • 09A2 • 07A3, 09A2 • 08A3, 12A2
	Prozesskostenrechnung: • Ermittlung von Prozessen und Kostentreibern • Ermittlung von Prozesskostensätzen (lmi, lmn, gesamt) • Kalkulation von Prozesskosten • Bedeutung der Prozesskosten (Effekte)	 • – • 09A2 • 09A2 • 09A2

8	**Rechtsformen der Unternehmung**	
	• Vergleichsmerkmale für die Wahl der Rechtsform	• 06A3, 09A3, 10A3, 11A1, 12A1
	Rechtsformen und Rechtsformverbindungen: • Einzelunternehmung • OHG • KG • GmbH • GmbH & Co. KG • Aktiengesellschaft (AG) • Konzern	 • 09A3 • 06A3, 10A2 • 06A3, 07A1, 08A1, 09A3, 10A2, 11A1, 12A1 • 07A3, 08A1, 09A3, 10A1, 10A3, 12A1, 12A2 • 07A1, 09A3 • 06A2, 07A2, 08A2, 10A3, 11A1 • –

9	**Finanzierung und Investition**	
	Offene Selbstfinanzierung: • Gewinnverwendung KG • Gewinnverwendung u. Eigenkapitalgliederung AG	 • 07A1, 09A3, 10A2, 11A1, 12A1 • 06A3, 07A2, 08A1, 08A2, 10A3, 11A1
	• Finanzierung aus Abschreibungsgegenwerten	• –
	• Finanzierung aus Rückstellungsgegenwerten	• 12A3
	Stille Selbstfinanzierung: • Stille Rücklagen; Bilanzkurs und Börsenkurs	 • 06A3, 07A2
	Außenfinanzierung: • Beteiligungsfinanzierung KG • Beteiligungsfinanzierung AG (Kapitalerhöhung gegen Einlagen, Bezugsrecht) • Darlehen	 • 09A3 • 06A3, 08A1, 08A2, 10A3 • 11A2, 12A1
	• Leasing • Vergleich mit Kreditfinanzierung	• 08A1, 11A2, 12A1 • 08A1, 11A2, 12A1
	Verfahren der Investitionsrechnung: • Kostenvergleichsrechnung; Amortisationsrechnung • Kapitalwertmethode	 • 10A2, 11A2 • 10A2, 11A2

Jahrgangsstufe 2 BWL/RW		
LPE	**Thema**	**Abituraufgaben**
10	**Wettbewerbsimulation**	• –
11	**Jahresabschluss**	
	• Jahresabschluss (Bilanz, GuV, Anhang, Lagebericht)	• 07A2, 08A2, 12A3
	Rechnungslegung nach HGB: • Bewertung; Bewertungsprinzipien (AHK für bebaute Grundstücke, unfertige und fertige Erzeugnisse, Fremdwährungsverbindlichkeiten) • Kritik an den Bewertungsvorschriften	• 06A2, 07A2, 12A3 • –
	Rechnungslegung nach IAS/IFRS: • Rechnungslegungsgrundsätze • Bewertung (AHK für bebaute Grundstücke, unfertige und fertige Erzeugnisse, langfr. Autragsbearbeitung)	• – • –
	Bilanzkennzahlen: • Kapitalstruktur (EK-Quote) • Anlagendeckung • Liquidität	• 09A1, 12A3 • 08A2, 09A1, 12A3 • 08A2, 09A1, 12A3
	Erfolgskennzahlen: • Rentabilität; Leverage-Effekt • Cashflow • EBIT (Ergebnis vor Zinsen und Steuern)	• 08A1, 08A2, 09A1, 12A3 • 08A2, 09A1 • 12A3
	• Finanzplanung	• –
12	**Unternehmensführung und Controlling**	
	• Personalführung; Humankapital	• –
	• Zielsystem eines Unternehmens	• 09A1
	• Zielbeziehungen (Shareholder-Value vs. Stakeholder-Konzept)	• 09A1
	Strategische Unternehmensführung: • Umweltanalyse, Unternehmensanalyse	• –
	• Balanced Scorecard	• –
	Operatives Controlling: • Kennzahlen	• –

	Strategisches Controlling: • Szenariotechnik • Strategietypen • Portfoliokonzept	 • – • – • –

13	**Problemorientierte betriebswirtschaftliche Sachverhalte**	

14	**Wahlthema**	
	Nicht Gegenstand der Abiturprüfung!	

Jahrgangsstufe 1 VWL		
LPE	**Thema**	**Abituraufgaben**

15	**Verhalten der Marktteilnehmer unter Wettbewerbsbedingungen**	
	Nachfrage privater Haushalte am Gütermarkt: • Bestimmungsfaktoren der individuellen Nachfrage: – Preise des Gutes – Preise anderer Güter – Bedürfnisstruktur; Einkommen; Zukunftserwartungen	 • 09A4, 10A5, 12A4
	• Gesamtnachfrage nach einem Gut – Ableitung und Bestimmungsfaktoren der Gesamtnachfrage – Veränderung der Gesamtnachfrage	• 06A5, 09A4, 10A5, 11A4, 12A5
	• Preiselastizität der Nachfrage – direkte Preiselastizität – indirekte Preiselastizität	• 06A5, 08A4, 09A4, 10A5, 12A4, 12A5
	Angebot privater Unternehmen am Gütermarkt: • Angebotsverhalten eines Unternehmens bei linearem Kostenverlauf	 • 06A5, 10A5
	• Angebotsverhalten eines Unternehmens bei S-förmigem Kostenverlauf	• 09A4, 11A4, 12A4
	• Bestimmungsfaktoren des individuellen Angebots	• 09A4
	• Gesamtangebot für ein Gut und seine Veränderung	• 07A4, 09A4, 10A5, 12A4

16	**Preisbildung auf verschiedenen Arten von Märkten**	
	Markt: • Funktionen des Marktes, Marktformen und Marktmacht	 • 03A4, 11A4
	• Modellannahmen des vollkommenen Marktes	• 07A4, 08A4, 09A4

	Preisbildung auf Wettbewerbsmärkten: • Zustandekommen und Eigenschaften des Gleichgewichtspreises • Konsumenten- und Produzentenrente • Anpassungsprozesse bei Ungleichgewichten und Änderungen des Gleichgewichtspreises	• 07A4, 10A5, 11A4 • 07A4, 11A4, 12A4 • 07A4, 10A5, 11A4, 11A5
	Staatliche Eingriffe in die Preisbildung: • Wohlfahrtsverluste bei Störung des Preismechanismus • marktkonforme und marktkonträre Staatseingriffe	• 12A4 • 06A5, 07A4, 10A5, 11A5, 12A4, 12A5
	Preisbildung des Angebotsmonopols: • Erlöskurve und Gewinnmaxiumum (Cournot'scher Punkt) des Angebotsmonopols • Marktversorgung – Kritik am Monopol • Preisdifferenzierung des Angebotsmonopolisten	• 07A4, 08A4, 11A4 • 07A4, 11A4 • 08A4, 11A4
	Preisbildung im Polypol auf dem unvollkommenen Markt: • Doppelt geknickte Preis-Absatz-Funktion und monopolistischer Preisspielraum	• 07A4
	Preisbildung im Oligopol: • Kooperatives Verhalten, Preisstarrheit und Verdrängungswettbewerb	• 07A4, 08A4

17	**Konjunktur- und Strukturkrisen der Marktwirtschaft – Notwendigkeit und Ziele der Wirtschaftspolitik**	
	Konjunkturelle Schwankungen und Strukturwandel: • Konjunkturzyklus und Konjunkturindikatoren • Strukturwandel	• 06A5, 12A5 • –
	Ziele, Bereiche und Träger der Wirtschaftspolitik: • Ziele der Wirtschaftspolitik und Zielbeziehungen • Bereiche und Träger der Wirtschaftspolitik	• 07A5, 08A5, 11A5, 12A5 • 12A5

18	**Geldtheorie und Geldpolitik**	
	Zusammenhang zwischen Geld- und Gütermenge: • Fisher'sche Verkehrsgleichung des Geldes	• 06A5, 07A5
	Europäisches System der Zentralbanken (ESZB): • Rechtsstellung, Aufgaben und Organe des ESZB	• 07A5, 08A5

	Geldmengenbegriffe, Geldschöpfung und geldpolitische Strategie des ESZB: • Geldmengenbegriffe des ESZB • Geldschöpfung des ESZB • Geldpolitische Strategie des ESZB	 • 07A5 • 07A5, 08A5 • 07A5, 08A5, 10A4
	Geldschöpfung der Geschäftsbanken: • Geldschöpfungsmultiplikator	 • 07A5, 08A5
	Binnenwert des Geldes: • Preisniveau und Kaufkraft • Verbraucherpreisindex • Realeinkommen	 • 07A5, 08A5, 10A4 • 08A5 • 08A5
	Geldwertschwankungen: • Inflation • Deflation	 • 10A4 • –
	Geldpolitische Instrumente: • Offenmarktpolitik • Ständige Fazilitäten • Mindestreservepolitik	 • 07A5, 10A4 • 07A5, 10A4 • 08A5
	• Probleme und Grenzen der Geldpolitik	• 07A5, 10A4

Jahrgangsstufe 2 VWL		
LPE	**Thema**	**Abituraufgaben**
19	**Wirtschaftspolitische Konzepte zur Wachstumsförderung und Konjunkturstabilisierung**	
	Wirtschaftspolitische Konzepte: • Angebotsorientierte Wirtschaftspolitik • Nachfrageorientierte Wirtschaftspolitik • Kombinierter Einsatz wirtschaftspolitischer Konzepte	 • 11A5, 12A5 • 06A5, 07A5, 12A5 • 11A5, 12A5
	Ergebnisse der Wachstums- und Konjunkturpolitik in Deutschland: • Zielerreichung und Zielkonflikte • Staatsverschuldung • Aktuelle Probleme	 • 11A5, 12A5 • 11A5, 12A5 • 11A5, 12A5

20	**Aktuelle Probleme der Wirtschaftspolitik**	
	Spannungsverhältnis zwischen Ökonomie und Ökologie: • Umweltprobleme • Ziele und Prinzipien der Umweltpolitik • Instrumente der Umweltpolitik – ordnungsrechtliche Instrumente – marktbezogene Instrumente	 • 09A5, 12A4 • – • 07A4, 09A5, 11A5, 12A4, 12A5
	Einer der beiden folgenden Themenbereiche: Beschäftigungs- und Arbeitsmarktpolitik sowie Sozial- und Verteilungspolitik ist nach vorheriger Information für das schriftliche Abitur relevant (Sternchenthema). Der jeweils andere dieser beiden Themenbereiche ist nach dem schriftlichen Abitur zu behandeln.	
	Beschäftigungs- und Arbeitsmarktpolitik: • Ausmaß und Struktur der Arbeitslosigkeit • Arbeitslosigkeit als wirtschaftliches und soziales Problem • Ursachen und Formen der Arbeitslosigkeit • Instrumente der Beschäftigungs- und Arbeitsmarktpolitik • Lohnpolitik der Tarifvertragsparteien	 • 09A5, 12A5 • 09A5 • 09A5 • 06A5, 09A5, 11A5, 12A5 • 09A5
	Sozial- und Verteilungspolitik: • Einkommens- und Vermögensverteilung • Ziele, Ansatzpunkte und Maßnahmen der Sozial- und Verteilungspolitik • System und Probleme der sozialen Sicherung in Deutschland	 • – • – • –

21	**Außenwirtschaft und Globalisierung**	
	Bedeutung der Außenwirtschaft: • Außenhandel und Zahlungsbilanz in Deutschland • Ursachen und Vorteile des Außenhandels	 • – • –
	System freier Wechselkurse: • Kursbildung • Zusammenhang zwischen Wechselkurs, Außenhandel und Finanztransaktionen	 • – • 10A4
	Außenwirtschaftspolitik: • Instrumente der Außenwirtschaftspolitik • Internationale Organisationen zur Förderung des Außen- und Welthandels	 • – • –
	Globalisierung: • Begriff, Ursachen und Merkmale der Globalisierung • Folgen der Globalisierung	 • – • –

Wichtige Änderungen im Zuge der steuerrechtlichen Bewertung		
	alte Regel	neue Regel
degressive Abschreibung beweglicher Wirtschaftsgüter gem. § 7 Abs. 2 EStG	zweifacher linearer Satz; maximal 20 %	– bei Anschaffung im Jahr 2006 und 2007 gilt dreifacher linearer Satz; maximal 30 % – bei Anschaffung nach dem 31. 12. 07 und vor dem 01. 01. 09 war **keine** degressive Abschreibung mehr möglich. – bei Anschaffung im Jahr 2009 und 2010 gilt 2,5-facher linearer Satz; maximal 25 % – Ab 01. 01. 2011 ist **keine** degressive Abschreibung mehr möglich.
Geringwertige Wirtschaftsgüter (GWG) gem. § 6 Abs. 2 und Abs. 2a EStG	Bei AHK bis 410 € (netto) → Sofortabschreibung im Jahr der Anschaffung/Herstellung möglich	Bei AHK bis 150 € (netto) → GWG können im Jahr der Anschaffung/Herstellung vollständig als Aufwand verbucht werden. Bei AHK von 150 € bis 1.000 € → mehrere Wahlrechte: – Bei AHK bis 410 € (netto) Sofortabschreibung im Jahr der Anschaffung/Herstellung – oder Abschreibung über Nutzungsdauer möglich – Bildung eines Sammelpostens (Pool), der jährlich mit 20 % linear abgeschrieben wird.

Hinweise und Tipps

Ablauf der Prüfung

Die Aufgaben der Abiturprüfung im Profilfach Wirtschaft werden zentral vom Ministerium für Kultus, Jugend und Sport Baden-Württemberg gestellt und sind für alle Schüler verbindlich vorgeschrieben. Die Prüfung gliedert sich in zwei Teilbereiche:

Teil I: Betriebswirtschaftslehre mit integriertem Rechnungswesen
Teil II: Volkswirtschaftslehre

Beliebige Themen der Betriebswirtschaftslehre können mit beliebigen Themen aus dem Rechnungswesen in den Aufgaben des Teils I kombiniert werden. Eine Zuordnung von Stoffstruktur und Abituraufgaben, die die Vorbereitung auf diese sogenannten integrierten Aufgaben erleichtert, findet sich im Anschluss an das Stichwortverzeichnis.

Der Teil I (BWL mit RW) enthält drei Aufgabenvorschläge (Aufgabe 1, 2 und 3), von denen Sie zwei nach Ihrer Wahl lösen müssen.

Der Teil II (VWL) enthält zwei Aufgabenvorschläge (Aufgabe 4 und 5), von denen eine zu bearbeiten ist.

Die **Arbeitszeit** für die gesamte Prüfung beträgt 270 Minuten. Als **Hilfsmittel** sind für alle Teilbereiche zugelassen:

1. Eine unkommentierte Gesetzessammlung
2. Ein nicht programmierbarer elektronischer Taschenrechner

Bewertung

Die bei den einzelnen Teilaufgaben maximal erreichbaren Bewertungseinheiten (BE) finden Sie bei den jeweiligen Aufgaben. Jede Aufgabe wird mit je 30 Korrekturpunkten bewertet. Somit kann eine maximale Verrechnungspunktzahl von 90 erreicht werden.

Bewertungstabelle bis zum Abitur 2006

Notenpunkte	15	14	13	12	11	10	09	08
Verr.-Punkte	90–85	84–79	78–73	72–69	68–64	63–60	59–55	54–51
Notenpunkte	07	06	05	04	03	02	01	00
Verr.-Punkte	50–46	45–42	41–37	36–33	32–28	27–23	22–16	15–0

Bewertungstabelle seit dem Abitur 2007

Notenpunkte	15	14	13	12	11	10	09	08
Verr.-Punkte	90–85	84–81	80–76	75–72	71–67	66–63	62–58	57–54
Notenpunkte	07	06	05	04	03	02	01	00
Verr.-Punkte	53–49	48–45	44–40	39–34	33–28	27–22	21–16	15–0

Methodische Hinweise und Zeitmanagement

Vorbereitung

- Bereiten Sie sich langfristig vor!
- Wiederholen Sie bereits behandelte Inhalte regelmäßig und verfestigen Sie Ihr Wissen durch neue, komplexere Aufgabenstellungen, um das langfristige Gedächtnis zu aktivieren.
- Benutzen Sie als Grundlage für diese Wiederholungen neben diesem Übungsbuch Ihre Unterrichtsaufzeichnungen, alte Schulaufgaben und Extemporalien sowie das Lehrbuch.
- Besprechen Sie auftretende Fragen und Probleme sofort mit Mitschülern und/oder dem Fachlehrer und lösen Sie komplizierte Fragestellungen gemeinsam.
- Versuchen Sie auch bei Übungen zügig und konzentriert zu arbeiten.
- Stellen Sie sich einen Wecker und machen Sie sich selbst Zeitvorgaben, um so die Prüfungssituation zu simulieren.

Bearbeitung der Prüfung

- Bearbeiten Sie die Prüfungsarbeiten möglichst in der angegebenen Reihenfolge. Bei häufigem Springen von einem Themenbereich zum anderen verlieren Sie schnell den Überblick und erkennen keine Zusammenhänge.
- Orientieren Sie sich an der Zahl der maximal erreichbaren Bewertungseinheiten, um einen groben Zeitplan für die einzelnen Teilaufgaben festzulegen.
- Lesen Sie die inhaltlich zusammengehörenden Aufgaben ruhig, konzentriert und vollständig durch; oft bekommen Sie in nachfolgenden Teilaufgaben direkte oder indirekte Hinweise, die Sie bei der Lösung der vorhergehenden Aufgaben verwenden können.
- Markieren Sie beim Lesen wichtige Daten in der Aufgabenstellung farbig.
- Oft hilft Ihnen eine grafische Darstellung oder Skizze, um die Problemstellung zu veranschaulichen und um den Einstieg in die Lösung zu finden.
- Nutzen Sie bekannte Schemata als „Gerüst“, wie z. B. das Kostenkalkulationsschema, den BAB, das Kostenträgerblatt oder das Schema für die mehrstufige Deckungsbeitragsrechnung, in die Sie die gegebenen Werte eintragen, um dann nach und nach die fehlenden Größen zu ermitteln.
- Sollten Ihnen notwendige Zwischenergebnisse, die oft auch mit angegeben sind, fehlen, machen Sie eine (sinnvolle) Annahme, unter der Sie dann die nachfolgenden Teilaufgaben lösen. Vermerken Sie aber unbedingt auf Ihrem Blatt, dass Sie mit einer selbstgewählten Annahme weiterrechnen.
- Auch eine saubere, großzügige und übersichtliche Form hilft beim Erkennen und Lösen eines Problems.
- Verwenden Sie geeignete Fachbegriffe und vergessen Sie nicht die Bezeichnungen bei den grafischen Darstellungen und den berechneten Werten.

Profilfach Volks- und Betriebswirtschaftslehre mit Rechnungswesen (Baden-Württemberg)
BWL mit integriertem RW (Gruppe I) 2006 – Aufgabe 1

Vollkostenrechnung, Kostenanalyse

1 Die Bianca Sauter GmbH, Herstellerin von Drehteilen, hat zum 01. 01. 2003 ihre Tätigkeit aufgenommen. Die zusammengefasste Bilanz für 2005 hat folgendes Aussehen:

AKTIVA — Bilanz zum 31. 12. 2005 (in €) — PASSIVA

AKTIVA		PASSIVA	
Bebaute Grundstücke	746.000	Gezeichnetes Kapital	1.000.000
Maschinen	409.600	Rücklagen	152.000
Betr.- u. Geschäftsausstattung	102.400	Darlehen	458.000
Fuhrpark	20.000	erhaltene Anzahlungen	85.000
Roh-, Hilfs- u. Betriebs-Stoffe	150.000	Verbindlichkeiten a. L. u. L.	115.000
Forderungen	220.000	sonstige Verbindlichkeiten	18.000
Bank	180.000		
	1.828.000		1.828.000

Zum Jahresende 2005 beträgt der Gebäudeanteil in der Position bebaute Grundstücke 546.000 €. Die bebauten Grundstücke wurden bilanziell und kalkulatorisch mit 3 % linear, Maschinen und Betriebs- und Geschäftsausstattung (BuG) jeweils bilanziell mit 20 % geometrisch-degressiv und kalkulatorisch linear abgeschrieben. Der kalkulatorische Wertansatz für den Fuhrpark übersteigt zum Jahresende 2005 den Bilanzansatz um 10.000 €. Für die Maschinen und die BuG wird eine Nutzungsdauer von jeweils 10 Jahren angenommen.

Die Wiederbeschaffungskosten betragen:
- Bebaute Grundstücke 974.000 € (Gebäudeanteil 650.000 €)
- Maschinen 960.000 €
- BuG 240.000 €

Die Verbindlichkeiten aus Lieferungen und Leistungen können nicht skontiert werden.

1.1 Erklären Sie allgemein, in welchem Fall bei der Position „Abschreibungen auf Maschinen" entweder neutraler Aufwand oder Zusatzkosten entstehen können.

1.2 In welcher Höhe sind seit der Aufnahme der Geschäftstätigkeit bis zum 31. 12. 2005 durch Abschreibungen auf die Positionen „bebaute Grundstücke" und „Maschinen" jeweils Grundkosten, Zusatzkosten und neutrale Aufwendungen angefallen?

1.3 Angenommen, der Höchstsatz der geometrisch-degressiven Abschreibung wäre in der Ausgangssituation niedriger als 20 % gewesen. Begründen Sie ohne rechnerischen Nachweis, ob und gegebenenfalls wie sich dies in den ersten Nutzungsjahren auf das Unternehmensergebnis und das Betriebsergebnis ausgewirkt hätte.

1.4 Ermitteln Sie für das Geschäftsjahr 2006 die zu verrechnenden kalkulatorischen Zinsen bei einem Zinssatz von 6 % p. a.

Hinweis: Kalkulatorische Zinsen sind nicht mehr prüfungsrelevant!

1.5 Begründen Sie, warum in der Kosten- und Leistungsrechnung (KLR) kalkulatorische Zinsen verrechnet werden.

Hinweis: Kalkulatorische Zinsen sind nicht mehr prüfungsrelevant!

1.6 Weshalb wird im vorliegenden Fall kein kalkulatorischer Unternehmerlohn in der KLR angesetzt?

2 Aufgrund des Konkurrenzdrucks plant die Unternehmensleitung eine Erhöhung der Arbeitszeit von 35 auf 40 Stunden pro Woche ohne Lohnausgleich. Für die zurückliegenden Monate stehen folgende Daten zur Verfügung:

Monat	Stückzahl	Gesamtkosten	Umsatz
Mai 2005	52.000	804.000 €	790.400 €
Juni 2005	66.000	972.000 €	1.003.200 €

2.1 Bei der bisherigen Arbeitszeit von 35 Stunden pro Woche hätten monatlich maximal 70.000 Drehteile produziert werden können.

2.1.1 Berechnen Sie die bisherigen Fixkosten und die variablen Stückkosten.

2.1.2 Wie hoch wäre die maximal produzierbare Menge nach der geplanten Erhöhung der wöchentlichen Arbeitszeit, wenn keine sonstigen Engpässe zu erwarten sind?

2.1.3 Ermitteln Sie die variablen Stückkosten nach der geplanten Arbeitszeitverlängerung, wenn davon auszugehen ist, dass bisher 30 % der variablen Kosten Fertigungslöhne waren.

2.1.4 Um welche Stückzahl würde sich nach Einführung der Arbeitszeitverlängerung die Gewinnschwelle bei unverändertem Verkaufspreis ändern?

2.2 Das Auftragsvolumen von 66.000 Stück (Juni 2005) könnte auch für die folgenden Monate bei unverändertem Absatzpreis beibehalten werden. Es besteht die Aussicht, zusätzlich 14.000 Stück zu verkaufen.

2.2.1 Wie hoch wären die Gesamtkosten für die zusätzliche Produktionsmenge, wenn die Arbeitszeitverlängerung nicht eingeführt würde und bei einer Überschreitung der Normalarbeitszeit ein Überstundenzuschlag von 25 % auf den Lohnanteil zu verrechnen wäre?

2.2.2 Angenommen, die Arbeitszeitverlängerung würde durchgeführt. Die Unternehmensleitung möchte zur Gewinnung eines neuen Kunden die Konkurrenz mit einem niedrigen Verkaufspreis unterbieten und sich in den Folgemonaten mit demselben Ergebnis wie im Juni 2005 begnügen.
Zu welchem Stückpreis könnten unter diesen Bedingungen die 14.000 Teile verkauft werden?
(Falls Sie die Teilaufgabe 2.1.3 nicht rechnen konnten, gehen Sie davon aus, dass die Lohnstückkosten nach der Arbeitszeitverlängerung 3,15 € betragen.)

Punkte:

Frage	1.1	1.2	1.3	1.4	1.5	1.6	2.1.1	2.1.2	2.1.3	2.1.4	2.2.1	2.2.2
NP	2	4	2	4	2	2	2	2	2	3	2	3

Lösungsvorschlag

Aufgabe 1: Vollkostenrechnung, Kostenanalyse

1.1 Entstehung von neutralem Aufwand bzw. Zusatzkosten

Neutraler Aufwand: bilanzielle Abschreibung > kalkulatorische Abschreibung
Zusatzkosten: bilanzielle Abschreibung < kalkulatorische Abschreibung

1.2 Grundkosten, Zusatzkosten und neutrale Aufwendungen

Abschreibungen auf

– **Gebäude:** linear mit 3 %
bilanziell: x = 9 % (3 % · 3 Jahre)
546.000 € = 91 %
x = 54.000 €

kalkulatorisch: (3 % von 650 000 € Wiederbeschaffungswert) · 3 Jahre = 58.500 €

– **Maschinen:**
bilanziell: geometrisch degressiv mit 20 % vom Restwert

Wertansatz zum Tätigkeitsbeginn	800.000 €	100 %
Abschreibung 2003	160.000 €	20 %
Wertansatz Ende 2003	640.000 € 640.000 €	80 % 100 %
Abschreibung 2004	128.000 €	20 %
Wertansatz Ende 2004	512.000 € 512.000 €	80 % 100 %
Abschreibung 2005	102.400 €	20 %
Wertansatz Ende 2005	409.600 €	80 %

Summe der Abschreibungen: 160.000 € + 128.000 € + 102.400 € = 390.400 €

kalkulatorisch: linear mit 10 % (Nutzungsdauer 10 Jahre)
(10 % von 960.000 € Wiederbeschaffungswert) · 3 Jahre = 288.000 €

	neutrale Aufwendungen	Grundkosten	Zusatzkosten
bebaute Grundstücke	–	54.000 €	4.500 €
Maschinen	102.400 €	288.000 €	–

1.3 Auswirkung des gesetzlichen Abschreibungssatzes auf Unternehmensergebnis und Betriebsergebnis

Die Absenkung des steuerrechtlich zulässigen Abschreibungssatzes betrifft lediglich die Finanzbuchhaltung. Dort werden die Aufwendungen in den ersten Nutzungsjahren geringer und damit der Jahresüberschuss (= Unternehmensergebnis) höher.

In der KLR soll durch die Abschreibung die tatsächliche Wertminderung erfasst werden. Somit ergeben sich durch diese gesetzgeberische Maßnahme keine Auswirkungen auf die Kosten und damit auf das Betriebsergebnis.

1.4 Berechnung der kalkulatorischen Zinsen *(nicht mehr prüfungsrelevant!)*

betriebsnotwendiges AV		€
– bebaute Grundstücke – Maschinen – BuG – Fuhrpark	$650.000 - 19.500 \cdot 3 + 324.000$ $960.000 - 96.000 \cdot 3$ $240.000 - 24.000 \cdot 3$ $20.000 + 10.000$ (höherer Wertansatz)	915.500 672.000 168.000 30.000
betriebsnotwendiges UV		
– RHB-Stoffe – Forderungen – Bank		150.000 220.000 180.000
betriebsnotwendiges Vermögen		**2.335.500**
Abzugskapital		
– Anzahlungen – Verbindlichkeiten aus L. u. L. – sonst. Verbindlichkeiten		–85.000 –115.000 –18.000
zu verzinsendes betriebsnotwendiges Kapital		**2.117.500**

Kalkulatorische Zinsen $= 2.117.500$ € $\cdot\ 0{,}06 = 127.050$ €

1.5 Kalkulatorische Zinsen *(nicht mehr prüfungsrelevant!)*

Verzinst werden soll das betriebsnotwendige Kapital, unabhängig von der Finanzierungsart. Das beinhaltet auch einen Ausgleich für entgangene Zinsen, die das Unternehmen bei einer alternativen Anlage ihres Kapitals erzielt hätte. Durch den Ansatz kalkulatorischer Zinsen in der Kalkulation geht der Betrag in den Verkaufspreis ein und soll über die Umsatzerlöse wieder in das Unternehmen zurückfließen.

1.6 Kalkulatorischer Unternehmerlohn

In der GmbH ist der Geschäftsführer Angestellter der juristischen Person. Sein Entgelt ist bereits als Personalaufwand tatsächlich gebucht und stellt in gleicher Höhe Grundkosten in der KLR dar.

2.1.1 Fixkosten und variable Stückkosten

$$k_v = \frac{\text{Gesamtkosten (Juni)} - \text{Gesamtkosten (Mai)}}{\text{Stückzahl (Juni)} - \text{Stückzahl (Mai)}}$$

$$= \frac{972.000 - 804.000}{66.000 - 52.000} = 12 \text{ €/Stk.}$$

Fixe Kosten (K_f) = K (Juni) – $k_v \cdot x$ (Juni) = 972.000 – 12 · 66.000 = 180.000 €

2.1.2 Maximale Produktion nach Kapazitätserhöhung

$$\frac{70.000 \cdot 40}{35} = 80.000 \text{ Stück}$$

2.1.3 Variable Stückkosten nach Arbeitszeitverlängerung

Fertigungslöhne = 30 % von 12 € = 3,60 €/Stk.

Da die Arbeitszeitverlängerung ohne Lohnausgleich durchgeführt wird, ergeben sich neue Lohnkosten pro Stück.

$$\text{Lohnkosten}_{\text{neu}} = \frac{3{,}60 \cdot 70.000}{80.000} = 3{,}15 \text{ €/Stk.}$$

$k_{v\ neu}$ = 12 – 3,60 + 3,15 = 11,55 €/Stk.

2.1.4 Gewinnschwelle

Erlös je Stück = 790.400 : 52.000 = 15,20 €

Gewinnschwelle vorher: 15,20 x = 180.000 + 12 x
x = 56.250 Stück

Gewinnschwelle nachher: 15,20 x = 180.000 + 11,55 x
x = 49.315,06

Produktionsdifferenz = 56.250 – 49.316 = 6.934 Stück weniger

2.2.1 Gesamtkosten bei Überstundenzuschlag

$k_{v\ Zusatzproduktion}$ = 12 € + (Anteil der Fertigungslöhne an den k_v + 25 % Zuschlag)
= 12 € + (3,60 € + 0,90 €) = 12,90 €

ohne Zuschlag:	4.000 Stück · 12 €/Stk.	=	48.000 €
mit Zuschlag:	10.000 Stück · 12,90 €/Stk.	=	129.000 €
gesamter Kostenzuwachs		=	177.000 €

2.2.2 Stückpreisberechnung

Kostenrückgang für 66.000 Stück	= 66.000 · 0,45 €	=	29 700 €
Kosten für zusätzliche 14.000 Stück	= 14.000 · 11,55 €	=	161.700 €
Kostenzuwachs	= 161.700 € – 29.700 €	=	132.000 €
Preis je Stück	= 132.000 € : 14.000	=	9,429 €; gerundet 9,43 €

Aktiengesellschaft: Rechtsfragen, Jahresabschluss

Die Huber OHG ist ein erfolgreiches Unternehmen der Maschinenbauindustrie mit Sitz in Lörrach. Um die vorhandenen Wachstumschancen nutzen zu können, wandeln die Gesellschafter Huber und Ladig zum Jahresbeginn 2004 die OHG in die HULA AG um. Die letzte Handelsbilanz weist dabei folgende zusammengefasste Werte aus:

Schlussbilanz zum 31. 12. 2003 (in Tsd. €)

AKTIVA		PASSIVA	
Anlagevermögen	5.400	Eigenkapital	6.000
Umlaufvermögen	5.100	Fremdkapital	4.500
	10.500		10.500

1 Huber ist mit 40 % und Ladig mit 60 % an der bisherigen OHG beteiligt. Sie übernehmen jeweils Aktien in Höhe ihres Eigenkapitalanteils zu pari.

Außerdem beteiligt sich die bisherige Hausbank, die VR-Bank Freiburg, mit 2.000.000 € am Grundkapital der HULA AG. Es wird vereinbart, dass die VR-Bank ihre Aktien mit einem Agio von 50 % übernimmt. Bei der Übernahme der Aktien verrechnet die VR-Bank ein der OHG gewährtes Darlehen in Höhe von 1.600.000 €.

Alle Aktien haben den gesetzlichen Mindestnennwert und werden als Namensaktien ausgegeben.

1.1 Wodurch unterscheiden sich bei einer AG die Stadien der
- Errichtung und
- Entstehung der Gesellschaft?

1.2 Berechnen Sie die prozentualen Kapitalanteile der Gründer und ermitteln Sie den Liquiditätszufluss durch die Aktienausgabe.

1.3 Erläutern Sie, warum die bisherigen Gesellschafter die Aktien zu pari erhalten, die VR-Bank jedoch mit einem Agio.

1.4 Erläutern Sie zwei Gründe für die Ausgabe von Namensaktien.

2 Huber und Ladig wollen auch zukünftig wie bei der vormaligen OHG im gleichen Umfang Vertretungsmacht besitzen.

2.1 Erläutern Sie, wie das vertretungsberechtigte Organ der AG bestellt wird.
Beurteilen Sie die Chance von Huber und Ladig, Mitglied dieses Organs zu werden.

2.2 Erklären Sie, welche satzungsmäßige Bestimmung im Handelsregister eingetragen werden muss, damit die Vertretungsmacht bei der AG der gesetzlichen Regelung für die OHG entspricht.

3 Nach dem Verlustjahr 2004 konnte im Geschäftsjahr 2005 ein befriedigender vorläufiger Jahresüberschuss erzielt werden. Allerdings sind einige Vorgänge im Jahresabschluss noch nicht berücksichtigt. Da die Unternehmung in Zukunft eine Kapitalerhöhung plant, soll aus Attraktivitätsgründen ein möglichst hoher Jahresüberschuss ausgewiesen werden.

3.1 Mit notariell beurkundetem Vertrag vom 01. 12. 2005 hat die AG eine Lagerhalle zum Preis von 320.000 € gekauft und sofort genutzt.

Das Grundstück hat eine Größe von 500 m^2. Der Verkehrswert des Grund und Bodens beläuft sich zum Zeitpunkt des Kaufs auf 64 € je m^2. Gleichzeitig wurde an den Grundstücksmakler eine Provision in Höhe von 11.136 € einschließlich 16 % Umsatzsteuer überwiesen. Die Notar- und Grundbuchgebühren für den Kaufvertrag und die Eigentumsübertragung in Höhe von insgesamt 4.200 € netto wurden im Dezember 2005 überwiesen. 11.200 € Grunderwerbsteuer wurden am 28. 12. 2005 bezahlt.

Für die Aufnahme eines Darlehens am 30. 11. 2005 in Höhe von 100.000 €, Zinssatz 4,5 %, wurde eine Grundschuld eingetragen. Die dafür berechneten Gebühren betrugen netto 1.000 €. Die Zinszahlung erfolgt jeweils zum 30. 11. eines Jahres nachschüssig. Auf das Jahr 2005 entfällt ein Grundsteueranteil von 250 €. Der Abschreibungssatz beträgt 3 %.

Berechnen Sie die
- Anschaffungskosten des bebauten Grundstücks in übersichtlicher Form.
- gesamten Aufwendungen, die im Zusammenhang mit dem angeschafften Grundstück den Jahreserfolg zum 31. 12. 2005 beeinflussen.

3.2 Die Fertigungsabteilung stellte 2005 eine spezielle Maschine her, die im eigenen Betrieb ab dem 01. 10. 2005 eingesetzt wird. Die betriebsgewöhnliche Nutzungsdauer wird auf 8 Jahre geschätzt. Der Materialaufwand betrug 15.000 €. Fertigungslöhne entstanden in Höhe von 10.000 €.

Aus der Kosten- und Leistungsrechnung liegen für das abgelaufene Geschäftsjahr 2005 folgende Daten (in €) vor:

	Materialstelle	Fertigungsstelle	Verwaltungsstelle	Vertriebsstelle
Summe der Gemeinkosten	550.000	2.950.000	600.000	350.000

Fertigungsmaterial insgesamt: 4.000.000 €
Fertigungslöhne insgesamt 2.500.000 €

3.2.1 Berechnen Sie die Herstellungskosten für die Maschine. Berücksichtigen Sie dabei die unter 3 genannte Zielsetzung der Bewertung.

3.2.2 Erläutern Sie, warum der Gesetzgeber für Eigenleistungen, wie z. B. die Herstellung einer selbst genutzten Maschine, die Aktivierung vorschreibt.

3.2.3 Berechnen Sie die im Sinne des Bewertungsziels zweckmäßige Abschreibung der Maschine für das Jahr 2005 und begründen Sie Ihre Wahl.

4 Angenommen, in der Geschäftsbuchführung würden im Jahr 2005 Bestandsminderungen in Höhe von 160.000 € berücksichtigt.
Begründen Sie, wie sich diese auf den Jahresüberschuss 2005 auswirken würden.

Punkte:

Frage	1.1	1.2	1.3	1.4	2.1	2.2	3.1	3.2.1	3.2.2	3.2.3	4
NP	2	4	3	2	2	2	5	4	2	2	2

Lösungsvorschlag

Aufgabe 2: Aktiengesellschaft: Rechtsfragen, Jahresabschluss

1.1 Errichtung und Entstehung einer AG

Vollständige Aktienübernahme durch die Gründer	→ Errichtung	(§ 29 AktG)
Handelsregistereintragung der AG	→ Entstehung	(§ 41 AktG)

1.2 Liquiditätszufluss durch Aktienausgabe

Gesamtes gezeichnetes Kapital			8.000.000 €	100 %
davon:	Huber	40 % von 6.000.000 €	2.400.000 €	30 %
	Ladig	60 % von 6.000.000 €	3.600.000 €	45 %
	VR-Bank		2.000.000 €	25 %

gezeichnetes Kapital VR-Bank	= 2.000.000 €
+ 50 % Agio	= 1.000.000 €
=	= 3.000.000 €
– verrechnetes Darlehen	= 1.600.000 €
= Liquiditätszufluss	= 1.400.000 €

1.3 Begründung für ein Agio bei der Aktienausgabe

Über das Agio wird ein Ausgleich geschaffen für die in der OHG entstandenen und in die AG eingebrachten stillen Reserven. Damit wird eine Ungleichbehandlung zwischen den bisherigen OHG-Gesellschafter und der VR-Bank vermieden.

1.4 Gründe für Namensaktien

- Erleichterung der Kommunikation mit den Aktionären, da deren Namen im Aktienregister vermerkt sind, z. B. Einladung zur HV.
- Sich verändernde Mehrheitsverhältnisse in der HV werden unter Umständen früher bekannt.

2.1 Bestellung des Vorstandes

Die Gründer bestellen den ersten Aufsichtsrat (§ 30 Abs. 1 AktG). Der Aufsichtsrat bestellt den ersten Vorstand (§ 30 Abs. 4 AktG).

Huber und Ladig können somit als Gründer indirekt bestimmen, dass sie zu Vorstandsmitgliedern bestellt werden. Sie bestellen Aufsichtsratsmitglieder ihres Vertrauens, von denen sie dann gegebenenfalls gewählt werden.

2.2 HR-Eintragung für die Vertretungsregelung entsprechend einer OHG

Ausgangslage OHG:
§§ 125 f. HGB sehen Einzelvertretungsbefugnis für alle Rechtsgeschäfte und Rechtshandlungen vor.

Situation AG:
§ 78 AktG bestimmt bei mehreren Vorstandsmitgliedern Gesamtvertretung.

Die Einzelvertretungsbefugnis für jeden der beiden Vorstände muss daher in der Satzung der AG festgelegt und in das HR eingetragen werden.

3.1 Anschaffungskosten eines bebauten Grundstücks; Berechnung der Aufwendungen

in €	Gesamtbetrag 100 %	Gebäude 90 %	Grundstück 10 %
Kaufpreis (500 $m^2 \cdot 64$ €)	320.000	288.000	32.000
Maklergebühr (ohne USt.)	9.600	8.640	960
Notar- und Grundbuchgebühr	4.200	3.780	420
Grunderwerbsteuer	11.200	10.080	1.120
Anschaffungskosten	345.000	310.500	34.500

Abschreibung (3 % von 310.500 € für 1 Monat)	776,25 €
Grundsteuer	250,00 €
Eintragung Grundschuld	1.000,00 €
Zinsaufwand (100.000 €/4,5 %/1 Monat)	375,00 €
Gesamtaufwand 2005	2.401,25 €

3.2.1 Bewertung von selbst erstellten Anlagen

		Zuschlagsätze
Fertigungsmaterial	4.000.000 €	
Materialgemeinkosten	550.000 €	550.000 · 100 / 4.000.000 = 13,75 %
Fertigungslöhne	2.500.000 €	
Fertigungsgemeinkosten	2.950.000 €	2.950.000 · 100 / 2.500.000 = 118,0 %
Herstellkosten	10.000.000 €	
Verwaltungsgemeinkosten	600.000 €	600.000 · 100 / 10.000.000 = 6,0 %
Vertriebsgemeinkosten	350.000 €	350.000 · 100 / 10.000.000 = 3,5 %

Für das Jahr 2005 soll ein möglichst hoher Jahresüberschuss ausgewiesen werden. Bei der Bewertung der Maschine wird daher das Aktivierungswahlrecht für die Verwaltungsgemeinkosten genutzt. Für die Vertriebsgemeinkosten besteht ein Aktivierungsverbot.

Hinweis: Die Lösung wurde an die aktuellen Bewertungsvorschriften des HGB angepasst.

Bewertung:

Fertigungsmaterial		15.000,00 €
+ Materialgemeinkosten	13,75 %	2.062,50 €
+ Fertigungslöhne		10.000,00 €
+ Fertigungsgemeinkosten	118 %	11.800,00 €
=		38.862,50 €
+ Verwaltungsgemeinkosten	6 %	2.331,75 €
= Herstellungskosten		41.194,25 €

3.2.2 Aktivierungspflicht für Eigenleistungen

Die Bilanz hat sämtliche Vermögensgegenstände zu enthalten (§ 246 Abs. 1 HGB). Alle Vermögenswerte sind mit den Anschaffungs- oder Herstellungskosten zu aktivieren, um die tatsächliche Vermögenslage des Unternehmens darzustellen (§ 264 HGB). Der Vermögenszuwachs entspricht den bei der Herstellung entstandenen Aufwendungen (§ 255 Abs. 2 HGB).

3.2.3 Abschreibung selbst erstellter Anlagen

Um das Ziel eines hohen Jahresüberschusses zu erreichen, wird die lineare Abschreibung angewandt, da hierbei ein geringerer Betrag als Aufwand zu buchen ist.

$$\text{Abschreibung 2005} = \frac{41.194{,}25\ € \cdot 3\ \text{Monate}}{8\ \text{Jahre} \cdot 12\ \text{Monate}} = 1.287{,}32\ €$$

4 Auswirkung von Bestandsminderungen auf die GuV

Bestandsminderungen gehen als Aufwendungen in die GuV-Rechnung ein. Der Jahresüberschuss 2005 sinkt um diesen Betrag.

Den Verkaufserlösen der abgesetzten Produkte müssen auch die Herstellungskosten der vom Lager entnommenen Produkte gegenübergestellt werden, um eine periodengerechte Erfolgsermittlung zu gewährleisten.

Vergleich Kapital- und Personengesellschaften und Finanzierung bei diesen Gesellschaftsformen

1 Der Elektroingenieur Hans Reich erbt 2004 eine größere Summe Bargeld. Er überlegt, ob er sich mit einem Teil des Geldes als weiterer Gesellschafter an einer bereits bestehenden OHG, einer KG oder einer GmbH beteiligen soll.

1.1 Erläutern und begründen Sie mit Hilfe des Gesetzes, wie Reich nach der Handelsregistereintragung als

- OHG-Gesellschafter
- Kommanditist
- GmbH-Gesellschafter

gegenüber den Gläubigern der Gesellschaft haftet, wenn jeweils eine Bareinlage von 200.000 € vereinbart, zunächst jedoch nur eine Einzahlung von 160.000 € geleistet wird.

1.2 Reich entschließt sich, als Kommanditist in die bereits bestehende Meister KG, die elektronisch gesteuerte Drehbänke herstellt, einzutreten. Bei den Vertragsverhandlungen erfährt Reich, dass das Kapital des Komplementärs Meister nicht im Handelsregister eingetragen ist.
Begründen Sie, warum der Gesetzgeber diese Eintragung nicht verlangt.

1.3 Meister beabsichtigt einen Kaufvertrag über elektronische Bauteile in Höhe von 20.000 € abzuschließen. Als Reich von diesem Vorhaben erfährt, widerspricht er mit der Begründung, dass die Bauteile veraltet seien.

1.3.1 Untersuchen Sie, ob der Widerspruch von Reich eine rechtliche Wirkung hat.

1.3.2 Begründen Sie, welche rechtliche Wirkung dieser Widerspruch hätte, wenn er diesen als

- OHG-Gesellschafter,
- nicht geschäftsführender Gesellschafter einer GmbH eingelegt hätte.

1.4 Aufgrund weiterer Meinungsverschiedenheiten beschließt Reich aus der KG auszutreten. Im August 2005 teilt er diesen Entschluss allen Mitgesellschaftern schriftlich mit.

1.4.1 Ermitteln Sie den frühest möglichen Austrittstermin für Reich, wenn das Geschäftsjahr dem Kalenderjahr entspricht.

1.4.2 Erläutern Sie zwei wirtschaftliche Folgen, die der Austritt von Reich auf den Fortbestand der KG haben kann.

2 Reich hat 2005 ein größeres Aktienpaket der Titan AG erworben. In der Hauptversammlung 2006 der Titan AG sind Beschlüsse über die Gewinnverwendung und erstmals über eine Kapitalerhöhung gegen Einlagen zu fassen.

Die vereinfachte Bilanz der Titan AG weist vor der geplanten Kapitalerhöhung folgende Zahlen aus:

AKTIVA	Bilanz zum 31. 12. 2005 (in Tsd. €)		PASSIVA
Sachanlagen	32.000	Gezeichnetes Kapital	10.000
Finanzanlagen	8.000	Kapitalrücklage	6.000
Vorräte	3.000	Gewinnrücklagen	3.000
Forderungen	4.000	Bilanzgewinn	2.300
Wertpapiere	2.000	Rückstellungen	1.700
Bankguthaben	4.000	Verbindlichkeiten	30.000
	53.000		53.000

2.1 Die Hauptversammlung beschließt, den Bilanzgewinn an die Aktionäre auszuschütten. Es soll eine auf volle 10 Cent abgerundete Dividende je Aktie ausgezahlt werden. Die Aktien haben einen Nennwert von 5,00 €.
Führen Sie die vollständige Gewinnverwendung durch.

2.2 Auf Beschluss der Hauptversammlung erhöht die Titan AG ihr Grundkapital zum 01. 04. 2006 um 4 Mio. €. Der Börsenkurs der alten Aktien betrug vor der Kapitalerhöhung 12,00 € je 5-€-Aktie.
Die jungen Aktien haben einen Nennwert von 5,00 € und können zum Ausgabekurs von 10,25 €/Aktie bezogen werden.

Ermitteln Sie aufgrund des vorliegenden Sachverhalts den

2.2.1 Ausgabekurs der alten Aktien und die Anzahl der Aktien nach der Kapitalerhöhung,

2.2.2 Bilanzkurs der Aktien vor und nach der Kapitalerhöhung,

2.2.3 rechnerischen Wert des Bezugsrechts.

2.3 Reich besitzt alte Titan-Aktien im Nennwert von 2,1 Mio. €. Er will Satzungsänderungen in der Hauptversammlung der AG verhindern können, aber dafür so wenig wie möglich Kapital einsetzen.
Berechnen Sie gemäß dieser Zielsetzung die Anzahl der von Reich mindestens zu erwerbenden Aktien und den dafür erforderlichen Kapitaleinsatz, wenn Reich davon ausgeht, dass in den Hauptversammlungen der Titan AG 80 % des gezeichneten Kapitals vertreten sind. Der tatsächliche Wert des Bezugsrechts stimmt mit dem rechnerischen Wert überein.

Punkte:

Frage	1.1	1.2	1.3.1	1.3.2	1.4.1	1.4.2	2.1	2.2.1	2.2.2	2.2.3	2.3
NP	4	2	2	3	2	2	3	3	3	2	4

Lösungsvorschlag

Aufgabe 3: Vergleich Kapital- und Personengesellschaften und Finanzierung bei diesen Gesellschaftsformen

1.1 Haftung als OHG-, KG- oder GmbH-Gesellschafter

OHG: Reich tritt in eine bestehende OHG ein. Er haftet unabhängig von der vereinbarten Höhe seiner Einlage und der tatsächlichen Einzahlung mit seinem gesamten Vermögen unmittelbar und solidarisch (§ 130 Abs. 1 HGB i. V. m. §§ 105, 128 Abs. 1 HGB).

KG: Reich tritt als Kommanditist in eine bestehende Handelsgesellschaft ein und haftet somit für die vor seinem Eintritt begründeten Verbindlichkeiten der Gesellschaft (§ 173 Abs. 1 HGB).
Da Reich als Kommanditist seine Einlage nach der Eintragung ins Handelsregister noch nicht voll geleistet hat, haftet er mit der noch ausstehenden Einlage in Höhe von 40.000 € unmittelbar den Gesellschaftsgläubigern (§ 171 Abs. 1 HGB).

GmbH: Als Gesellschafter einer GmbH besteht für ihn keine persönliche Haftung für die Verbindlichkeiten der GmbH. Nur die GmbH haftet als juristische Person mit ihrem Gesellschaftsvermögen (§ 13 Abs. 2 GmbHG)

1.2 Komplementär

Meister ist Komplementär. Er haftet unbeschränkt, d. h. mit seiner Einlage und seinem Privatvermögen. Die Höhe seiner Kapitaleinlage hat somit keinen Einfluss auf die Höhe der Haftung. Aus diesem Grund ist die Eintragung seines Kapitalanteils im Handelsregister nicht notwendig.

1.3.1 Widerspruchsrecht des Kommanditisten

Reich ist als Kommanditist von der Geschäftsführung ausgeschlossen. Er hat nur bei außergewöhnlichen Rechtsgeschäften ein Widerspruchsrecht. Das Vorhaben des Komplementärs, elektronische Bauteile zu kaufen, gehört zu den gewöhnlichen Rechtsgeschäften dieser KG. Der Widerspruch von Reich hat keine rechtliche Wirkung (§ 164 HGB).

1.3.2 Widerspruchsrecht des OHG- und GmbH-Gesellschafters

- Die Gesellschafter der OHG haben für gewöhnliche Rechtsgeschäfte Einzelgeschäftsführungsbefugnis (§§ 114 Abs. 1, 116 Abs. 1 HGB). Wenn Reich als OHG-Gesellschafter widerspräche, so müsste das Vorhaben unterbleiben (§ 115 Abs. 1 HGB).
- Als Gesellschafter in einer GmbH hätte sein Widerspruch keine rechtliche Wirkung, da er nicht Geschäftsführer wäre. Ein Widerspruchsrecht für nicht geschäftsführende Gesellschafter ist gesetzlich nicht vorgesehen.

1.4.1 Ausscheiden eines Kommanditisten

Die Kündigung muss mindestens 6 Monate vor Ende des Geschäftsjahres erfolgen. Da dies für das Jahresende 2005 nicht mehr möglich ist, kann er erst zum 31. 12. 2006 als Kommanditist aus der KG ausscheiden (§ 132 HBG i. V. m. § 161 Abs. 2 HGB).

1.4.2 Wirtschaftliche Folgen des Ausscheidens für die KG

- Eventuell Liquiditätsproblem für die KG bei Auszahlung der Einlage
- Kreditwürdigkeit der KG kann sich verringern, wenn die Einlage als Haftungsgrundlage entzogen wird.

2.1 Vollständige Gewinnverwendung

10 Mio. € (Gezeichnetes Kapital) : 5,00 € Nennwert je Aktie = 2 Mio. Aktien
2,3 Mio. Bilanzgewinn : 2 Mio. Aktien = 1,15 € maximale Dividende pro Aktie
ausgeschüttete Dividende pro Aktie = 1,10 € (Abrundung auf volle 10 Cent)

ausgeschüttete Dividende (insgesamt) = 1,10 € · 2 Mio. Aktien = **2,2 Mio. €**
neuer Gewinnvortrag = 2,3 Mio. Bilanzgewinn – 2,2 Mio. € Ausschüttung = **0,1 Mio. €**

2.2.1 Ausgabekurs der Altaktien und Aktienanzahl nach der Kapitalerhöhung

gezeichnetes Kapital alt	=	10 Mio. €	
+ Kapitalrücklage alt	=	6 Mio. €	
	=	16 Mio. €	: 2 Mio. Altaktien
	=	**8,00 € pro Aktie (= Ausgabekurs der alten Aktien)**	

gezeichnetes Kapital alt	=	10 Mio. €	
+ Kapitalerhöhung	=	4 Mio. €	
	=	14 Mio. €	: 5,00 € Nennwert je Aktie
	=	**2,8 Mio. Aktien (= neue Aktienzahl))**	

2.2.2 Bilanzkurs

Eigenkapital vor der Kapitalerhöhung
= 10 Mio. + 6 Mio. + 3 Mio. + 0,1 Mio. (neuer Gewinnvortrag)
= 19,1 Mio. € : 2 Mio. Stück

= 9,55 € pro Aktie (Bilanzkurs vor der Kapitalerhöhung)

Eigenkapital vor der Kapitalerhöhung	19,1 Mio. €	
+ 800.000 (Anzahl der jungen Aktien) · 10,25 € (Ausgabekurs)	8,2 Mio. €	(Ek-Erhöhung)
= neues Eigenkapital	27,3 Mio. €	: 2,8 Mio. Stück

= 9,75 € pro Aktie (Bilanzkurs nach der Kapitalerhöhung)

2.2.3 Wert des Bezugsrechts

$$\text{Bezugsverhältnis (BZV)} = \frac{\textit{Gezeichnetes Kapital alt}}{\textit{Grundkapitalerhöhung}} = \frac{10 \text{ Mio. €}}{4 \text{ Mio. €}} = 2{,}5$$

$$\text{Bezugsrechtswert} = \frac{\textit{Kurs der alten Aktien – Kurs der neuen Aktien}}{\textit{BZV + 1}} = \frac{12 - 10{,}25}{2{,}5 + 1}$$

$= \textbf{0,5 € pro Stück}$

2.3 Sperrminorität bei der Hauptversammlung (HV)

Bisher vertretene Aktien bei der HV	= 80 % von 2 Mio. Aktien = 1,60 Mio. Aktien = 100 %
Bisherige Aktienanzahl von Reich	= 2,1 Mio. € : 5 € (NW/Aktie) = 0,42 Mio. Aktien = x %

x = 26,25 % → Reich besitzt 26,25 % der bei der HV vertretenen Aktien, d. h. er besitzt die Sperrminorität.

Nach der Kapitalerhöhung muss er neue Aktien erwerben, um die Sperrminorität zu erhalten:

Vertretene Aktien bei der HV nach der Kapitalerhöhung:
80 % von 2,8 Mio. Aktien = 2,24 Mio. Aktien davon 25 % = 560.000 Aktien
→ erforderliche Aktienanzahl für die Sperrminorität = 560.001 Aktien

Reich besitzt bisher 420.000 alte Aktien → Er muss mindestens 140.001 junge Aktien erwerben.

Hierzu benötigt er $\frac{140.001 \cdot 5}{2} = 350\ 003\ \textit{Bezugsrechte}.$

Da er 420.000.Bezugsrechte (je alter Aktie ein Bezugsrecht) besitzt, kann er
420.000 – 350.003 = 69.997 Bezugsrechte verkaufen.

	Kaufpreis der jungen Aktien: 140.001 · 10,25 €	= 1.435.010,25 €
–	Verkauf von 69.997 Bezugsrechten · 0,50 €	= 34.998,50 €
=	**erforderlicher Kapitaleinsatz zur Erhaltung der Sperrminorität**	**= 1.400.011,75 €**

Profilfach Volks- und Betriebswirtschaftslehre mit Rechnungswesen (Baden-Württemberg)
Volkswirtschaftslehre (Gruppe II) 2006 – Aufgabe 4

Grundlagen der Volkswirtschaftslehre; Ziele der Wirtschaftspolitik, auch anhand wirtschaftspolitischer Tagesfragen
Hinweis: ***Die komplette Aufgabe*** *ist nicht mehr prüfungsrelevant!*

1 Das statistische Amt eines Landes veröffentlichte die folgenden Zahlen:

Konsumausgaben der privaten Haushalte	1.120 Mrd. €
Abschreibungen	285 Mrd. €
Produktionsabgaben an den Staat abzüglich Subventionen	280 Mrd. €
Konsumausgaben des Staates	354 Mrd. €
Nettoinvestitionen	51 Mrd. €
Außenbeitrag	(+) 12 Mrd. €
Saldo der Primäreinkommen aus der übrigen Welt	(+) 10 Mrd. €

1.1 Erstellen Sie für dieses Land das Nationale Produktionskonto (Gesamtwirtschaftliches Produktionskonto).

1.2 Ermitteln Sie das Bruttoinlandsprodukt (BIP), das Nettoinlandsprodukt zu Faktorkosten (NIP_F) sowie das Volkseinkommen.
Zeigen Sie an einem Beispiel, wie es zu dem Unterschied zwischen Bruttoinlandsprodukt und Bruttonationaleinkommen kommen konnte.

1.3 Beschreiben Sie jeweils die Situation einer Volkswirtschaft, wenn die nachfolgenden Werte gelten:

Jahr	Abschreibungen	Bruttoinvestitionen
01	285 Mrd. €	335 Mrd. €
02	305 Mrd. €	305 Mrd. €
03	270 Mrd. €	215 Mrd. €

2 Das Statistische Bundesamt hat für Deutschland die folgenden Zahlen bekannt gegeben:

Jahr:	2002	2003	2004
Bruttoinlandsprodukt in jeweiligen Preisen in Mrd. Euro	2.145,0	2.163,4	2.215,7
reales Wachstum (Veränderung zum Vorjahr in %)	+0,1 %	−0,2 %	+1,6 %

2.1 Vergleichen Sie die Wachstumsraten real und in jeweiligen Preisen für die Jahre 2003 und 2004 und begründen Sie, weshalb diese voneinander so abweichen.

2.2 Beurteilen Sie die wirtschaftliche Entwicklung in den Jahren 2002 bis 2004.

2.3 Kritiker behaupten, es sei zu einseitig, nur das Bruttoinlandsprodukt als Maßstab zur Beurteilung des Wohlstands eines Landes heranzuziehen.
Erklären Sie anhand von drei Beispielen, welche weitere Kriterien sinnvoll wären.

2.4 Die Lohnquote ist in den letzten Jahren gesunken. Beurteilen Sie, ob dies zwangsläufig zu einer Verschlechterung des Lebensstandards der abhängig Beschäftigten geführt haben muss.

3 In einer Volkswirtschaft können nur die beiden Güter A und B gemäß der unten aufgeführten Produktionsmöglichkeitenkurve produziert werden.

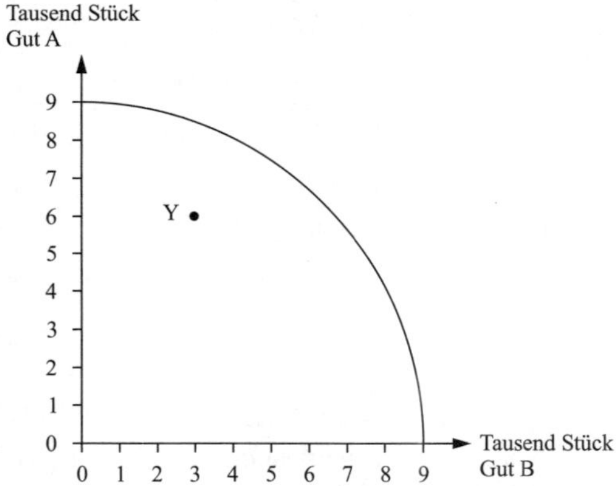

3.1 Erklären Sie, was die Produktionsmöglichkeitenkurve aussagt, und begründen Sie den in der Abbildung dargestellten Verlauf.

3.2 Beschreiben Sie, in welcher wirtschaftlichen Situation sich eine Volkswirtschaft in Punkt Y des Modells befindet.

3.3 Erläutern Sie, wie sich technischer Fortschritt auf die Produktionsmöglichkeitenkurve auswirkt.

4 Der Bundesverband der Deutschen Industrie (BDI) spricht sich für eine Erhöhung der Wochenarbeitszeit auf 40 Stunden bei unveränderter Gesamtvergütung für die Arbeitnehmer aus. (Financial Times Deutschland vom 7. 11. 04)

4.1 Begründen Sie, wie sich die Erhöhung der Wochenarbeitszeit auf die Produktionsmöglichkeitenkurve bei sonst gleichen Bedingungen auswirkt.

4.2 Es wird behauptet: „Die Rückkehr zur 40-Stunden-Woche ohne Lohnausgleich hilft das Problem der Arbeitslosigkeit zu lösen!“
Beurteilen Sie diese Aussage.

Punkte:

Frage	1.1	1.2	1.3	2.1	2.2	2.3	2.4	3.1	3.2	3.3	4.1	4.2
NP	4	3	3	3	2	3	2	3	1	2	2	2

Lösungsvorschlag

Aufgabe 4: Volkswirtschaftliche Gesamtrechnung und wirtschaftspolitische Tagesfragen

1.1 Erstellung des Nationalen Produktionskontos (nach dem Inlandskonzept)

Nationales Produktionskonto (in Mrd. €)			
Abschreibungen (Ab)	285	Bruttoinvestitionen (I_{br})	336
Produktionsabgaben (T_{prod}) – Subventionen (Z)	280	Privater Konsum (C_{pr})	1.120
		Staatskonsum (C_{st})	354
Nettowertschöpfung	1.257	Außenbeitrag (Ex – Im)	12
	1.822		1.822

1.2 Inlandsprodukt und Volkseinkommen

Bruttoinlandsprodukt (BIP) = 1 822 Mrd. €

Nettoinlandsprodukt (NIP_F) $= BIP - (T_{prod} - Z) - Ab = 1.822 - 280 - 285 = 1.257$ Mrd. €

Volkseinkommen $= NIP_F +$ Saldo der Primäreinkommen aus der übrigen Welt
$= 1.257 + 10 = 1.267$ Mrd. €

Hier ist das Bruttonationaleinkommen (BNE) mit 1.822 Mrd. € um den positiven Saldo der Primäreinkommen höher als das BIP. Das BNE basiert auf dem Inländerkonzept, während das BIP nach dem Inlandskonzept ermittelt wird.
In diesem Fall erzielen die Inländer mehr Einnahmen (z. B. Zins- oder Mieteinnahmen) aus dem Ausland als Ausländer aus dem Inland erhalten.

1.3 Nettoinvestitionen

Jahr 01: $I_{br} - Ab = I_n = 50$ Mrd. € → Evolutorische (wachsende) Wirtschaft

Jahr 02: $I_n = 0$ Mrd. € → stationäre Wirtschaft (kein Wachstum des Kapitalstocks)

Jahr 03: $I_n = -55$ Mrd. € → schrumpfende Wirtschaft (Produktionskapazitäten entwickeln sich zurück)

2.1 Nominelles und reales Wirtschaftswachstum

Das nominelle Wachstum beträgt

$$\text{im Jahr 2003} = \frac{(2.163,4 - 2.145) \cdot 100}{2.145} = +\,0,86\ \% \text{ und}$$

$$\text{im Jahr 2004} = \frac{(2.215,7 - 2.163,4) \cdot 100}{2.163,4} = +2,4\ \%\,.$$

Das reale Wachstum beträgt im Jahr 2003: –0,2 % und im Jahr 2004: +1,6 %.

Bei der Ermittlung des realen Wachstums werden die Preissteigerungsraten herausgerechnet. Das reale Wachstum wird also preisbereinigt gemessen. Das nominelle Wachstum ist hingegen inflationsverfälscht.

2.2 Wirtschaftliche Entwicklung 2002 – 2004

Die reale wirtschaftliche Entwicklung blieb 2002 gegenüber dem Vorjahr nahezu unverändert (Wachstum 0,1 %). Im Jahr 2003 ist sie zurückgegangen (–0,2 %) und im Jahr 2004 wieder leicht angestiegen (+1,6 %). Insgesamt ist eine gewisse Stagnation ersichtlich.

2.3 Kritik am Bruttoinlandsprodukt als Wohlstandmaßstab

Ein steigendes reales Inlandsprodukt signalisiert zwar eine zunehmende materielle Güterversorgung, der Wohlstand eines Landes hängt aber auch von der Lebensqualität ab. Dabei sind z. B. folgende Kriterien zu nennen: gerechte Einkommensverteilung, effizientes Bildungssystem, Lebenserwartung, Freizeitwert, gute Umweltbedingungen.

2.4 Lohnquote

$$Lohnquote = \frac{Arbeitnehmerentgelt \cdot 100}{Volkseinkommen}$$

Eine Abnahme der Lohnquote bedeutet nicht zwangsläufig eine Verschlechterung des Lebensstandards. Falls die Unternehmereinkommen stärker steigen als die Arbeitnehmereinkommen, sinkt zwar die Lohnquote, die Einkommen haben jedoch zugenommen. Daneben beziehen Arbeitnehmer ebenfalls Unternehmens- und Vermögenseinkommen (z. B. Dividenden, Mieten oder Zinsen). Deren Entwicklung können sinkende Löhne und Gehälter überkompensieren.

3.1 Produktionsmöglichkeitenkurve (Transformationskurve, Kapazitätskurve)

Die Produktionsmöglichkeitenkurve zeigt alle Mengenkombinationen, die bei der Herstellung von 2 Güterarten in einer Volkswirtschaft bei voller Kapazitätsauslastung und bei optimalem Einsatz der verfügbaren Produktionsfaktoren maximal möglich sind.
Die Kurve ist nach rechts gekrümmt, da die Produktivität der eingesetzten Produktionsfaktoren bei zunehmendem Einsatz in Zusammenhang mit der Gütersubstitution abnimmt.

3.2 Unterbeschäftigung

Im Punkt Y wird das Produktionspotenzial einer Volkswirtschaft nicht voll bzw. nicht optimal genutzt. Es liegt eine Unterbeschäftigung vor.

3.3 Technischer Fortschritt

Wenn der technische Fortschritt zu einer Vergrößerung des Produktionspotenzials führt, verschieben sich die Produktionsmöglichkeiten nach rechts oben.

4.1 Erhöhung der Wochenarbeitszeit

Eine Erhöhung der Wochenarbeitszeit erhöht ebenfalls das Produktionspotenzial einer Volkswirtschaft. Die Produktionsmöglichkeitenkurve verschiebt sich nach rechts.

4.2 Erhöhung der Arbeitszeit ohne Lohnausgleich zur Bekämpfung der Arbeitslosigkeit

Durch die Erhöhung der Arbeitszeit ohne Lohnausgleich sinken die Lohnstückkosten → Anreiz zur Substitution des Produktionsfaktors Arbeit durch den Produktionsfaktor Kapital verringert sich. Daneben steigt die Wettbewerbsfähigkeit der inländischen Unternehmen. Somit könnte dies ein Beitrag zum Erhalt der bestehenden Arbeitsplätze und zur Schaffung neuer Arbeitsplätze sein.
Demgegenüber führt die steigende Wochenarbeitszeit u. a. dazu, dass ein gleichbleibendes Arbeitsvolumen von weniger Arbeitskräften erledigt werden kann und dadurch Arbeitskräfte eingespart werden können.

Profilfach Volks- und Betriebswirtschaftslehre mit Rechnungswesen (Baden-Württemberg)
Volkswirtschaftslehre (Gruppe II) 2006 – Aufgabe 5

Wirtschaftspolitik und wirtschaftspolitische Konzepte anhand von Tagesfragen

1 Im Dezember 2003 hat die Bundesregierung beschlossen, die für 2005 geplante Steuerreform auf den 01. 01. 2004 vorzuziehen. Die wichtigste Änderung betraf die Einkommensteuer. So wurden der Eingangssteuersatz für die Einkommensteuer von 19,9 % auf 16 % und der Spitzensteuersatz von 48,5 % auf 45 % gesenkt. Die Bundesregierung ging davon aus, dass die Steuerreform Entlastungen in Höhe von 15 Milliarden Euro mit sich bringt.

1.1 Begründen Sie, in welcher Konjunkturphase der Staat die oben beschriebene Maßnahme ergreifen wird.
Stellen Sie den idealtypischen Konjunkturverlauf in einer Skizze dar.

1.2 Beschreiben Sie an Hand jeweils eines Früh- und Gegenwartsindikators die konjunkturelle Phase aus Aufgabe 1.1.

1.3 Erläutern Sie in diesem Zusammenhang die beabsichtigten Auswirkungen und Folgen einer Einkommensteuersenkung für private Haushalte auf dem Markt für Konsumgüter.
Stellen Sie diese auch in einer Skizze dar.
Unterstellen Sie einen annähernd realistischen Verlauf der Angebotskurve.

1.4 Erörtern Sie zwei Gründe, die dazu führen können, dass die Einkommensteuersenkung nicht das gewünschte Ergebnis erzielt.

1.5 Benennen und beschreiben Sie die wirtschaftspolitische Konzeption, der die genannte staatliche Maßnahme zuzuordnen ist.
Erläutern Sie zwei Kritikpunkte an dieser wirtschaftspolitischen Konzeption.

1.6 Die nachfragewirksame Geldmenge ist im Jahr 2004 um 3,5 % gestiegen. Die Preise sind im gleichen Zeitraum um 2 % gestiegen.
- Zeigen Sie anhand der Verkehrsgleichung des Geldes, wie sich das Handelsvolumen verändert hat.
- Beurteilen Sie die Aussagekraft der Verkehrsgleichung des Geldes.

2 Weiterhin hat die Regierung beschlossen, ab März 2004 die Tabaksteuer bis Herbst 2005 in drei Stufen zu erhöhen.

2.1 Es wird behauptet, die Erhöhung der Tabaksteuer stehe in Widerspruch zur Zielsetzung, die mit der vorherigen Einkommensteuersenkung verfolgt wurde. Nehmen Sie hierzu Stellung und begründen Sie das staatliche Vorgehen.

2.2 Beschreiben Sie Auswirkungen der Tabaksteuererhöhung auf den Staatshaushalt, die Ausgaben im Gesundheitswesen und auf den Arbeitsmarkt.

2.3 Seit der Tabaksteuererhöhung von 3,60 € auf 4,00 € je Schachtel wurden 14 % weniger Zigaretten gekauft. Experten erwarteten nur einen Nachfragerückgang in Höhe von 8 %.

2.3.1 Berechnen Sie die direkte Preiselastizität der tatsächlich eingetretenen Nachfrage und beschreiben Sie diese anhand der errechneten Kennzahl.

2.3.2 Erläutern Sie, welche Bedeutung diese Elastizität für die Tabakindustrie hat.

2.3.3 Stellen Sie die in 2.3.1 berechnete Elastizität der Elastizität nach Meinung der Experten gegenüber und geben Sie zwei Gründe an, die zu dieser Abweichung geführt haben könnten.
Skizzieren Sie eine Nachfragekurve der Raucher und kennzeichnen Sie die Elastizitätsbereiche, die den berechneten Elastizitäten entsprechen.

Punkte:

Frage	1.1	1.2	1.3	1.4	1.5	1.6	2.1	2.2	2.3.1	2.3.2	2.3.3
NP	2	2	3	2	4	3	2	4	2	2	4

Lösungsvorschlag

Aufgabe 5: Wirtschaftspolitik und wirtschaftspolitische Konzepte anhand von Tagesfragen

1.1 Konjunkturverlauf und -phasen

Die Steuersenkung wird in der Phase der Rezession ergriffen, um die Nachfrage zu steigern, da in dieser Konjunkturphase hohe Arbeitslosigkeit herrscht. Durch diese Maßnahme staatlicher Wirtschaftspolitik soll die Konjunktur belebt werden. Die höheren verfügbaren Einkommen stärken hoffentlich den Konsum und die niedrigeren Unternehmenssteuern fördern die Investitionsbereitschaft der Unternehmen.

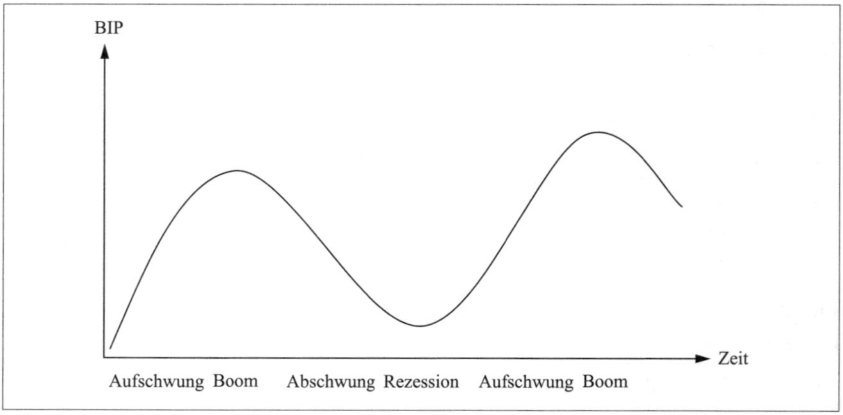

1.2 Konjunkturindikatoren

Frühindikator: z. B. Auftragseingänge oder Lagerbestände
Rückläufige Auftragslage der Unternehmen bzw. zunehmende Lagerbestände bei Investitions- und Konsumgüter deuten auf eine Verschlechterung der Konjunktur hin (Rezessionsgefahr).

Gegenwartsindikator: z. B. reales BIP oder Kapazitätsauslastung
Geringer Anstieg oder Stagnation des realen BIP bzw. sinkende Kapazitätsauslastung zeigen eine schwache Konjunktur an.

1.3. Auswirkung einer Einkommensteuersenkung auf den Konsumgütermarkt

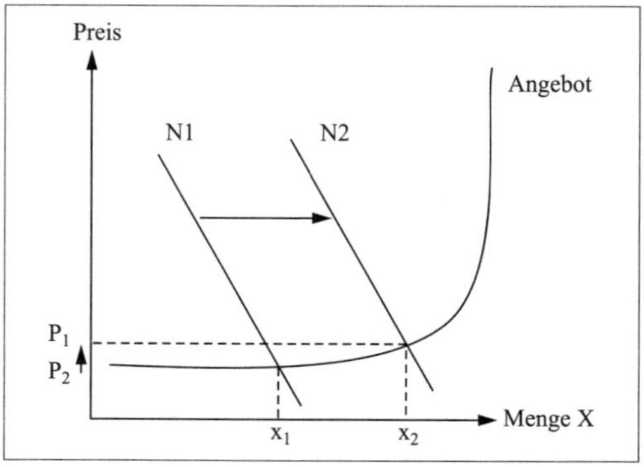

Nachfragekurve für Konsumgüter verschiebt sich nach rechts, da das verfügbare Einkommen steigt.
→ Produktion und damit Gleichgewichtsmenge steigen.
Bei nicht ausgelasteter Kapazität und damit elastischem Angebot hat dies keine oder nur geringe Auswirkung auf das Preisniveau.

1.4 Wirkungshemmnisse der Einkommensteuersenkung

- Aus Angst vor Arbeitsplatzverlust wird das zusätzlich verfügbare Einkommen für Vorsorgezwecke und nicht zur Ausweitung der Konsumgüternachfrage verwendet.
- Das verfügbare Einkommen steigt nicht, wenn gleichzeitig Sozialabgaben oder andere öffentliche Abgaben zunehmen.

1.5 Wirtschaftspolitische Konzeption der Einkommensteuersenkung: Nachfrageorientierte Wirtschaftspolitik

Merkmale:

- Beeinflussung der gesamtwirtschaftlichen Nachfrage mit dem Ziel, die Wirtschaft anzukurbeln.
- Antizyklische Konjunkturbeeinflussung: Durch Deficit Spending (Erhöhung der Staatsausgaben bzw. gleichzeitigem Verzicht auf Staatseinnahmen) soll die wirtschaftliche Entwicklung verbessert werden.

Kritikpunkte:

- Eine erhöhte Staatsverschuldung über Deficit Spending schränkt die Haushaltspolitik des Staates zunehmend ein, da beispielsweise die Zinsausgaben ansteigen.
- Crowding out: Die zunehmende Staatsverschuldung führt zu einem Anstieg des Zinsniveaus. Dadurch wird möglicherweise die private Investitionstätigkeit zurückgedrängt.
- Zeitliche Verzögerungen (time-lags): Zeitliche Verzögerungen der Maßnahmen der staatlichen Wirtschaftspolitik; die erwünschte Wirkung tritt eventuell zu einem späteren, ungünstigen Zeitpunkt ein.

(Da die Einkommensteuer auch eine Unternehmenssteuer ist (bei Einzelunternehmen und Personengesellschaften), wäre eine Lösung der Aufgabe unter Zugrundelegung der **angebotsorientierten Wirtschaftspolitik** ebenso möglich.)

1.6 Verkehrsgleichung des Geldes

- $G * U = P * H$

$$H = \frac{G \cdot U}{P} = \frac{1{,}035 \cdot 1}{1{,}02} = 1{,}0147 \text{, } \textit{d. h. Zuwachs um 1,47 \%}$$

- Die Verkehrsgleichung ist eine Identitätsgleichung und sagt nur aus, dass der Wert der gekauften Güter (M * U; monetäre Gesamtnachfrage) dem Wert der verkauften Güter (P * H; mit jeweiligem Preisen bewertetes Güterangebot) entspricht. Sie macht keine Aussagen über die Inflationsursachen.

2.1 Tabaksteuererhöhung und Ziele der Einkommensteuersenkung

Einerseits liegt ein Widerspruch vor, da die Einkommensteuersenkung die Konjunktur ankurbeln soll, die Tabaksteuererhöhung jedoch die Konsumgüternachfrage dämpfen kann.

Andererseits liegt die eigentliche Zielsetzung des Staates in der Steigerung der Steuereinnahmen und der Einschränkung des Rauchens.

2.2 Folgen der Tabaksteuererhöhung auf Staatshaushalt, Gesundheitsausgaben und Arbeitsmarkt

Staatshaushalt:

Die Steuereinnahmen steigen, falls die Nachfrageelastizität gering ist.

Die Steuereinnahmen sinken jedoch, wenn überproportional weniger geraucht wird (bei hoher Nachfrageelastizität).

Gesundheitswesen:

Die Ausgaben sinken, wenn weniger geraucht wird.

Arbeitsmarkt:
Die sinkende Nachfrage nach Tabakprodukten könnte in dieser Branche zu einem Arbeitsplatzabbau führen.

2.3.1 Direkte Preiselastizität

Die Preiserhöhung entspricht $\frac{0,40 \cdot 100}{3,60} = 11,11\ \%$

$$El_{dir} = \frac{\textit{prozentuale Mengenänderung}}{\textit{prozentuale Preisänderung}} = \frac{14\ \%}{11,11\ \%} = 1,26 > 1$$

→ Die Nachfrage ist elastisch.

2.3.2 Bedeutung der direkten Preiselastizität

$El_{dir} > 1$, d. h. die prozentuale Mengenänderung ist größer als die prozentuale Preisänderung. Durch die Preiserhöhung gehen die Umsätze der Tabakindustrie zurück. Die Gewinne werden sinken, falls nicht gleichzeitig die Kosten entsprechend gesenkt werden können.

2.3.3 Vergleich der Preiselastizitäten

El_{dir} nach Meinung der Experten $= \frac{8\ \%}{11,11\ \%} = 0,72 < 1$

→ bei einem erwarteten nur 8%-igem Rückgang wäre die Nachfrage unelastisch.

Gründe dafür, dass die Nachfrage elastisch und nicht wie vermutet unelastisch reagiert:
- Die Raucher sind nicht mehr bereit, diesen hohen Preis zu bezahlen.
- Die finanziellen Mittel sind nicht mehr ausreichend, da z. B. die Einkommen zurückgegangen sind.

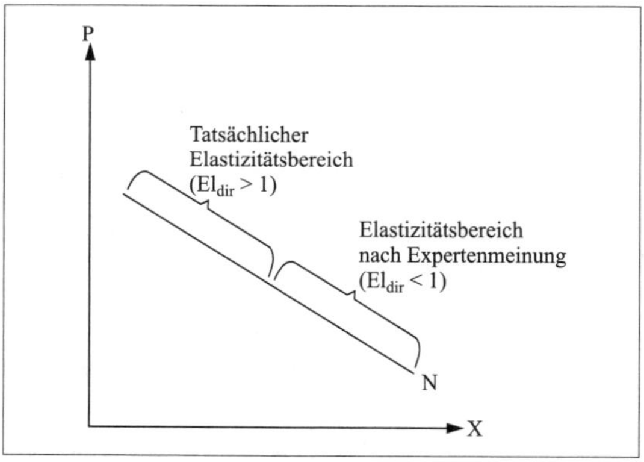

Profilfach Volks- und Betriebswirtschaftslehre mit Rechnungswesen (Baden-Württemberg) BWL mit integriertem RW (Gruppe I) 2007 – Aufgabe 1

Personenunternehmen: Gründung, Rechtsfragen, Gewinnverwendung, Beendigung, Vergleich mit Kapitalgesellschaften

Die Einzelunternehmen Claus Clever e. Kfm., Peter Singel e. Kfm. und Frederike Schnellmann e. Kfr. produzieren im Raum Stuttgart in ihren Unternehmen jeweils Planen für Lastkraftwagen und setzen diese im süddeutschen Raum ab. Die aktuelle Marktsituation erfordert ein Umdenken und Umstrukturieren, da die drei Unternehmen auf Dauer allein wirtschaftlich nicht überleben können. Aus diesem Grund wollen sie sich zu einer Personengesellschaft zusammenschließen und weitere Kapitalquellen erschließen. Rudi Rastlos ist bereit, sich als Kommanditist mit 300.000 € zu beteiligen. Die Gesellschafter unterzeichnen am 28. 02. 2005 den Gesellschaftsvertrag, der auszugsweise als Anlage (Seite 3) wiedergegeben ist. Die Geschäftsaufnahme erfolgt am 01. 03. 2005, die Handelsregistereintragung 15. 03. 2005.

1 Prüfen Sie anhand von zwei Kriterien, ob die gewählte Firmierung zulässig ist.

2 Erläutern Sie die Haftungssituation aller Gesellschafter vor und nach der Eintragung in das Handelsregister.
Begründen Sie dabei jeweils, welche Wirkung die Handelsregistereintragung hat.
Hinweis: Handeln vor Eintragung ist nicht mehr prüfungsrelevant!

3 Claus Clever kauft am 15. 06. 2005 ein neues Gerät zur Beschriftung der Lkw-Planen. Der Kaufpreis liegt bei 25.000 €. Frederike Schnellmann geht davon aus, dass der Kaufvertrag für die KG nicht rechtswirksam ist.
Erläutern Sie die Rechtssituation im Innen- und Außenverhältnis.

4 Peter Singel will nach Absprache mit den anderen Komplementären einen Kredit in Höhe von 1.500.000 € aufnehmen. Rudi Rastlos widerspricht diesem Vorhaben.
Beurteilen Sie die Wirksamkeit dieses Widerspruchs.

5 Im Jahresabschluss zum 31. 12. 2005 wird ein Unternehmensgewinn in Höhe von 372.000 € ermittelt.

5.1 Beurteilen Sie mit drei Argumenten, ob die Gewinn- und Verlustregelungen in § 6 des Gesellschaftsvertrags angemessen sind.

5.2 Berechnen Sie den Gewinnanteil für Rudi Rastlos.

5.3 Rudi Rastlos hat zum Zeitpunkt der Gewinnverteilung erst 95 % seiner Einlage geleistet; er erhält dennoch seinen vollen Gewinnanteil und möchte diesen in voller Höhe seinem Kapitalanteil zuschreiben lassen.
Beurteilen Sie die Rechtslage.

5.4 Rastlos ist mit der Ertragslage des Unternehmens unzufrieden und will deshalb in Zukunft monatlich die Bücher der Gesellschaft einsehen.
Prüfen Sie die Zulässigkeit seines Vorhabens anhand des Gesetzes.

6 Frederike Schnellmann ist schon seit längerem unzufrieden mit ihrer persönlichen Situation in der Unternehmung. Überraschend erhält sie ein Angebot, sich an der GEIER OHG, einer Herstellerin von LKW-Planen, zu beteiligen.

6.1 Beurteilen Sie, ob Frau Schnellmann das Angebot gegen den Willen der Mitgesellschafter annehmen kann.

6.2 Im März 2007 kündigt Frau Schnellmann zum nächstmöglichen Termin ihre Mitgliedschaft in der KG und verlangt die Auszahlung der vertraglich vereinbarten Abfindung.
- Zu welchem Termin kann sie frühestens aus der KG ausscheiden?
- Ermitteln Sie die Höhe und den Zeitpunkt der ersten Abfindungszahlung.

Gehen Sie davon aus, dass ihre bisherigen Gewinnanteile bereits ausbezahlt wurden.

7 Die verbleibenden Gesellschafter erwägen die Umwandlung der KG in eine GmbH.

7.1 Zeigen Sie anhand von drei Kriterien, welche Veränderungen sich für die Gesellschafter dadurch ergeben würden, wenn ausschließlich die gesetzlichen Vorschriften gelten.

7.2 Viele mittelständische Unternehmen wählen die Rechtsform der GmbH & Co. KG.
- Erklären Sie den rechtlichen Aufbau dieser Gesellschaftsform.
- Erläutern Sie einen Vorteil der GmbH & Co. KG gegenüber der GmbH.

Punkte:

Frage	1	2	3	4	5.1	5.2	5.3	5.4	6.1	6.2	7.1	7.2
NP	2	2	2	2	3	3	2	2	2	3	3	4

Anlage zu Teil 1, Aufgabe 1:

Auszug aus dem Gesellschaftsvertrag:

§ 1 Gesellschafter, Firma und Einlagen

1. Claus Clever, Rudi Rastlos, Peter Singel und Frederike Schnellmann errichten zum 01. 03. 2005 eine Kommanditgesellschaft unter der Firma „EUROPA-Planen KG“.
2. Persönlich haftende Gesellschafter sind Claus Clever, Peter Singel und Frederike Schnellmann. Sie bringen ihre bisherigen Einzelunternehmen mit folgenden Werten ein:

Claus Clever:	350.000 €
Peter Singel:	250.000 €
Frederike Schnellmann:	260.000 €

3. Kommanditist ist Rudi Rastlos mit einer Einlage von 300.000 €.
4. Die Bareinlage von Rudi Rastlos ist zur Hälfte sofort, zur anderen Hälfte bis 31. 05. 2005 zur Zahlung fällig.

§ 4 Geschäftsführung und Vertretung

1. Zur Geschäftsführung und Vertretung ist jeder Komplementär einzeln berechtigt und verpflichtet. Bei Geschäften über 20.000 € muss mindestens ein weiterer Komplementär zustimmen.
2. Der Kommanditist kann Handlungen der Komplementäre auch dann nicht widersprechen, wenn die Handlungen über den gewöhnlichen Betrieb hinausgehen.

§ 5 Dauer der Gesellschaft, Kündigung und Ausschluss

1. Die Gesellschaft wird auf unbestimmte Zeit eingegangen. Jeder Gesellschafter kann erstmals zum 31. 12. 2006 und danach zum Ende eines jeden Jahres jeweils mit einer Frist von einem Jahr schriftlich kündigen.
2. Die Kündigung eines Gesellschafters hat nicht die Auflösung der Gesellschaft zur Folge.
3. Das Geschäftsjahr entspricht dem Kalenderjahr.

§ 6 Gewinn- und Verlustverteilung

1. Die Komplementäre erhalten für ihre Geschäftsführungstätigkeit vorab eine monatliche Vergütung von 6.000 € (Clever und Singel) bzw. 5.000 € (Schnellmann).
2. Der nach Abzug der Vorabvergütung verbleibende Restgewinn wird wie folgt verteilt:
   a) Die drei Komplementäre erhalten je 30 %.
   b) Der Kommanditist erhält 10 %.
3. Einen Verlust tragen die drei Komplementäre je zu einem Drittel. Der Kommanditist nimmt an einem Verlust nicht teil.

§ 8 Abfindung eines ausscheidenden Gesellschafters

1. Scheidet ein Gesellschafter aus der Gesellschaft aus, erhält er eine Abfindung in Höhe des Buchwertes seiner Beteiligung laut letzter Bilanz vor seinem Ausscheiden zuzüglich 20 % dieses Betrages als pauschalen Ausgleich stiller Reserven und des Firmenwertes.
2. Die Auszahlung der Abfindung findet in vier gleichen Jahresraten statt, von denen die erste 10 Monate nach Ausscheiden des Gesellschafters fällig wird.

§ 9 Tod eines Gesellschafters

Stirbt ein Gesellschafter, so wird die Gesellschaft mit dessen Erben fortgesetzt. Diese sind von der Geschäftsführung und Vertretung ausgeschlossen.

Lösungsvorschlag

Aufgabe 1: Personenunternehmen: Gründung, Rechtsfragen, Gewinnverwendung, Beendigung, Vergleich mit Kapitalgesellschaften

1 Firmierung der KG

- Der vorgeschriebene Firmenzusatz „KG“ ist vorhanden (§ 19 Abs. 1 Nr. 3 HGB).
- „EUROPA“ könnte irreführend hinsichtlich der geschäftlichen Verhältnisse und damit unzulässig sein, wenn die KG nur im Raum Stuttgart tätig ist. (§ 18 Abs. 2 HGB)

2 Haftung der KG vor/nach der HR-Eintragung *(nicht mehr prüfungsrelevant!)*

Vor der Eintragung haften alle Gesellschafter als Vollhafter. Die Haftungsbeschränkung des Kommanditisten Rastlos wird erst mit Eintragung in das Handelsregister rechtswirksam (§ 176 Abs. 1 HGB).

3 Rechtssituation im Innen- und Außenverhältnis bei der KG

Innenverhältnis:
Gemäß § 4 des Gesellschaftsvertrages überschreitet Clever seine Befugnisse (betragsmäßige Beschränkung).
Außenverhältnis:
Die Einzelvertretungsbefugnis ist Dritten gegenüber nicht beschränkbar (§ 126 Abs. 2 HGB), sodass dieser Vertrag rechtswirksam ist.

4 Widerspruchsrecht eines Kommanditisten

Die Kreditaufnahme in dieser Höhe ist im Vergleich zur Höhe des Eigenkapitals ein außergewöhnliches Rechtsgeschäft. Der Kommanditist hat dabei grundsätzlich ein Widerspruchsrecht (§ 163 HGB). § 4 des Gesellschaftsvertrages schließt in zulässiger Weise das Widerspruchsrecht auch bei außergewöhnlichen Geschäften aus. Die einzelvertragliche Regelung hat Vorrang und somit ist der Widerspruch des Herrn Rastlos unwirksam.

5.1 Beurteilung der vertraglichen Gewinn- und Verlustregelungen

Problematisch und evtl. unangemessen sind z. B.:

- die fehlende Berücksichtigung der Höhe der Einlagen
- die unterschiedliche Bewertung der Geschäftsführertätigkeit

Angemessen sind z. B.:

- der geringere Anteil des Kommanditisten am Restgewinn entsprechend seiner beschränkten Haftung
- die fehlende Beteiligung des Kommanditisten am Verlust, da er an der Geschäftsführung nicht beteiligt ist

5.2 Berechnung Gewinnanteil Kommanditist

Jahresgewinn	372.000 €	
– Vergütung Clever	60.000 €	für 10 Monate
– Vergütung Singel	60.000 €	für 10 Monate
– Vergütung Schnellmann	50.000 €	für 10 Monate
= Restgewinn	202.000 €	
Gewinnanteil Rastlos (10 %)	**20.200 €**	

5.3 Zuschreibung des Gewinnanteils zum Kapitalanteil

Der Gewinnanteil kann nach den gesetzlichen Vorschriften dem Kapitalanteil nur bis zur Höhe der bedungenen Einlage zugeschrieben werden (§ 167 HGB). Der übersteigende Betrag in Höhe von 5.200 € muss grundsätzlich ausbezahlt werden.

5.4 Kontrollrecht des Kommanditisten

Der Kommanditist kann nur den Jahresabschluss einsehen und dessen Richtigkeit unter Einsicht in die Bücher prüfen (§ 166 Abs. 1 HGB). Ein Recht auf eine monatliche Prüfung besteht nicht.

6.1 Wettbewerbsverbot für Komplementäre

Frau Schnellmann darf nicht gegen den Willen der Mitgesellschafter persönlich haftende Gesellschafterin in einer anderen Handelsgesellschaft der gleichen Branche werden (§ 112 Abs. 1 HGB).

6.2 Kündigung eines Gesellschafters; Berechnung der Abfindung

Frau Schnellmann kann frühestens zum 31. 12. 2008 ausscheiden (§ 5 Gesellschaftsvertrag).
Die erste Abfindungszahlung erhält sie am 01. 11. 2009.
Betrag: (260.000 € + 20 %) / 4 = 78.000 € (§ 8 Gesellschaftsvertrag)

7.1 Rechtliche Veränderungen durch Umwandlung der KG in eine GmbH

Kriterium	Komplementär	Kommanditist
Haftung	Er haftet nur noch mittelbar mit seiner Einlage, nicht mehr persönlich.	keine Änderung
Vertretung	Für die Gesellschafter, die Geschäftsführer werden, gilt die gesetzliche Gesamtvertretung.	
Einflussnahme auf unternehmerische Entscheidungen	Der Einfluss ist abhängig von der Höhe des Geschäftsanteils. Da Herr Rastlos gleichberechtigter Gesellschafter wird, vermindert sich der Anteil der übrigen Gesellschafter und somit ihr Einfluss.	Der Kommanditist wird gleichberechtigter Gesellschafter und gewinnt dadurch an Einfluss.

7.2 Aufbau und Vorteil einer GmbH & Co. KG

- Die GmbH ist Komplementärin; Kommanditisten können die Gesellschafter der GmbH und/oder weitere Personen sein.
- Eine zusätzliche Kapitalbeschaffung ist durch eine einfachere Aufnahme neuer Gesellschafter als Kommanditisten möglich (keine notarielle Beurkundung erforderlich).

Profilfach Volks- und Betriebswirtschaftslehre mit Rechnungswesen (Baden-Württemberg)
BWL mit integriertem RW (Gruppe I) 2007 – Aufgabe 2

Aktiengesellschaft: Rechnungslegung, Bewertung und Gewinnverwendung; Kooperation und Konzentration

Die Südmetall AG ist ein mittelständischer Hersteller von Autofelgen. Das Unternehmen beliefert Automobilhersteller in Deutschland für die Erstausrüstung der Fahrzeuge. In diesem Marktsegment hat die Südmetall AG in den letzten Jahren keine Gewinne mehr erzielt.

Im Ersatzteil- und Zubehörgeschäft konnte die Südmetall AG bisher noch angemessene Gewinne erzielen. In diesem Bereich beliefert die Südmetall AG Großhändler, Kaufhäuser, Kfz-Werkstattketten sowie einzelne Kfz-Werkstätten und Einzelhändler. Die Zahl der selbstständigen Hersteller ging durch Unternehmensaufkäufe in den letzten Jahren deutlich zurück. Auf diesem Markt sind noch 15 mittelständische Hersteller in Deutschland tätig. Der Marktanteil der Südmetall AG beträgt als führendem Hersteller ca. 12 %.

Aber auch auf diesem Markt gerät die Südmetall AG unter zunehmenden Druck. Dafür sind eine Reihe von Entwicklungen verantwortlich:

- Durch die steigende Konzentration im Handel und im Werkstattbereich nimmt die Marktmacht einzelner Nachfrager zu.
- Durch die bevorstehende Einführung neuer pannensicherer Reifen kommen auf die Felgenhersteller hohe Entwicklungskosten und umfangreiche Investitionen in neue Fertigungsanlagen zu.
- Die Rohstoffpreise (Aluminium und Stahl) steigen kontinuierlich. Für die neuen Felgen wird eine neue, hochwertige Legierung benötigt, die zurzeit nur ein Hersteller liefern kann.

1 Der Vorstand der Südmetall AG beabsichtigt, den angesprochenen Entwicklungen unter anderem durch Kooperation mit anderen Unternehmen zu begegnen.

Hinweis: Kooperation ist nicht mehr prüfungsrelevant!

1.1 Unterbreiten Sie der Südmetall AG einen begründeten Vorschlag für eine wirtschaftlich sinnvolle „vertikale" Kooperationsform und erörtern Sie zwei Vorteile, die sich für die AG aus dieser Art der Kooperation ergeben.

1.2 Die Südmetall AG plant, gemeinsam mit zwei Mitwettbewerbern neuartige Felgen für pannensichere Reifen zu entwickeln.
Erklären Sie einen möglichen Vorteil für die Südmetall AG und beurteilen Sie die Zulässigkeit dieser Kooperation unter wettbewerbsrechtlichen Gesichtspunkten.

2 Bei der Südmetall AG soll der Jahresabschluss für das letzte Geschäftsjahr (31. 12. 2006) fertig gestellt werden. Der Vorstand der AG ist sich darüber einig, dass der Jahresüberschuss in der Handelsbilanz möglichst hoch ausgewiesen werden soll. Diese Zielsetzung ist bei den folgenden Aufgaben zu beachten.

2.1 Begründen Sie mit jeweils einem Argument, was für bzw. gegen einen möglichst hohen Gewinnausweis spricht.
Berücksichtigen Sie dabei die oben beschriebene Marktentwicklung der Südmetall AG und die geplante Kooperation.

2.2 Für die Bilanzposition „Fertige Erzeugnisse“ ist der Bilanzansatz zu ermitteln. Hierfür liegen folgende Zahlen vor:

Fertigungsmaterialverbrauch für den Inventurbestand	200.000 €
Fertigungslöhne für den Inventurbestand	180.000 €
Sondereinzelkosten der Fertigung	5.000 €
Sondereinzelkosten des Vertriebs	10.000 €

Gemeinkostenzuschlagsätze:

Materialgemeinkosten	10 %	Verwaltungsgemeinkosten	30 %
Fertigungsgemeinkosten	100 %	Vertriebsgemeinkosten	15 %

- Ermitteln Sie unter der gegebenen Zielsetzung den Bilanzansatz für diese Bilanzposition.
- Um welchen Betrag würde sich der Gewinn ändern, wenn der Vorstand einen möglichst geringen Gewinn ausweisen würde?

2.3 Am 03. 11. (Liefer- und Rechnungsdatum) bezog die Südmetall AG 500 Tonnen Aluminium aus dem Ausland. Der Einkaufspreis betrug 1.500 USD je Tonne. Am Ende des Jahres sind noch 200 Tonnen des Rohstoffes im Lager. Der Marktpreis für Aluminium beträgt am 31. 12. 1.800 USD je Tonne. Am Ende des Jahres ist die Rechnung, die in USD gestellt wurde, noch nicht bezahlt.

Kurs (USD/€) am

03. 11.	Geld 1,2710	Brief 1,2720
31. 12.	Geld 1,2610	Brief 1,2620

2.3.1 Ermitteln Sie den Bilanzansatz für die Bilanzposition „Rohstoffe“ und erläutern Sie das zugrunde liegende Bewertungsprinzip.
Prüfen Sie, ob bei der Position „Rohstoffe“ ein Bewertungsspielraum vorhanden ist.

2.3.2 Berechnen Sie den Bilanzansatz für die Position „Verbindlichkeiten“ und erläutern Sie das zugrunde liegende Bewertungsprinzip.

2.4 Instandhaltungsmaßnahmen, die vom Lieferanten der technischen Anlagen sonst immer im Sommer durchgeführt wurden, sollen erst im nächsten Jahr nachgeholt werden. Die Kosten dieser regelmäßigen Instandhaltungsmaßnahmen werden auf 150.000 € geschätzt.
Erläutern Sie die Auswirkungen auf den Jahresüberschuss des Jahres 2006, wenn die Arbeiten voraussichtlich im

- Februar des nächsten Jahres
- Mai des nächsten Jahres durchgeführt werden.

3 Vorstand und Aufsichtsrat stellen den Jahresabschluss der Südmetall AG fest.

3.1 Erklären Sie, welche rechtliche Bedeutung die Feststellung des Jahresabschlusses für die AG hat und welche Folgen sich ergäben, wenn sich Vorstand und Aufsichtsrat nicht geeinigt hätten.

3.2 Die Südmetall AG weist zum 31. 12. 2006 vor der Gewinnverwendung folgende Eigenkapitalpositionen aus:

Gezeichnetes Kapital	40.000.000 €
Kapitalrücklage	50.000.000 €
gesetzliche Rücklage	0 €
andere Gewinnrücklagen	80.000.000 €
Gewinnvortrag	400.000 €
Jahresüberschuss	20.000.000 €

Vorstand und Aufsichtsrat befürchten die Übernahme der AG durch einen Finanzinvestor.

3.2.1 Erläutern Sie, in wie weit der Bilanzkurs einen Anhaltspunkt für die Höhe des Übernahmeangebots je Aktie liefern kann.

3.2.2 Vorstand und Aufsichtsrat streben einen möglichst hohen Bilanzkurs an.

- Führen Sie unter Berücksichtigung dieser Zielsetzung die teilweise Gewinnverwendung durch und begründen Sie Ihre Vorgehensweise.
- Stellen Sie den Eigenkapitalausweis der Südmetall AG nach teilweiser Gewinnverwendung dar.

Formulieren Sie einen der oben genannten Zielsetzung entsprechenden Gewinnverwendungsvorschlag für die Hauptversammlung.

Punkte:

Frage	1.1	1.2	2.1	2.2	2.3.1	2.3.2	2.4	3.1	3.2.1	3.2.2
NP	3	2	3	4	3	3	3	2	2	5

Lösungsvorschlag

Aufgabe 2: Rechnungslegung, Bewertung und Gewinnverwendung; Kooperation und Konzentration

1.1 Vertikale Kooperation; Vorteile *(nicht mehr prüfungsrelevant!)*
Bildung einer Arbeitsgemeinschaft: Südmetall AG und ein Rohstofflieferant arbeiten gemeinsam an der Entwicklung neuer Legierungen.

Vorteile:
- Sicherung eines technologischen Vorsprungs durch gemeinsame Forschungseinrichtungen
- Sicherstellung der Rohstoffversorgung durch vertragliche Bindung des Zulieferers

1.2 Horizontale Kooperation; Vorteil und wettbewerbsrechtliche Zulässigkeit
(nicht mehr prüfungsrelevant!)
Vorteil:
Geringere Forschungs- und Entwicklungskosten für jeden der Kooperationspartner.

Wettbewerbsrechtliche Zulässigkeit:
Die Vereinbarung ist geeignet, den Wettbewerb einzuschränken (§ 1 GWB). Sie ist aber vom Verbot freigestellt, da durch die geringen Marktanteile der beteiligten Unternehmen der Wettbewerb nur unwesentlich beeinträchtigt und ihre Wettbewerbsfähigkeit als kleine oder mittlere Unternehmen verbessert wird (Mittelstandskartell gem. § 3 i. V. m. § 2 GWB).

2.1 Gründe für/gegen einen hohen Gewinnausweis
Argument für einen hohen Gewinnausweis:
Die wirtschaftliche Situation der Felgenhersteller zwingt zur Kooperationen. Mit einem hohen Gewinnausweis wäre die Südmetall AG ein attraktiver Kooperationspartner.

Argument gegen einen hohen Gewinnausweis:
Ein hoher Gewinnausweis könnte bewirken, dass Großabnehmer mit entsprechender Marktmacht weitere Preissenkungen verlangen. Die Verhandlungsposition der Südmetall AG wäre eher geschwächt.

2.2 Bilanzansatz bei möglichst hohem/niedrigem Gewinn
Hoher Gewinnausweis → **Obergrenze** der Bewertung in der Handelsbilanz

Fertigungsmaterial	200.000 €	(Pflicht)
+ Fertigungslöhne	180.000 €	(Pflicht)
+ Sondereinzelkosten der Fertigung	5.000 €	(Pflicht)
= Einzelkosten	385.000 €	
+ Materialgemeinkosten	20.000 €	(Pflicht)
+ Fertigungsgemeinkosten	180.000 €	(Pflicht)
= Herstellkosten	585.000 €	
+ VerwGK (30 % von 585.000 €)	175.500 €	(Wahlrecht)
= Bilanzansatz FE (31. 12. 2006)	760.500 €	

Niedriger Gewinnausweis → **Untergrenze** der Bewertung in der Handelsbilanz

In der Bilanz werden lediglich die Herstellkosten angesetzt:	385.000 €
Die Minderung des Gewinns (760.500 € – 585.000 €):	175.500 €

Hinweis: Die Lösung wurde an die aktuellen Bewertungsvorschriften des HGB angepasst.

2.3.1 Bewertung von Umlaufvermögen

Die Bewertung erfolgt anhand des Devisenkassamittelkurses (Geldkurs + Briefkurs / 2).

Anschaffungskosten Rohstoffe:
200 · 1.500 / 1,2715 = 235.941,80 €

Tageswert am 31. 12.:
200 · 1.800 / 1,2615 = 285.374,55 €

→ Bilanzansatz am 31. 12. = 235.941,80 €

Beim Umlaufvermögen gilt das strenge Niederstwertprinzip.
Da hier Anschaffungskosten < Tageswert, erfolgt der Wertansatz zu den Anschaffungskosten. Es besteht kein Bewertungsspielraum.

Hinweis: Die Lösung wurde an die aktuellen Bewertungsvorschriften des HGB angepasst.

2.3.2 Bewertung von Verbindlichkeiten

Die Bewertung erfolgt anhand des Devisenkassamittelkurses (Geldkurs + Briefkurs / 2).

Verbindlichkeiten bei Erhalt der Rechnung:
500 · 1.500 / 1,2715 = 589.854,50 €

Tageswert der Verbindlichkeiten am 31. 12.:
500 · 1.500 / 1,2615 = 594.530,22 €

→ Bilanzansatz der Verbindlichkeiten am 31. 12. = 589.854,50 €

Bei der Bewertung von Verbindlichkeiten muss nach der Restlaufzeit unterschieden werden. Da anzunehmen ist, dass die Restlaufzeit in diesem Fall weniger als ein Jahr beträgt, muss die Bewertung zu dem am Abschlussstichtag geltenden Devisenkassamittelkurs erfolgen. Das dem Vorsichtsprinzip entsprechende Höchstwertprinzip bei Verbindlichkeiten gilt hier nicht.

Hinweis: Die Lösung wurde an die aktuellen Bewertungsvorschriften des HGB angepasst.

2.4 Bewertung unterlassener Instandhaltung

- Arbeiten werden im Februar des nächsten Jahres nachgeholt:
  Es besteht eine Pflicht zur Bildung einer Rückstellung (§ 249 Abs. 1 Satz 2 Nr. 1 HGB). Der Jahresüberschuss sinkt um den Betrag der Rückstellung.
- Arbeiten werden im Mai des nächsten Jahres nachgeholt:
  Es besteht ein Passivierungswahlrecht für unterlassene Instandhaltungsmaßnahmen, die mehr als drei Monate nach dem Bilanzstichtag nachgeholt werden (§ 249 Abs. 1 Satz 3 HGB). Wegen der Zielsetzung der Bewertung wird keine Rückstellung gebildet. Der Jahresüberschuss bleibt unverändert hoch.

3.1 Feststellung des Jahresabschlusses

Die Verwendung des Jahresüberschusses ist durch die Feststellung bis zur Position Bilanzgewinn festgelegt.

Sofern sich Vorstand und Aufsichtsrat nicht einigen können, wird der Jahresabschluss und damit der Bilanzgewinn von der Hauptversammlung festgestellt (§ 172 f. AktG).

3.2.1 Aussagekraft des Bilanzkurses

Der Bilanzkurs misst den Anteil je Aktie am ausgewiesenen Eigenkapital. Er gilt in der Regel als Untergrenze des Börsenkurses. Stille Reserven erhöhen den Kaufpreis über den Bilanzkurs hinaus.

3.2.2 Teilweise Gewinnverwendung und anschließender Eigenkapitalausweis

Ein höherer Bilanzkurs bedeutet mehr Eigenkapital pro Aktie. Aufsichtsrat und Vorstand möchten daher möglichst hohe Rücklagen bilden, um so das Eigenkapital zu erhöhen.

– Berechnung des Bilanzgewinns:

Jahresüberschuss	20.000.000 €
+ Gewinnvortrag	400.000 €
– max. Einstellung in andere Gewinnrücklagen (50 % von 20 Millionen € gemäß § 58 Abs. 2 AktG)	10.000.000 €
= Bilanzgewinn	10.400.000 €

Keine Einstellung in die gesetzliche Rücklage, da die Summe aus gesetzlicher Rücklage und Kapitalrücklage > 10 % des gezeichneten Kapitals ist (§ 150 Abs. 2 AktG).

– Eigenkapitalausweis nach teilweiser Gewinnverwendung:

Gezeichnetes Kapital	40.000.000 €
Kapitalrücklage	50.000.000 €
gesetzliche Rücklage	0 €
andere Gewinnrücklagen	90.000.000 €
Jahresüberschuss	10.400.000 €

– Gewinnverwendungsvorschlag:
Vorstand und Aufsichtsrat schlagen der Hauptversammlung vor, den Bilanzgewinn in Höhe von 10,4 Mio. € in die anderen Gewinnrücklagen einzustellen.

Profilfach Volks- und Betriebswirtschaftslehre mit Rechnungswesen (Baden-Württemberg)
BWL mit integriertem RW (Gruppe I) 2007 – Aufgabe 3

GmbH: Rechtsfragen; Vollkostenrechnung (Kostenstellen, Kostenträger), Kostenanalyse, Deckungsbeitragsrechnung

1 Die „Odenwälder Tische GmbH" in Walldürn ist auf die Herstellung hochwertiger Wohnzimmertische spezialisiert. Sie erwartet in den nächsten Geschäftsjahren ständig steigende Auftragseingänge und Gewinne.

Folgende Gesellschafter sind an der GmbH mit ihren Stammeinlagen beteiligt:

Frank Hagenbach	75.000 €
Carsten Mommsen	120.000 €
Marc Veit	105.000 €

Gemäß § 4 der Satzung sind Hagenbach und Mommsen alleinige Geschäftsführer der Gesellschaft und als solche auch in das Handelsregister eingetragen. Der Gesellschaftsvertrag enthält hinsichtlich der Vertretungsbefugnis keine vom GmbH-Gesetz abweichenden Vereinbarungen.

1.1 Im Jahre 2006 erzielte die GmbH einen Jahresüberschuss von 180.000 €.
Berechnen Sie den jeweiligen Gewinnanteil der Gesellschafter.

1.2 Ohne Absprache mit Frank Hagenbach bestellt Carsten Mommsen eine neue vollautomatische Schleifmaschine für 14.900 €.
Begründen Sie, ob der Kaufvertrag für die GmbH bindend ist.

1.3 Die Gesellschafterversammlung der GmbH soll im Jahre 2007 unter anderem folgende Beschlüsse fassen:

Tagesordnungspunkt 4: Entlastung der Geschäftsführer Hagenbach und Mommsen für das Geschäftsjahr 2006

Tagesordnungspunkt 5: Erweiterung des Gegenstandes des Unternehmens um den Handel mit Möbeln aller Art. Dazu soll die Satzung entsprechend geändert werden.

- Erklären Sie die Begriffe „Bestellung" und „Entlastung" der Geschäftsführer.
- Veit stimmt gegen die beabsichtigte Satzungsänderung (TOP 5).

  Weisen Sie nach, ob er diese allein verhindern kann.

1.4 Nach Streitigkeiten mit den Mitgesellschaftern erwägt Veit seinen Geschäftsanteil zu veräußern. Ein Interessent bietet ihm einen Kaufpreis, der deutlich über dem Betrag seiner Stammeinlage liegt.
Begründen Sie die Abweichung mit zwei Argumenten.

2 Die „Odenwälder Tische GmbH" beabsichtigt, demnächst den Wohnzimmertisch „Nizza" auf den Markt zu bringen. Aus der Kosten- und Leistungsrechnung stehen folgende Angaben je Tisch zur Verfügung:

Verbrauch von Fertigungsmaterial	800 €
Fertigungslöhne	240 €
Kosten der speziellen Transportversicherung	5 €
Zuschlagsätze	Materialgemeinkosten 5 % Restfertigungsgemeinkosten 75 % Verwaltungsgemeinkosten 6 % Vertriebsgemeinkosten 9 %
Nutzung der Lackiermaschine	20 Minuten Maschinenstundensatz 75 €
Nutzung der Schleifmaschine	8 Minuten Maschinenstundensatz 45 €
Nutzung der Sägemaschine	12 Minuten Maschinenstundensatz 45 €

2.1 Ermitteln Sie die Selbstkosten des Wohnzimmertisches „Nizza“.
Hinweis: Maschinenstundensatzrechnen ist nicht mehr prüfungsrelevant!

2.2 Veit ist der Meinung, dass sich durch Rationalisierungsmaßnahmen im Vertriebsbereich die Selbstkosten des Tisches „Nizza“ um 3,9 % senken lassen.
Wie würde sich die angestrebte Kostensenkung auf den Vertriebsgemeinkostenzuschlagsatz auswirken (rechnerische Lösung)?

2.3 Die Lackiermaschine soll durch eine modernere Maschine ersetzt werden. Für diese liegen folgende Daten vor:

Anschaffungskosten/Wiederbeschaffungskosten	390.000 €
betriebsgewöhnliche Nutzungsdauer	13 Jahre
jährliche Maschinenlaufzeit	1.500 Stunden
kalkulatorischer Zinssatz	8 %
Instandhaltungskosten (für die Gesamtnutzungsdauer)	52.650 €
monatliche Raumkosten	5,00 €/m²
Raumbedarf	8,75 m²
Stromverbrauch	25 kWh
Strompreis	0,15 €/kWh

Hinweis: Maschinenstundensatzrechnen und kalk. Zinsen sind nicht mehr prüfungsrelevant!

2.3.1 Berechnen Sie den Maschinenstundensatz der neuen Lackiermaschine.

2.3.2 Um wie viel Prozent verändern sich bei unveränderten Gemeinkostenzuschlagsätzen die Selbstkosten des Tisches (bezogen auf 2.1), wenn er die neue Lackiermaschine 20 Minuten in Anspruch nimmt?
(Falls Sie Aufgabe 2.3.1 nicht lösen konnten, rechnen Sie mit einem Maschinenstundensatz von 37,20 €.)

2.3.3 Erläutern Sie zwei Gründe, die für eine Kalkulation mit Maschinenstundensätzen sprechen.

3 Die GmbH produziert in einer separaten Fertigungsabteilung das aus Glas und Marmor bestehende Modell „Monte Carlo“. Im Jahr 2006 wurden bei Vollauslastung der Produktionskapazität 150 Tische zu je 2.480 € netto verkauft. Dabei fielen bei linearem Gesamtkostenverlauf variable Stückkosten von 1.800 € an, in denen 750 € Lohnkosten enthalten waren. Die anteiligen Fixkosten betrugen 87.000 €.

Für 2007 wird ein Absatz von 200 Stück bei einem Gesamtgewinn von 41.500 € erwartet. Die Mehrproduktion soll durch Überstunden ermöglicht werden, wofür ein Überstundenzuschlag bezahlt wird.

3.1 Ermitteln Sie unter sonst gleichen Bedingungen den Überstundenzuschlag in Prozent.

3.2 Überraschend taucht ein Konkurrenzmodell auf, wodurch der Marktpreis soweit sinkt, dass statt des erwarteten Gewinns ein Verlust je Tisch erwirtschaftet wird. Die Unternehmensleitung beschließt, das Modell „Monte Carlo“ wenigstens kurzfristig weiter zu produzieren. Rationalisierungsmöglichkeiten bestehen nicht.
Erläutern Sie drei Gesichtspunkte, die unter diesen Umständen für die Beibehaltung des Tisches im Sortiment sprechen könnten.

Punkte:

Frage	1.1	1.2	1.3	1.4	2.1	2.2	2.3.1	2.3.2	2.3.3	3.1	3.2
NP	2	2	4	2	3	2	3	2	2	5	3

Lösungsvorschlag

Aufgabe 3: GmbH: Rechtsfragen; Vollkostenrechnung (Kostenstellen, Kostenträger), Kostenanalyse, Deckungsbeitragsrechnung

1.1 Gewinnverteilung

Gewinnverteilung gemäß § 29 Abs. 3 GmbHG:

	Stammeinlage	Prozentanteil	Gewinnanteil
Hagenbach	75.000 €	25 %	45.000 €
Mommsen	120.000 €	40 %	72.000 €
Veit	105.000 €	35 %	63.000 €
	300.000 €	100 %	180.000 €

1.2 Vertretung der GmbH

Da im Gesellschaftsvertrag nichts anderes geregelt ist, besteht gemäß § 35 Abs. 2 GmbHG Gesamtvertretung. Mommsen hat als Vertreter ohne ausreichende Vertretungsmacht gehandelt. Der Kaufvertrag ist daher schwebend unwirksam (§ 177 BGB).

1.3 Bestellung und Entlastung der Geschäftsführer; Satzungsänderung

- Bestellung: Beschluss der Gesellschafterversammlung, dass eine bestimmte Person Geschäftsführer der GmbH sein soll.
- Entlastung: Vertrauensbekundung für die Tätigkeit im abgelaufenen Geschäftsjahr, d. h. dass die Geschäftsführung zu keinen Beanstandungen Anlass gibt; gegebenenfalls ist damit auch ein Verzicht auf Ansprüche gegen die Geschäftsführer aus bekannten Handlungen verbunden.
- Satzungsänderung: Für die Änderung der Satzung wäre eine ¾-Mehrheit in der Gesellschafterversammlung erforderlich (§ 53 Abs. 2 GmbHG). Veit besitzt 35 % der Geschäftsanteile der GmbH. Somit kann er die Satzungsänderung verhindern.

1.4 Wert des Geschäftsanteils größer Stammeinlage

Mögliche Gründe: Es existieren

- offene Rücklagen (Nichtausschüttung von Gewinnen in vergangenen Perioden)
- stille Rücklagen (z. B. Unterbewertung von Aktiva)
- höhere Gewinnerwartungen für die Zukunft (bzw. höhere Auftragseingänge)

2.1 Ermittlung der Selbstkosten *(Maschinenkosten sind nicht mehr prüfungsrelevant!)*

Fertigungsmaterial	800,00 €
+ 5 % Materialgemeinkosten	40,00 €
+ Fertigungslöhne	240,00 €
+ 75 % Rest-Fertigungsgemeinkosten	180,00 €
+ Maschinenkosten Lackiermaschine	25,00 €
+ Maschinenkosten Schleifmaschine	6,00 €
+ Maschinenkosten Sägemaschine	9,00 €
= Herstellkosten	1.300,00 €

+ 6 % Verwaltungsgemeinkosten	78,00 €
+ 9 % Vertriebsgemeinkosten	117,00 €
+ Sondereinzelkosten des Vertriebs	5,00 €
= Selbstkosten Wohnzimmertisch „Nizza“	1.500,00 €

2.2 Veränderung Vertriebsgemeinkostenzuschlagsatz nach Kostensenkung

Herstellkosten	1.300,00 €
+ 6 % Verwaltungsgemeinkosten	78,00 €
+ Vertriebsgemeinkosten nach Rationalisierung	**58,50 €**
+ Sondereinzelkosten des Vertriebs	5,00 €
= neue Selbstkosten „Nizza“ (1.500 · 96,1 %)	1.441,50 €

$$\text{neuer Vertriebsgemeinkostenzuschlagsatz} = \frac{58{,}50 \cdot 100}{1.300} = 4{,}50\ \%$$

2.3.1 Berechnung Maschinenstundensatz *(nicht mehr prüfungsrelevant!)*

Abschreibungen/Std. 390.000 € / (13 J. · 1.500 Std.)	20,00 €
+ kalkulatorische Zinsen/Std. ([390.000 € / 2] · 0,08) / 1.500 Std.	10,40 €
+ Instandhaltungskosten/Std. 52.650 € / (13 J. · 1.500 Std.)	2,70 €
+ Raumkosten/Std. (5 € /m^2 · 8,75 m^2) / (1.500 Std. / 12 Monate)	0,35 €
+ Energiekosten/Std. (25 kWh · 0,15 €/kWh)	3,75 €
= Maschinenstundensatz Lackiermaschine	37,20 €

2.3.2 Veränderung der Selbstkosten bei Nutzung neuer Maschine
(nicht mehr prüfungsrelevant!)

Fertigungsmaterial	800,00 €
+ 5 % Materialgemeinkosten	40,00 €
+ Fertigungslöhne	240,00 €
+ 75 % Rest-Fertigungsgemeinkosten	180,00 €
+ Maschinenkosten Lackiermaschine (37,20 € / 3)	**12,40 €**
+ Maschinenkosten Schleifmaschine	6,00 €
+ Maschinenkosten Sägemaschine	9,00 €
= Herstellkosten	1.287,40 €
+ 6 % Verwaltungsgemeinkosten	77,24 €
+ 9 % Vertriebsgemeinkosten	115,87 €
+ Sondereinzelkosten des Vertriebs	5,00 €
= Selbstkosten Wohnzimmertisch „Nizza“	1.485,51 €

$$\text{Kostensenkung} = \frac{(1.500{,}00 - 1.485{,}51) \cdot 100}{1.500{,}00} = 0{,}966\ \%$$

2.3.3 Gründe für Kalkulation mit Maschinenstundensätzen
(nicht mehr prüfungsrelevant!)

Eine genauere Kalkulation wird möglich, falls die Kostenträger

- die Maschinen unterschiedlich lange beanspruchen,
- verschiedene Maschinen mit unterschiedlich hohen Kosten beanspruchen.

3.1 Ermittlung Überstundenzuschlag

$Erlöse_{neu}$ = 200 Stück · 2.480 €/Stck.	496.000 €
– $Gesamtgewinn_{neu}$	41.500 €
= $Gesamtkosten_{neu}$	454.500 €
– Fixkosten	87.000 €
= variable $Kosten_{neu}$	367.500 €
– variable $Kosten_{alt}$ = 150 Stück · 1.800 €/Stck.	270.000 €
= zusätzliche variable Kosten für 50 Stück	97.000 €
– davon sonstige variable Kosten = 50 · 1.050	52.500 €
= Lohnkosten (mit Zuschlag)	45.000 €
– Lohnkosten (ohne Zuschlag) = 50 · 750	37.500 €
= Überstundenzuschlag insgesamt	7.500 €

$$\text{Überstundenzuschlag in \%} = \frac{7.500 \cdot 100}{37.500} = 20\ \%$$

3.2 Gründe für Beibehaltung des Sortiments trotz Verlust

- Es wird ein positiver Deckungsbeitrag je Tisch erwirtschaftet, sodass sich die Fertigung wenigstens kurzfristig lohnt.
- Der Mitarbeiterstamm kann erhalten werden, falls sich die Absatzverhältnisse längerfristig verbessern.
- Marketing-Überlegungen, z. B. Sortimentsabrundung, Unternehmensimage.

Profilfach Volks- und Betriebswirtschaftslehre mit Rechnungswesen (Baden-Württemberg)
Volkswirtschaftslehre (Gruppe II) 2007 – Aufgabe 4

Abstimmung der Angebots- und Nachfragepläne in Verbindung mit der Sozialen Marktwirtschaft und Markteingriffen des Staates

1 An einer Internetbörse für Heizöl treten an einem Börsentag eine Vielzahl von Anbietern und Nachfragern mit folgenden Preis- und Mengenvorstellungen auf:

Kaufaufträge			Verkaufsaufträge		
Name der Käufergruppen	Menge in 1.000 l	Preis in €	Name der Verkäufergruppen	Menge in 1.000 l	Preis in €
A	100	billigst	F	60	bestens
B	90	0,61	G	90	0,61
C	40	0,62	H	170	0,62
D	140	0,63	I	80	0,63
E	40	0,64	J	70	0,64

1.1 Nennen Sie zwei Prämissen des vollkommenen Marktes und zeigen Sie, dass diese an einer Internet-Heizölbörse erfüllt sind.

1.2 Ordnen Sie mit Hilfe einer Tabelle den alternativen Preisen die entsprechenden Gesamtnachfrage- und Gesamtangebotsmengen zu.
Ermitteln Sie das Marktgleichgewicht.

1.3 Begründen Sie, welche der zehn Marktteilnehmer im vorliegenden Fall eine Konsumentenrente erzielen.
Berechnen Sie für zwei Marktteilnehmer die Höhe ihrer Konsumentenrente.

1.4 Der Staat gewährt einkommensschwachen Haushalten aus sozialpolitischen Gründen zweckgebundene Zuschüsse für Heizölkäufe.
Erläutern Sie, ob sich durch diese Maßnahme Auswirkungen auf den Heizölmarkt ergeben und um welche es sich gegebenenfalls handelt.

1.5 Angenommen, es kommt zu einer erneuten Krise im Nahostkonflikt.
Erläutern Sie zwei Entwicklungen, die sich daraus auf dem Heizölmarkt ergeben können.
Verdeutlichen Sie Ihre Aussagen, indem Sie anhand von normal verlaufenden Angebots- und Nachfragekurven in einem Koordinatensystem die Veränderungen skizzieren.

2 Die Heizölhandlung Müller GmbH bietet Heizöl auf einem unvollkommenen polypolistischen Markt im Großraum Stuttgart an.
Vergleichen Sie die Möglichkeiten der Preisgestaltung der Müller GmbH mit dem Anbieterverhalten bei einer Marktform, wie sie in Aufgabe 1 vorliegt. Gehen Sie auch auf die Ursachen der Unterschiede ein.

3 Wegen der Preisentwicklung auf den Energiemärkten erwägt die Regierung die Förderung alternativer Energiequellen.
Erklären Sie je eine marktkonträre und eine marktkonforme staatliche Fördermaßnahme für alternative Energiequellen.

4 Der süddeutschen GeoTec AG ist ein technischer Durchbruch bei der Herstellung von Bohrsystemen zur Gewinnung von Erdwärme gelungen. Sie ist derzeit alleinige Anbieterin auf diesem Markt. Eine durch das Unternehmen in Auftrag gegebene Marktanalyse ergab folgende zu erwartende Preis-Absatz-Funktion:

$x = 1.000 - 0{,}002\,p$

Die Kostenfunktion des Unternehmens lautet zum Zeitpunkt t_0:

$K = 20.000 + 20.000\,x$

4.1 Ermitteln Sie die gewinnmaximale Menge und den gewinnmaximalen Preis für dieses Angebotsmonopol.

4.2 Infolge des Einsatzes moderner Fertigungsanlagen verändert sich die Kostenstruktur des Unternehmens im Zeitpunkt t_1. Die fixen Kosten steigen und die variablen Stückkosten sinken.
Erläutern Sie, wie sich die Veränderungen der beiden Kostenarten auf die gewinnmaximale Menge und den gewinnmaximalen Preis des Monopolisten auswirken.

5 Im Zeitpunkt t_2 möchte die Bundesregierung die Monopolstellung der GeoTec AG einschränken. Sie fördert nun alle Unternehmen, die Technologien zur Gewinnung von Erdwärme entwickeln und umsetzen. Dadurch entsteht auf dem Markt für Bohrsysteme ein Oligopol.

5.1 Erklären Sie zwei unterschiedliche Verhaltensweisen von Oligopolisten und geben Sie die jeweilige Auswirkung auf die Preise für Bohrsysteme an.

5.2 Erläutern Sie, inwieweit monopolistische bzw. oligopolistische Marktformen dem Grundgedanken der Sozialen Marktwirtschaft widersprechen können. Verdeutlichen Sie Ihre Aussagen mit zwei Beispielen.

Punkte:

Frage	1.1	1.2	1.3	1.4	1.5	2	3	4.1	4.2	5.1	5.2
NP	2	3	3	2	3	3	3	3	3	2	3

Lösungsvorschlag

Aufgabe 4: Abstimmung der Angebots- und Nachfragepläne in Verbindung mit der Sozialen Marktwirtschaft und Markteingriffen des Staates

1.1 Prämissen des vollkommenen Marktes

- homogene Güter: Die Qualität des Heizöls ist bei jedem Anbieter gleich.
- keine Präferenzen, wie z. B. persönliche Präferenzen: Beim Internetkauf gibt es in der Regel keine persönliche Bevorzugung, da die Marktteilnehmer unbekannt sind.
- Markttransparenz: Das Internet verschafft eine gute Markübersicht.

1.2 Ermittlung des Polypolmarktgleichgewichtes

Preis in € je l	Kaufaufträge in 1.000 l	Verkaufsaufträge in 1.000 l	Absetzbare Menge in 1.000 l
0,61	410	150	150
0,62	320	320	320
0,63	280	400	280
0,64	140	470	140

Gleichgewichtspreis = 0,62 € ; Gleichgewichtsmenge = 320.000 Liter

1.3 Konsumentenrente

Die Käufergruppen A, D und E erzielen eine Konsumentenrente, da sie bereit sind, einen höheren als den Gleichgewichtspreis zu bezahlen.

Konsumentenrente der Käufergruppe D: (0,63 – 0,62) · 140.000 = 1.400 €

Konsumentenrente der Käufergruppe E: (0,64 – 0,62) · 40.000 = 800 €

1.4 Marktauswirkungen durch staatliche Zuschüsse an einkommensschwache Heizölkäufer

Unter der Annahme, dass die begünstigten Haushalte den Zuschuss lediglich dazu verwenden, die ohnehin getätigten Heizölkäufe anders zu finanzieren, ergibt sich keine zusätzliche Nachfrage nach Heizöl.
Würden die Käufer den Zuschuss jedoch für zusätzliche Heizölkäufe nutzen, verschiebt sich die Nachfragekurve nach rechts. Bei unverändertem Angebot führt dies zu einer Preiserhöhung bei größerer Absatzmenge.

1.5 Mögliche Folgen einer Nahost-Krise auf den Heizölmarkt

- Angstkäufe der Verbraucher wegen erwarteter Preiserhöhungen;
  Folge: Die Nachfrage nach Heizöl nimmt zu → die Nachfragekurve verschiebt sich nach rechts.
- Die Nahost-Staaten verringern aufgrund der Krise ihre Ölfördermengen. Zudem horten die Händler Heizöl, da sie anlässlich der zu erwarteten Knappheit mit steigenden Preisen rechnen.
  Folge: Das Heizölangebot nimmt ab → die Angebotskurve verschiebt sich nach links.

Fazit:

→ Beide Marktreaktionen führen zu Preiserhöhungen ($P_0 < P_1$)

→ Die Veränderung der Gleichgewichtsmenge hängt vom Ausmaß der Angebots- und Nachfrageverschiebung und den jeweiligen Preiselastizitäten ab.

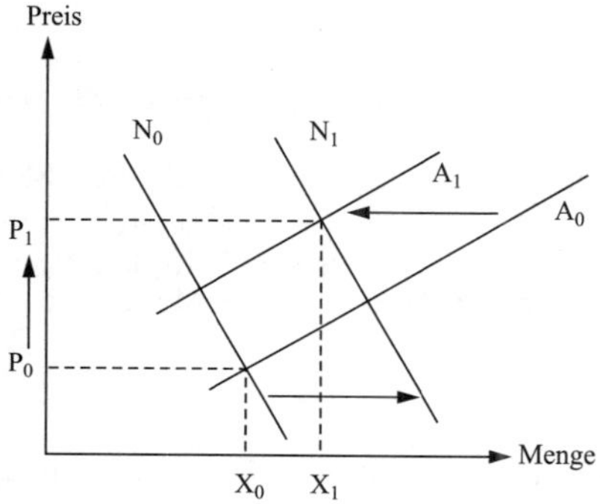

2. Preisspielräume der Anbieter im vollkommenen und unvollkommenen Polypol

Die Börse gilt als annähernd **vollkommenes** Polypol. Hier sind die Anbieter reine Mengenanpasser. Sie besitzen keinen Preisspielraum:

- höherer Angebotspreis als der Gleichgewichtspreis → Verlust aller Kunden
- niedrigerer Angebotspreis als der Gleichgewichtspreis → Zugang aller Kunden

Für die Müller GmbH ist auf dem **unvollkommenen** Markt Preispolitik in gewissem Rahmen möglich:

- Die Preis-Absatz-Funktion ist doppelt geknickt.
- Der Anbieter besitzt einen monopolistischen Preisspielraum.
- bei Preisen oberhalb des Preisspielraums → Verlust aller Kunden
- bei Preisen unterhalb des Preisspielraums → Zugang aller Kunden

Der monopolistische Preisspielraum des Anbieters kommt aufgrund von Präferenzen und/ oder unvollständiger Markttransparenz zustande.

3. Marktkonträre und marktkonforme Staatseingriffe zur Förderung alternativer Energiequellen

– marktkonforme Staatseingriffe:	z. B. Subventionen an Hersteller zur Senkung der Produktionskosten für Photovoltaikanlagen
– marktkonträre Staatseingriffe:	z. B. Mindestpreise für die Einspeisung von Alternativstrom ins allgemeine Stromnetz. Dadurch erhalten diese Stromerzeuger kostendeckende Preise.

4.1 Angebotsmonopol: Gewinnmaximale Preis-Mengen-Kombination (Cournot'scher Punkt)

$0{,}002\,p = -x + 1.000$
$p = -500\,x + 500.000$
$E = p \cdot x = -500\,x^2 + 500.000\,x$
GE (Grenzerlös) $= -1.000\,x + 500.000$

$K = 20.000 + 20.000\,x$
GK (Grenzkosten) $= 20.000$
Gewinnmaximum bei GE = GK → $-1.000\,x + 500.000 = 20.000$ → $\underline{\underline{x = 480}}$

$p = -500 \cdot 480 + 500.00 = \underline{\underline{260.000}}$

(Die Lösung wäre auch grafisch möglich)

4.2 Auswirkungen von Veränderungen der fixen und variablen Kosten auf die gewinnmaximale Preis-Mengen-Kombination

Die Erhöhung der fixen Kosten wirkt sich nicht auf die gewinnmaximale Preis-Mengen-Kombination aus, da die Grenzkosten unverändert bleiben.

Die Verringerung der variablen Stückkosten ist im vorliegenden Fall gleichbedeutend mit einer Senkung der Grenzkosten. Daraus resultieren eine höhere Menge und ein geringerer gewinnmaximaler Preis.

5.1 Verhaltensweisen von Oligopolisten

- Kriegerisches Verhalten (Verdrängungswettbewerb): Preise sinken tendenziell in Folge von Preiskämpfen
- Friedliches (kooperatives) Verhalten: Preise steigen tendenziell, z. B. nach Preisabsprachen der Hersteller

5.2 Vereinbarkeit von Monopolen und Oligopolen mit der Sozialen Marktwirtschaft

Grundgedanke der Sozialen Marktwirtschaft ist Leistungswettbewerb der Anbieter mit sozialem Ausgleich unerwünschter Marktergebnisse.

- marktwirtschaftliche Überlegungen, z. B.
  - Wettbewerb wird verhindert bzw. eingeschränkt (wenig Konkurrenz, dadurch häufig höhere Marktpreise)
  - Auslesefunktion: Da der Wettbewerb nur unzureichend funktioniert, scheiden unrentable Unternehmen nicht aus dem Markt.
- soziale Überlegung
  - überhöhte Gewinne/Preise durch einen Missbrauch der Marktstellung belasten die Verbraucher.

Profilfach Volks- und Betriebswirtschaftslehre mit Rechnungswesen (Baden-Württemberg)
Volkswirtschaftslehre (Gruppe II) 2007 – Aufgabe 5

Geldschöpfung und Geldpolitik, auch anhand wirtschaftspolitischer Tagesfragen

1 Die folgenden Daten sind verschiedenen Monatsberichten der Europäischen Zentralbank (EZB) entnommen:

Komponenten der Geldmengenaggregate und längerfristige Verbindlichkeiten der Monetären Finanzinstitute (MFIs) im Euro-Währungsgebiet in Mrd. €		
	2. Quartal 2004	2. Quartal 2005
Bargeldumlauf	420,5	493,7
Täglich fällige Einlagen	2.369,7	2.763,7
Einlagen mit vereinbarter Laufzeit von bis zu 2 Jahren	995,2	1.039,9
Einlagen mit vereinbarter Kündigungsfrist von bis zu 3 Monaten	1.586,7	1.518,7
Repogeschäfte	220,2	239,7
Geldmarktfondsanteile	611,5	622,9
Schuldverschreibungen bis zu 2 Jahren	95,0	118,5
Schuldverschreibungen von mehr als 2 Jahren	1.900,6	2.122,6
Einlagen mit vereinbarter Kündigungsfrist von mehr als 3 Monaten	89,1	91,6
Einlagen mit vereinbarter Laufzeit von mehr als 2 Jahren	1.298,5	1.449,2
Kapital und Rücklagen	1.020,7	1.134,0
Nachrichtlich:		
Bruttoinlandsprodukt in jeweiligen Preisen in Mrd. €	1.879,6	1.972,6
Preisindex für das Bruttoinlandsprodukt (BIP-Deflator)	109,1	110,6
Harmonisierter Verbraucherpreisindex (HVPI) (Basisjahr 2005 = 100)	98,6	101,0

1.1 Bestimmen Sie die Geldmengen M 1 und M 3 im 2. Quartal der Jahre 2004 und 2005 sowie die Veränderung der Geldmenge M 3 in Prozent.

1.2 Die Preisniveauentwicklung im Euro-Währungsraum wird mit Hilfe des Harmonisierten Verbraucherpreisindex (HVPI) gemessen.
Berechnen Sie die Höhe der Preisniveauveränderung im Zeitraum 2. Quartal 2004 bis 2. Quartal 2005 (zwei Nachkommastellen).

1.3 Beurteilen Sie Ihre Ergebnisse aus 1.1 und 1.2 im Hinblick auf die entsprechenden Zielvorgaben des ESZB.

1.4 Erläutern Sie, warum im vorliegenden Fall die prozentuale Geldmengenerhöhung nicht zu einer Preisniveauerhöhung im gleichen Umfang geführt hat.

2 Das System der Europäischen Zentralbanken (ESZB) hat zum 06. 12. 2005 die Leitzinsen um 0,25 Prozentpunkte auf 2,25 % erhöht.

2.1 Beschreiben Sie, wie sich die Erhöhung der Leitzinsen im Bereich der Offenmarktpolitik und im Bereich der ständigen Fazilitäten jeweils auswirkt. Gehen Sie dabei auch auf die Veränderung des Zinskanals ein.

2.2 Erläutern Sie vor dem Hintergrund der in Aufgabe 1 ermittelten Geldmengen- und Preisniveauveränderungen den beabsichtigten Wirkungsmechanismus der Zinsanhebung.

3 Im Rahmen der Hauptrefinanzierungsgeschäfte bietet die EZB den Geschäftsbanken 100 Mio. € als Zinstender an. Innerhalb von 24 Stunden sind folgende Gebote eingegangen:

Zinssatz (in %)	Gebote der Banken in Mio. €				
	A	B	C	D	E
2,31	5	15	10	15	5
2,29	16	14	18	15	17
2,27	15	10	5	5	10
2,25	0	0	0	0	0

3.1 Ermitteln Sie mit Hilfe der Lösungstabelle in der Anlage auf Seite 18 den marginalen Zinssatz dieses Refinanzierungsgeschäfts und berechnen Sie, in welchem Umfang die einzelnen Banken Zentralbankgeld erhalten.
Berechnen Sie für Bank A, wie viel Zinsen bei einer Kreditlaufzeit von 7 Tagen zu zahlen sind, wenn die Zuteilung nach dem amerikanischen Verfahren abgerechnet wird.

3.2 Berechnen Sie die Veränderung der Zentralbankgeldmenge durch das aktuelle Hauptrefinanzierungsgeschäft, wenn in der Vorwoche ein Hauptrefinanzierungsgeschäft mit einer Laufzeit von sieben Tagen und einem Zuteilungsbetrag von 180 Mio. € durchgeführt wurde.

3.3 Ermitteln Sie, wie sich die Geldschöpfungsmöglichkeit des Bankensystems durch diese Veränderung der Zentralbankgeldmenge entwickelt. Unterstellen Sie, dass die Banken insgesamt 10 % ihres Zentralbankgeldbestandes als Reservesatz für Bar- und Mindestreserve zurückbehalten.

4 Vertreter keynesianischer Wirtschaftspolitik fordern anlässlich einer bevorstehenden Erhöhung der Leitzinsen vom ESZB eine stärkere Berücksichtigung der aktuellen konjunkturellen Situation bei seinen geldpolitischen Entscheidungen. Darauf reagiert der EZB-Präsident mit folgender Pressemitteilung:

> **Zentralbank erhöht die Leitzinsen**
>
> FRANKFURT (hom). Die Europäische Zentralbank (EZB) sieht keine Gefahr, dass ihre erste Zinserhöhung seit gut fünf Jahren die Konjunktur im Euroraum bremsen könnte. EZB-Präsident Jean-Claude Trichet hat nach der gestrigen Ratssitzung allerdings mehrfach betont, die Anhebung der Leitzinsen … sei kein Signal dafür, dass weitere Schritte dieser Art folgen werden. (…)
>
> StZ, 02. 12. 2005

4.1 Beschreiben Sie den wirtschaftspolitischen Zielkonflikt bei einer Anhebung der Leitzinsen, auf den im obigen Artikel Bezug genommen wird.

4.2 Erläutern Sie, welche Rolle die Geldpolitik aus Sicht des Keynesianismus in Zeiten hoher Arbeitslosigkeit einnehmen soll.

4.3 Erläutern Sie, in wie weit der Staat auf die Geldpolitik des ESZB Einfluss nehmen kann.

Punkte:

Frage	1.1	1.2	1.3	1.4	2.1	2.2	3.1	3.2	3.3	4.1	4.2	4.3
NP	3	2	2	2	3	2	5	2	2	2	3	2

Anlage zur Aufgabe 5, Nr. 3.1

	Zugeteilte Beträge (in Mio. €) zu einem Zinssatz von … %						
Zinssatz	A	B	C	D	E		
Zuteilung gesamt							

Lösungsvorschlag

Aufgabe 5: Geldschöpfung und Geldpolitik, auch anhand wirtschaftspolitischer Tagesfragen

1.1 Geldmengen M 1 und M 3

M 1 (in Mrd. €):

	2. Quartal 2004	2. Quartal 2005
Bargeldumlauf	420,5	493,7
+ täglich fällige Einlagen	2.369,7	2.763,7
= M 1	**2.790,2**	**3.257,4**

M 3 (in Mrd. €):

	2. Quartal 2004	2. Quartal 2005
M 1	2.790,2	3.257,4
+ Einlagen mit vereinbarter Laufzeit von bis zu 2 Jahren	995,2	1.039,9
+ Einlagen mit vereinbarter Kündigungsfrist von bis zu 3 Monaten	1.586,7	1.518,7
+ Repogeschäfte	220,2	239,7
+ Geldmarktfondsanteile	611,5	622,9
+ Schuldverschreibungen bis zu 2 Jahren	95,0	118,5
= M 3	**6.298,8**	**6.797,1**

Die prozentuale Steigerung der Geldmenge M 3 beträgt:

$$\frac{(6.797,1 - 6.298,8) \cdot 100}{6.298,8} = \underline{\underline{7,91\ \%}}$$

1.2 Preisniveausteigerung

$$\frac{101,0 \cdot 100}{98,6} = 102,434\ \%$$ Preisniveausteigerung 2,43 %

1.3 Einhaltung der Zielvorgaben des ESZB zur Preisniveaustabilität

Vorrangiges Ziel des ESZB ist die Sicherung der Stabilität des am HVPI gemessenen Preisniveaus im Euro-Währungsgebiet. Das ESZB sieht dieses Ziel als erreicht an, wenn die Preisniveausteigerung innerhalb eines Jahres nahe bei, aber unter 2,0 % liegt. Um dieses zu erreichen, hat das ESZB ein Geldmengenziel mit einer Steigerung der Geldmenge M 3 von derzeit 4,5 % jährlich als Orientierungsgröße (Referenzwert) vorgegeben.

Die in 1.2 ermittelte Änderung des Preisniveaus zeigt, dass durch die Zunahme der in 1.1 errechneten Geldmengenerhöhung das Ziel der Preisniveaustabilität bedroht ist.

1.4 Quantitätsgleichung

Nach der (modifizierten) Quantitätsgleichung ($M \cdot U = BIP_{real} \cdot P$) führt eine Geldmengenerhöhung nicht bzw. nicht zu einer gleich hohen Preisniveausteigerung, wenn z. B.

- BIP_{real} bzw. Handelsvolumen gestiegen sind
- die Umlaufgeschwindigkeit des Geldes gesunken ist.

Die erhöhte Geldmenge wird nicht (in vollem Umfang)

- nachfragewirksam verwendet (z. B. die in M 3 enthaltenen Geldmarktfondsanteile)
- für die Konsumgüternachfrage verwendet. Preissteigerungen bei Investitionsgütern gehen aber nicht in den HVPI ein.

2.1 Offenmarktpolitik und ständige Fazilitäten

Offenmarktpolitik

Im Rahmen der Erhöhung der Leitzinsen steigt auch der Mindestbietungssatz für die als Zinstender angebotenen Hauptrefinanzierungsgeschäfte. Dadurch wird für Geschäftsbanken die Refinanzierung bei der Zentralbank teurer.

Ständige Fazilitäten

- Spitzenrefinanzierungsfazilität: Der Zinssatz für Tagesgeldkredite, die Geschäftsbanken beim ESZB aufnehmen können, ist gestiegen.
- Einlagefazilität: Der Zinssatz für Tagesgeldanlagen ist gestiegen.

Zinskanal:
Die Zinssätze für Übernachtkredite (Spitzenrefinanzierungsfazilität) und Übernachtanlagen (Einlagenfazilität) bilden die Ober- bzw. die Untergrenze für den Geldmarktzinssatz. Innerhalb dieser Spanne (Zinskanal) kann der Geldmarktzinssatz schwanken. Da der Geldmarktzinssatz gestiegen ist, hat sich der Zinskanal nach oben verschoben.

2.2 Wirkungsmechanismus der Leitzinserhöhung

Die Erhöhung der Leitzinsen soll zu einer Verteuerung der Beschaffung von Zentralbankgeld für das Bankensystem führen. Die gestiegenen Refinanzierungskosten werden bei der Kreditvergabe an die Bankkunden weitergegeben und erhöhen dadurch den Zinssatz für Kredite. Höhere Zinssätze senken tendenziell die Kreditaufnahme und damit das Geldmengenwachstum. Dadurch soll die Nachfrage nach Investitions- und Konsumgütern sinken und das Preisniveau stabilisiert werden.

3.1 Zinstender nach dem amerikanischen Verfahren

	Zugeteilte Beträge (in Mio. €) zu einem Zinssatz von … %					**Zuteilung gesamt**	**Restzuteilung**
Zinssatz	**Bank A**	**Bank B**	**Bank C**	**Bank D**	**Bank E**		
2,31 %	5,00	15,00	10,00	15,00	5,00	50	50,00
2,29 %	($16 \cdot 50/80$) 10,00	($14 \cdot 50/80$) 8,75	($18 \cdot 50/80$) 11,25	($15 \cdot 50/80$) 9,375	($17 \cdot 50/80$) 10,625	($80 \cdot 50/80$) 50,00	0
2,27 %	0	0	0	0	0	0	0
Zuteilung	15,00	23,75	21,25	24,375	15,625	100,00	0

Der marginale Zinssatz liegt bei 2,29 %.

Zinsen für die Bank A:

5,00 Mio. zu 2,31 % für 7 Tage	=	2.245,83 €
10,00 Mio. zu 2,29 % für 7 Tage	=	4.452,78 €
	=	6.698,61 €

3.2 Veränderung der Zentralbankgeldmenge

Unterstellt, die sonstigen Refinanzierungsgeschäfte des ESZB blieben konstant, ergäbe sich eine Veränderung der Zentralbankgeldmenge von

100 Mio. € – 180 Mio. € = – 80 Mio. €

(ohne Berücksichtigung der an das ESZB gezahlten Zinsen).

3.3 Geldschöpfung

$$\text{Geldschöpfungsmultiplikator } m = \frac{1}{\text{Reservesatz } r} = \frac{1}{0{,}10} = 10$$

Veränderung der Geldschöpfungsmöglichkeit =
Geldschöpfungsmultiplikator · Veränderung der Zentralbankgeldmenge =

10 · (–80) Mio. € = – 800 Mio. €

4.1 Wirtschaftspolitische Zielkonflikte durch Erhöhung der Leitzinsen

Die Erhöhung der Leitzinsen mit dem Ziel der Preisniveaustabilität kann mit dem Ziel eines hohen Beschäftigungsstandes in Konflikt stehen.
Die mit der Erhöhung der Leitzinsen beabsichtigte Verringerung der Güternachfrage kann zu einer Verminderung der Produktion und damit zu negativen Beschäftigungseffekten führen.

Dadurch können beschäftigungspolitische Maßnahmen des Staates zum Abbau der Arbeitslosigkeit konterkariert werden.

4.2 Rolle der Geldpolitik im Keynsianismus

Die Keynesianer gehen davon aus, dass vor allem auf dem Arbeitsmarkt dauerhafte Ungleichgewichte bestehen können. Um die Beschäftigungssituation zu verbessern, sind exogene Anreize zur Steigerung der Güternachfrage erforderlich. Dem Staat kommt dabei eine zentrale Rolle der aktiven Nachfrage am Gütermarkt zu. Nach keynesianischer Auffassung ist es dabei Aufgabe der Geldpolitik, diese Anreize durch eine beschäftigungsfördernde Geldpolitik, d. h. eine Niedrigzinspolitik, zu unterstützen.

Zwar kann nach keynesianischer Auffassung die Geldpolitik keine aktive Rolle an den Gütermärkten ausüben, aber sie soll durch eine Geldmengenexpansion die Voraussetzungen schaffen, dass die zusätzliche kreditfinanzierte staatliche Güternachfrage in Folge von Zinssteigerungen nicht die private kreditfinanzierte Güternachfrage verdrängt (Crowding out).

4.3 Einflussnahme des Staates auf die Geldpolitik des ESZB

Bei geldpolitischen Maßnahmen zur Erhaltung der Preisniveaustabilität im Euro-Währungsgebiet muss das ESZB völlig unabhängig von den Regierungen der Mitgliedsstaaten entscheiden können. Deshalb ist im Vertrag über die Einrichtung der EZB deren Autonomie ausdrücklich festgelegt worden, d. h. die Staaten dürfen keinen Einfluss nehmen.

Profilfach Volks- und Betriebswirtschaftslehre mit Rechnungswesen (Baden-Württemberg)
BWL mit integriertem RW (Gruppe I) 2008 – Aufgabe 1

Vergleich Kapital- und Personengesellschaften (einschließlich GmbH & Co. KG), Finanzierung bei diesen Gesellschaftsformen

Der Flugkapitän Kai Raiman gründete 1990 zusammen mit dem Reiseverkehrskaufmann Jan Gunther die Holiday Air GmbH, die als Komplementärin in die Holiday Air GmbH & Co. KG eintrat. Das Unternehmen konnte durch die spätere Aufnahme weiterer Kommanditisten den Erwerb neuer Flugzeuge finanzieren und entwickelte sich zu einer Linienfluggesellschaft mit eigenen Hotelanlagen.

1 Erläutern Sie mit je zwei Argumenten, warum sich die Gründer der GmbH & Co. KG gegen eine
- Kommanditgesellschaft, an der nur natürliche Personen beteiligt sind,
- „reine" GmbH

entschieden haben könnten.

2 Die Geschäftsleitung der GmbH & Co. KG beabsichtigt, die Luftflotte um vier gebrauchte Flugzeuge zu vergrößern. Die Anschaffungskosten werden auf insgesamt 384 Mio. € geschätzt.
Für die Finanzierung mit einem Kredit bzw. mit Leasing liegen folgende Angebote vor:

Kreditbedingungen	Leasingbedingungen
Laufzeit 8 Jahre Zinssatz 7 % Auszahlung 96 % Tilgung in 8 gleichen jährlichen Raten am Jahresende jährliche Zinszahlungen am Jahresende	Grundmietzeit 7 Jahre jährliche Leasingrate 18 % der Investitionssumme

2.1 Ermitteln Sie in einer übersichtlichen Darstellung für jede Finanzierungsalternative die Höhe des Gewinns, der aus diesem Investitionsvorhaben in den ersten drei Jahren insgesamt zu erwarten ist.

Berücksichtigen Sie dabei die folgenden Angaben:
Es wird erwartet, dass die zusätzlichen Flugzeuge jährlich zusammen 120 Mio. € Umsatz erwirtschaften. Beim Kauf sind die Finanzierungsaufwendungen und die lineare Abschreibung von jährlich 10 % zu berücksichtigen. Das Disagio wird entsprechend der Kreditlaufzeit linear abgeschrieben. Bei beiden Finanzierungsalternativen entstehen zusätzlich pro Jahr durchschnittlich 30 Mio. € sonstige Aufwendungen.

2.2 Erläutern Sie zwei Gründe, die den Investor veranlassen könnten, nicht die sich in 2.1 ergebende günstigere Alternative zu wählen.

2.3 Für den Fall der Kreditfinanzierung werden Sicherheiten benötigt.

2.3.1 Beschreiben Sie, wie die Flugzeuge zur Kreditsicherung dienen können. Gehen Sie dabei auch auf zwei Risiken für den Kreditgeber ein.

2.3.2 Angenommen, die Bank verlangt eine zusätzliche Absicherung des Kredits.

Erläutern Sie, wie die bisher unbelasteten Hotelgrundstücke der Gesellschaft dazu herangezogen werden können und wie diese Sicherheiten bestellt werden.

2.4 Ein Finanzberater schlägt eine Kreditfinanzierung vor und begründet dies unter anderem mit dem Leverage-Effekt.

Erläutern Sie allgemein den Leverage-Effekt und erklären Sie, unter welchen Voraussetzungen ein positiver Effekt eintritt.

3 Im Jahr 2006 stehen große Investitionen an: Geplant ist der Ankauf einer Billig-Flug-Gesellschaft und der Erwerb moderner, energiesparender Flugzeuge. Deshalb soll die GmbH & Co. KG in die Holiday Air AG umgewandelt werden.
Beim Börsengang werden 510 Mio. € durch die Ausgabe von Stückaktien (zum Mindestanteil) zum Kurs von 12 € je Aktie eingenommen. Die bisherigen Gesellschafter erhalten zusätzlich 15 Mio. Stückaktien für die Einbringung ihrer Gesellschaft; diese Aktien werden ihnen zum Wert von 10 €/Stück gutgeschrieben.

3.1 Ermitteln Sie den Betrag der einzelnen Eigenkapitalpositionen und die Höhe des gesamten Eigenkapitals nach diesem Börsengang.

3.2 Begründen Sie rechnerisch und mit Hilfe des Gesetzes, warum die bisherigen Gesellschafter der GmbH & Co. KG darauf bestanden hatten, mindestens 15 Mio. Stückaktien für sich zu behalten.

3.3 Im Jahr 2007 erzielt die Holiday Air AG einen Jahresüberschuss in Höhe von 25,3 Mio. €, der nach den Vorstellungen des Vorstands so weit wie möglich zur offenen Selbstfinanzierung verwendet werden soll. In der Hauptversammlung beschließen die Aktionäre jedoch einen Dividendensatz von 10 %. Der Restbetrag wird in die anderen Gewinnrücklagen eingestellt.

3.3.1 Erläutern Sie drei Vorteile, die sich für das Unternehmen aus der offenen Selbstfinanzierung ergeben.

3.3.2 Stellen Sie die vollständige Gewinnverwendung dar und zeigen Sie, wie sich diese vor der Ausschüttung der Dividende auf die betroffenen Positionen der Bilanz auswirkt.

Punkte:

Frage	1	2.1	2.2	2.3.1	2.3.2	2.4	3.1	3.2	3.3.1	3.3.2
NP	4	4	2	3	2	2	4	2	3	4

Lösungsvorschlag

Aufgabe 1: Vergleich Kapital- und Personengesellschaften (einschließlich GmbH & Co. KG), Finanzierung bei diesen Gesellschaftsformen

1 Entscheidungskriterien zur Rechtsformwahl

Entscheidung gegen die KG:
- Bei einer KG würde mindestens eine natürliche Person als Komplementär auch mit dem Privatvermögen haften (§ 161 HGB).
- Eine Drittorganschaft wie bei der reinen GmbH (Geschäftsführung übernimmt ein angestellter Geschäftsführer) ist nicht möglich.

Entscheidung gegen die GmbH:
- Das gesetzliche Mitspracherecht der anderen GmbH-Gesellschafter ist erheblich größer als das der Kommanditisten (§§ 45 f. GmbHG).
- Sollen neue GmbH-Gesellschafter aufgenommen werden, bedarf dies einer notariell beurkundeten Änderung des Gesellschaftsvertrages (§ 2 GmbHG).

2.1 Vergleich Kreditfinanzierung und Leasing (Angaben in Mio. €)

Kreditfinanzierung

Jahr	Kreditsumme	Zinsaufwand	Abschreibungen		sonst. Aufwand	Umsatz	Gewinn
			Disagio	Flugzeuge			
1	400	28,0	2	38,4	30	120	21,6
2	350	24,5	2	38,4	30	120	25,1
3	300	21,0	2	38,4	30	120	28,6
insgesamt							**75,3**

Leasing

Jahr	Leasingrate	sonst. Aufwand	Umsatz	Gewinn
1	69,12	30	120	20,88
2	69,12	30	120	20,88
3	69,12	30	120	20,88
insgesamt				**62,64**

2.2 Argumente für die Leasingfinanzierung

Wahl der Alternative Leasing, da
- die Kreditwürdigkeit eher erhalten bleibt. Leasing hat keine unmittelbare Auswirkung auf den Verschuldungsgrad des Unternehmens.
- es nach Ablauf der Grundmietzeit die Möglichkeit der Anpassung an den neuesten technischen Stand gibt, ohne das Problem der Verwertung des alten Leasinggegenstandes.

2.3.1 Kreditsicherung; Gefahren

Sicherungsübereignung:
Das Eigentum an beweglichen Gegenständen des Anlagevermögens wird auf den Kreditgeber übertragen; der Kreditnehmer bleibt Besitzer (Besitzkonstitut).

Gefahren für den Kreditgeber:
- Der Gegenstand wird an einen gutgläubigen Dritten veräußert, an den das Eigentum übergeht.
- Der Gegenstand ist schon sicherungsübereignet.

2.3.2 Grundschuld
Der Kredit wird durch Eintragung einer Grundschuld gesichert. Sie wird durch Einigung zwischen Kreditnehmer und -geber vor einem Notar bestellt und ins Grundbuch zugunsten des Kreditgebers eingetragen (§ 873 BGB).

2.4 Leverage-Effekt
Ein zunehmender Verschuldungsgrad führt zu einer ansteigenden Eigenkapitalrentabilität unter der Voraussetzung, dass die Gesamtkapitalrentabilität der Investition höher ist als der Fremdkapitalzinssatz.

3.1 Eigenkapitalgliederung nach Börsengang
Aktienausgabe an der Börse:
510 Mio. €/12 € Kurs je Aktie = 42,5 Mio. Stückaktien zum Mindestanteil
12 € Kurs je Aktie – 1 € fiktiver Nennwert = 11 € Agio je Aktie

Aktienausgabe an die bisherigen Gesellschafter:
15 Mio. Aktien zum Mindestanteil · 10 € Kurs = 150 Mio. € Wert
10 € Kurs je Aktie – 1 € fiktiver Nennwert = 9 € Agio je Aktie

(42,5 Mio. Aktien + 15 Mio. Aktien) · 1 € fiktiver Nennwert = 57,5 Mio. € gez. Kapital
510 Mio. € + 150 Mio. € = 660 Mio. € gesamtes Eigenkapital
660 Mio. € – 57,5 Mio. € = 602,5 Mio. € Kapitalrücklage

3.2 Sperrminorität
Die bisherigen Gesellschafter wollen die Möglichkeit erhalten, Satzungsänderungen gegen ihren Willen zu verhindern.
Sperrminorität mind. 25 % + 1 Aktie: 15 Mio. von 57,7 Mio. = 26,09 % (§ 179 AktG)

3.3.1 Vorteile der offenen Selbstfinanzierung
- Kein Liquiditätsentzug, da die Geldmittel im Unternehmen bleiben und damit für Investitionen zur Verfügung stehen.
- Zusätzliches Eigenkapital steht unbefristet zur Verfügung. Dies führt zu einer Erhöhung der Kreditwürdigkeit und Sicherheit im Unternehmen.
- Der Substanzwert der Gesellschaft steigt und damit i. d. R. der Börsenkurs.

3.3.2 Gewinnverwendung, Auswirkungen auf die Bilanz

Jahresüberschuss	25,30 Mio. €
– Einstellung in die gesetzliche Rücklage (da Kapitalrücklage > 10 % des GK)	0,00 Mio. €
– Einstellung in andere Gewinnrücklagen (durch V und AR)	12,65 Mio. €
= Bilanzgewinn	12,65 Mio. €
– Dividende (10 % von 57,5 Mio. €)	5,75 Mio. €
= Einstellung in andere Gewinnrücklagen (durch HV)	6,90 Mio. €

Erhöhung der anderen Gewinnrücklagen um 12,65 Mio. € + 6,90 Mio. € = 19,55 Mio. €.
Erhöhung der kurzfristigen Verbindlichkeiten (ggü. Aktionären) um 575 Mio. €.

Profilfach Volks- und Betriebswirtschaftslehre mit Rechnungswesen (Baden-Württemberg)
BWL mit integriertem RW (Gruppe I) 2008 – Aufgabe 2

AG: Rechtsfragen, Rechnungslegung, Auswertung des Jahresabschlusses

Die an der Stuttgarter Börse notierte „Technische Anlagen- und Steuerungsbau AG" (TechAS AG) mit Sitz in Esslingen entwickelt und fertigt Anlagen überwiegend für die chemische und elektrotechnische Industrie. Gegenüber den Vorjahren verbesserte sich die Ertragslage in den Jahren 2006 und 2007 durch die Belebung des Exportgeschäftes. Die positive Entwicklung der AG und des Börsenumfelds werden genutzt, um einen angeschlagenen Konkurrenten, die Hamag GmbH in Karlsruhe, im März 2008 zu übernehmen. Ein Teil dieses Unternehmens bildet eine ideale Ergänzung des eigenen Produktprogramms. Zur Finanzierung des Kaufpreises werden 20 Mio. € benötigt. Dieser Betrag soll über die Verwendung des Jahresüberschusses und ein eventuell fehlender Rest mittels einer Kapitalerhöhung gegen Einlagen aufgebracht werden.

Für die TechAS AG liegt folgender vorläufiger Jahresabschluss zum 31. 12. 2007 vor:

Bilanz (in Mio. €)

AKTIVA		PASSIVA	
Sachanlagen	38	Gezeichnetes Kapital	20
Finanzanlagen	2	Kapitalrücklage	1
Vorräte RHB-Stoffe	7	gesetzliche Rücklage	1
unfertige Erzeugnisse	3	andere Gewinnrücklagen	2
fertige Erzeugnisse	1	Jahresüberschuss	3
Forderungen	5	Pensionsrückstellungen	3
liquide Mittel	4	sonstige Rückstellungen	1
		Verbindlichkeiten aus LuL.	3
		Verbindlichkeiten gegenüber Kreditinstituten	26
	60		60

Die Bilanzpositionen Vorräte und fertige Erzeugnisse enthalten keine eisernen Bestände. Die Pensionsrückstellungen wurden gegenüber dem Vorjahr um 1 Mio. € erhöht, die sonstigen Rückstellungen (vollständig kurzfristig) um 2 Mio. € reduziert. Von den Verbindlichkeiten gegenüber Kreditinstituten sind 22 Mio. € langfristig. Der Bilanzgewinn des Vorjahres wurde vollständig ausgeschüttet.

Gewinn- und Verlustrechnung 2007 (in Mio. €)

1	Umsatzerlöse	120,0
2	Bestandsveränderungen	???
3	andere aktivierte Eigenleistungen	1,0
4	sonstige betriebliche Erträge	2,0
5	Materialaufwand	55,3
6	Personalaufwand	30,0
7	Abschreibungen auf Sachanlagen	3,0
8	sonstige betriebliche Aufwendungen	25,0
9	Zinserträge	0,5
10	Zinsaufwand	3,0
11	Ergebnis der gewöhnlichen Geschäftstätigkeit	???
12	außerordentliche Erträge	1,5
13	außerordentliche Aufwendungen	2,5
14	außerordentliches Ergebnis	–1,0
15	Steuern vom Einkommen und Ertrag	1,7
16	sonstige Steuern	0,5
20	Jahresüberschuss	3,0

1 Ermitteln Sie
- Art und Höhe der Bestandsveränderungen,
- das Ergebnis der gewöhnlichen Geschäftstätigkeit,

wenn folgende Angaben zu den Beständen zum 31. 12. 2006 bekannt sind:
- unfertige Erzeugnisse 5,0 Mio. €
- fertige Erzeugnisse 0,0 Mio. €.

Begründen Sie mit zwei Argumenten, warum sich das Ergebnis der gewöhnlichen Geschäftstätigkeit vom Betriebsergebnis der Kosten- und Leistungsrechnung unterscheiden kann.

2 Die TechAS AG hat laut Gesetz einen Anhang und einen Lagebericht zu erstellen.

Beschreiben Sie
- den grundsätzlichen Unterschied in der Zielsetzung zwischen Anhang und Lagebericht
- die Aufgaben des Anhangs hinsichtlich des Anlagevermögens.

3 Der Vorstand rechnet damit, dass es in der Hauptversammlung vom 11. 4. 2008 zu Auseinandersetzungen mit den Kleinanlegern über die Höhe der Dividendenausschüttung aus dem Bilanzgewinn kommt. Dieser soll nach seinem Willen in voller Höhe den „an-

deren Gewinnrücklagen" zugeführt werden. Die Schutzgemeinschaft der Kleinaktionäre fordert hingegen die Ausschüttung einer angemessenen Dividende.

3.1 Nennen Sie ein Argument, das die Schutzgemeinschaft der Kleinaktionäre vorbringen könnte. Formulieren Sie zwei passende Gegenargumente des Vorstandes.

3.2 Der für den Kauf des Konkurrenten noch fehlende Betrag soll mittels einer Kapitalerhöhung gegen Einlagen aufgebracht werden.
Die Alteigentümer Renzen und Büttel verfügen als Gründer der AG über 24,5 %, Investmentfonds halten 15 % der Anteile. Im Streubesitz (Kleinaktionäre) befinden sich 60,5 % der insgesamt 4 Mio. Stückaktien. Erfahrungsgemäß üben von den Kleinaktionären maximal 25 % ihr Stimmrecht aus.
Der Finanzvorstand rechnet damit, dass diese Kleinaktionäre geschlossen gegen die Kapitalerhöhung stimmen werden.
Weisen Sie rechnerisch nach, ob die Kapitalerhöhung durchsetzbar wäre, wenn die Alteigentümer und die Investmentfonds in der Hauptversammlung für die Maßnahme stimmen.

3.3 In der Hauptversammlung der AG stellt der Aktionär Thorsten Wenzel den Antrag, den Aufsichtsrat von bisher 12 auf 8 Personen zu verkleinern, um Aufwandsentschädigungen und Tantiemen der Aufsichtsräte zu reduzieren. Erörtern Sie, ob eine solche Reduzierung der Zahl der Mitglieder rechtlich möglich ist, wenn die AG derzeit 600 Arbeitnehmer beschäftigt.

4 Eine Bank beabsichtigt Aktien der TechAS AG zu erwerben. Zur Beurteilung der Vorteilhaftigkeit der Anlageentscheidung werden anhand des Jahresabschlusses 2007 entsprechende Kennzahlen ermittelt.

Hinweis: Die Eigenkapitalpositionen haben sich seit dem Jahresanfang 2007 nicht verändert. Der Jahresüberschuss 2007 wird in voller Höhe ausgeschüttet.

4.1 Berechnen Sie die Eigenkapitalrentabilität der TechAS AG. Beurteilen Sie deren Höhe im Verhältnis zu einer alternativen langfristigen Kapitalanlage bei einer Bank.

4.2 Ermitteln Sie die
- Liquidität 2. Grades
- Anlagendeckungsgrade I und II

und beurteilen Sie jeweils deren Höhe.

4.3 Die oben errechneten Kennzahlen werden zuweilen als „Schönfärberei" des Jahresabschlusses kritisiert.

Nennen Sie je zwei
- allgemeine Kritikpunkte zu den Bilanzkennzahlen als Grundlage für künftige Anlageentscheidungen von Investoren;
- Zusatzangaben zum Jahresabschluss, die dessen Aussagefähigkeit verbessern könnten.

4.4 Für Investitionen in Höhe von 12 Mio. €, die im Jahr 2008 vorgesehen sind, soll auch der Cash-flow herangezogen werden.

Ermitteln Sie, inwieweit die vorgesehenen Investitionen aus dem Cash-flow des Jahres 2007 finanzierbar sind, wenn abweichend vom Hinweis zu 4 der Jahresüberschuss nicht ausgeschüttet wird.

Punkte:

Frage	1	2	3.1	3.2	3.3	4.1	4.2	4.3	4.4
NP	4	3	3	5	2	2	5	4	2

Lösungsvorschlag

Aufgabe 2: AG: Rechtsfragen, Rechnungslegung, Auswertung des Jahresabschlusses

1 Bestandsveränderungen; Ergebnis gewöhnlicher Geschäftstätigkeit

Bestandsveränderung:	Bestandsminderung UE	–2,0 Mio. €
	+ Bestandsmehrung FE	+1,0 Mio. €
	= Nettobestandsminderung	–1,0 Mio. €

Umsatzerlöse	120,0 Mio. €
+ andere aktivierte Eigenleistungen	1,0 Mio. €
+ sonstige betriebliche Erträge	2,0 Mio. €
+ Zinserträge	0,5 Mio. €
– Materialaufwand	55,3 Mio. €
– Personalaufwand	30,0 Mio. €
– Abschreibungen	3,0 Mio. €
– sonstige betriebliche Aufwendungen	25,0 Mio. €
– Zinsaufwand	3,0 Mio. €
– Bestandsveränderungen	1,0 Mio. €
= Ergebnis der gewöhnlichen Geschäftstätigkeit	6,2 Mio. €

Im Ergebnis der gewöhnlichen Geschäftstätigkeit können auch neutrale (z. B. periodenfremde) Aufwendungen und Erträge enthalten sein, wogegen kostenrechnerische Korrekturen (z. B. kalkulatorische Abschreibungen statt bilanzieller Abschreibung) nur die Betriebsergebnisrechnung der KLR betreffen.

2 Anhang und Lagebericht

- Der Anhang ist vergangenheitsorientiert und erläutert grundsätzlich nur Höhe und Entwicklung der Zahlenwerte des vorgelegten Jahresabschlusses.
  Der Lagebericht ist sowohl vergangenheits- als auch zukunftsorientiert. Sein Inhalt erstreckt sich nicht nur auf quantitative Angaben zum Jahresabschluss, sondern liefert darüber hinaus auch Informationen über Entwicklungen nach dem Stichtag des Jahresabschlusses und geplante Maßnahmen des Unternehmens. Er informiert unter anderem über Risiken für das Gesamtunternehmen.
- Im Anhang muss gemäß § 284 HGB u. a. die Entwicklung des Anlagevermögens dargestellt werden, z. B. indem die Beträge der vorgenommenen Abschreibungen sowie Änderungen der Bilanzierungs- und Bewertungsmethode angegeben werden.

3.1 Dividendenausschüttung kontra offene Selbstfinanzierung

Argument der Schutzgemeinschaft der Kleinaktionäre:
- Dividendenausschüttung als Gewinnbeteiligung/Geldbedarf der Aktionäre.

Argumente des Vorstandes:
- Stärkung der Eigenkapitalbasis durch Erhöhung der anderen Gewinnrücklagen, damit der Kapitalbedarf für den bevorstehenden Unternehmenskauf teilweise gedeckt ist.
- Die Kreditwürdigkeit der AG steigt.

3.2 Kapitalerhöhung gegen Einlagen; rechtliche Voraussetzung

Die Berechnung der Stimmen erfolgt bei Stückaktien nach der Anzahl der Aktien (§ 134 Abs. 1 AktG).

Insgesamt ausgegebene Aktien = 4 Mio. Stück, davon

– Altaktionäre	24,5 %	980.000 Stück
– Investmentfonds	15,0 %	600.000 Stück
– Kleinaktionäre/Belegschaft	60,5 %	(2.420.000 Stück)
davon anwesend max.	25,0 %	605.000 Stück

Von den auf der Hauptversammlung vertretenen 2.185.000 Aktien (980.000 + 600.000 + 605.000) verfügen die Großaktionäre über einen Anteil von 72,31 %. Für die erforderliche Satzungsänderung (§ 182 Abs. 1 AktG) ist eine 3/4-Mehrheit des vertretenen Grundkapitals erforderlich, die somit voraussichtlich nicht erreicht wird. Eine Kapitalerhöhung gegen Einlagen kann demnach nicht durchgesetzt werden.

3.3 Größe des Aufsichtsrats

Gemäß § 95 AktG besteht ein Aufsichtsrat aus mindestens drei Mitgliedern. Eine höhere Mitgliederzahl muss durch drei teilbar sein (vgl. Drittelparität der Arbeitnehmer im Aufsichtsrat). Acht Aufsichtsratmitglieder wären somit nicht möglich.

4.1 Eigenkapitalrentabilität

$$\text{EK-Rentabilität} = \frac{3 \text{ Mio. €} \cdot 100\,\%}{24 \text{ Mio. €}} = \underline{\underline{12{,}5\,\%}}$$

Die Eigenkapitalrentabilität liegt deutlich über der derzeit bei Banken realisierbaren Rendite von 4–5 % p. a.

4.2 Liquidität 2. Grades; Anlagendeckungsgrade

$$\text{Liquiditätsgrad II} = \frac{(\text{liquide Mittel + Forderungen}) \cdot 100}{\text{kurzfristige Verbindlichkeiten}} = \frac{(4+5) \cdot 100}{(1+3+3+4)^{*}} = \underline{\underline{81{,}8\,\%}}$$

NR: * 1 Mio. € sonstige Rückstellungen (kurzfristig)
3 Mio. € Jahresüberschuss (wird als Dividende ausgeschüttet)
3 Mio. € Verbindlichkeiten aus LuL
4 Mio. € kurzfristige Verbindlichkeiten gegenüber Kreditinstituten

Die übliche Faustregel von 100 % wurde unterschritten, d. h., es besteht keine gute Liquidität 2. Grades.

$$\text{Anlagendeckungsgrad I} = \frac{\text{Eigenkapital} \cdot 100}{\text{Anlagevermögen}} = \frac{(20+1+1+2)^{**} \cdot 100}{(38+2)} = \underline{\underline{60{,}0\,\%}}$$

Anlagendeckungsgrad II=

$$\frac{\text{EK + langfristiges Fremdkapital} \cdot 100}{\text{Anlagevermögen}} = \frac{(24+3+22)^{***} \cdot 100}{(38+2)} = \underline{\underline{122{,}5\,\%}}$$

NR: ** 20 gez. Kapital + 1 Kap. RL + 1 gesetzl. RL + 2 and. Gew. RL
(Hinweis: Da der Jahresüberschuss in voller Höhe ausgeschüttet werden soll, werden die 3 Mio. nicht zum Eigenkapital gerechnet, sondern stellen kurzfristige Verbindlichkeiten dar.)

NR: *** 24 Eigenkapital + 3 Pensionsrückstellungen + 22 langfr. Verbdl. ggü. Banken

Der ADG I liegt zwar unter 100 %; eine vollständige Eigenfinanzierung des Anlagevermögens wird in der Praxis jedoch auch nicht gefordert.
Die Mindesthöhe für den ADG II (100 %) wird erfüllt, d. h. das langfristige Vermögen wird durch langfristiges Kapital vollständig gedeckt.

4.3 Kritik an den Bilanzkennzahlen

- Allgemeine Kritikpunkte
  - Der Jahresabschluss zeigt lediglich Vergangenheitswerte und hat unter Umständen wenig Aussagekraft für die Zukunft.
  - Kennzahlen sind manipulierbar, z. B. durch entsprechende Bewertungsentscheidungen bei der Aufstellung des Jahresabschlusses.
- Sinnvolle Zusatzangaben zum Jahresabschluss:
  - Angaben über neue Kreditzusagen der Banken bzw. Verlängerungsmöglichkeiten der Kredite, welche die Liquiditätslage verbessern könnten.
  - Angabe der genauen Termine von Zahlungseingängen bzw. -ausgängen.

4.4 Cash-flow

Jahresüberschuss	3 Mio. €
+ Abschreibungen	3 Mio. €
+ Zuführungen zu den Pensionsrückstellungen	1 Mio. €
= Cash-flow 2007	7 Mio. €

Bei erforderlichen Investitionsmitteln von 12 Mio. € ergibt sich nach Verwendung des Cash-flows eine Unterdeckung von 5 Mio. €.

Profilfach Volks- und Betriebswirtschaftslehre mit Rechnungswesen (Baden-Württemberg)
BWL mit integriertem RW (Gruppe I) 2008 – Aufgabe 3

Vollkostenrechnung, Kostenanalyse, Deckungsbeitragsrechnung

Die Walter GmbH produziert als mittelständisches Unternehmen Fenster und Außentüren aus Kunststoff. Sie hat sich darauf spezialisiert, neben einem Grundsortiment, welches in Kleinserien produziert wird, Einzelanfertigungen nach Kundenwünschen herzustellen. Dies ist unter anderem durch eine zu Beginn des vergangenen Geschäftsjahres erworbene umrüstbare Universalmaschine möglich, mit Hilfe derer sich eine flexible Produktion durchführen lässt.

1 Zur Vorbereitung der Kalkulation künftiger Kundenaufträge muss der Betriebsabrechnungsbogen erstellt werden. Hierzu stehen u. a. folgende Informationen aus dem Abrechnungsmonat Dezember 2007 zur Verfügung:

- Umlage der Kostenstellen; Angaben jeweils in der Reihenfolge der Stellen im BAB S. 13
  - Fuhrpark (nach gefahrenen km):
    5.000 km/10.000 km/0 km/0 km/0 km/10.000 km/15.000 km
  - Werkstatt (nach Reparaturstunden):
    10 Std./10 Std./200 Std./150 Std./0 Std./130 Std.
  - Arbeitsvorbereitung im Verhältnis 3 : 1 auf die Fertigungshauptstellen
- Einzelkosten:
  - Fertigungsmaterial 289.200 €
  - Fertigungslöhne I 109.460 €
    Fertigungslöhne II 142.250 €
- Bestände an fertigen Erzeugnissen
  - AB 154.375 €
  - SB 192.925 €
- Zuschlagsgrundlagen für
  - Verwaltungsgemeinkosten: Herstellkosten der Rechnungsperiode
  - Vertriebsgemeinkosten: Herstellkosten des Umsatzes

1.1 Ergänzen Sie den beigefügten Betriebsabrechnungsbogen (Anlage, S. 13) und ermitteln Sie die Zuschlagsätze.

1.2 Aufgrund der Konkurrenzverhältnisse dürfen die Selbstkosten der Standardaußentüre AT 3 maximal 275 € betragen.

Wie hoch darf der Lohnsatz je Arbeitsstunde in der Fertigungsabteilung I maximal sein, wenn neben den in Teilaufgabe 1.1 ermittelten Zuschlagsätzen folgende Angaben gelten:
- Fertigungsmaterial je Türe: 80 €
- Fertigungslöhne II: 30 €
- Fertigungszeit I: 2,5 Arbeitsstunden?

1.3 Es wird erwartet, dass die Gewerkschaften bei den bevorstehenden Tarifverhandlungen höhere Löhne und Gehälter durchsetzen können.

Erläutern Sie, wie sich die Erhöhungen unter sonst gleichen Bedingungen auf
- den Materialgemeinkostenzuschlagsatz
- die Fertigungsgemeinkostenzuschlagsätze

auswirken.

2 Die Geschäftsleitung erwägt die Einführung einer Maschinenstundensatzrechnung in der Fertigungshauptstelle I um die Mängel der traditionellen Zuschlagskalkulation beseitigen zu können.

Hinweis: Maschinenstundensatzrechnen ist nicht mehr prüfungsrelevant!

2.1 Beschreiben Sie zwei Mängel der traditionellen Zuschlagskalkulation, die durch den Übergang auf die Maschinenstundensatzrechnung beseitigt werden sollen.

2.2 Berechnen Sie den Maschinenstundensatz unter Berücksichtigung folgender Angaben:
- Anschaffungskosten der Maschine: 600.000 €
- Wiederbeschaffungskosten liegen um 16 2/3 % über den Anschaffungskosten
- betriebsgewöhnliche Nutzungsdauer: 8 Jahre
- tatsächliche Nutzungsdauer: 10 Jahre
- kalkulatorische Zinsen: 6 % p. a. auf das durchschnittlich gebundene Kapital (Basis: Anschaffungskosten)
- Raumbedarf der Maschine: 20 m²
- Platzbedarf Bedienungspersonal: 5 m²
- Lagerfläche für Roh- und Hilfsstoffe: 10 m²
- Raumkostensatz je Monat: 2 €/m²
- Strombedarf je Laufstunde gemäß Herstellerangabe: 4 kW
- tatsächlicher Strombedarf je Laufstunde: 4,5 kW
- Strompreis je kWh: 0,14 €
- geschätzte Fremdinstandhaltungskosten während tatsächlicher Gesamtnutzungsdauer: 11.630 €
- jährliche Arbeitszeit: 250 Tage, d. h. im 1-Schicht-Betrieb 8 Stunden pro Tag
- jährliche Ausfallzeit: 100 Arbeitsstunden

2.3 Die Geschäftsleitung plant wegen der nachhaltig guten Auftragslage die Einführung einer zweiten Arbeitsschicht.

Erläutern Sie mit zwei Argumenten, wie sich diese Maßnahme auf die Höhe des Maschinenstundensatzes auswirken kann.

3 Die Walter GmbH eröffnet ein Zweigwerk, in dem drei verschiedenartige Typen von Terrassentüren hergestellt werden. Aus der Kosten- und Leistungsrechnung dieses Werks sind folgende Angaben für das laufende Jahr bekannt (Annahme: linearer Gesamtkostenverlauf):

	Typ 1	Typ 2	Typ 3
Maximale Absatzmenge	500 Stück	650 Stück	280 Stück
erzeugte und abgesetzte Menge	400 Stück	500 Stück	200 Stück
Nettoverkaufserlöse insgesamt	22.000 €	75.000 €	22.000 €
Fertigungsmaterial	2.800 €	6.400 €	1.800 €
Fertigungslöhne	3.660 €	4.500 €	2.350 €
sonstige variable Kosten	6.740 €	6.600 €	4.650 €
Selbstkosten insgesamt	111.400 €		
Produktionszeit je Stück	2 Stunden	4 Stunden	2 Stunden

3.1 Ausländische Anbieter üben insbesondere beim Typ 1 ständig Druck auf die Verkaufspreise aus, sodass die GmbH gezwungen ist, ihre Preise nach unten anzupassen.

- Um wie viel % könnte bei gegebenen Kostenverhältnissen und der derzeitigen Nachfragemenge der Preis dieses Typs kurzfristig reduziert werden?
- Erläutern Sie, wie sich Angebotspreise, die unterhalb der variablen Stückkosten liegen, langfristig auf die Passivseite der Bilanz des Unternehmens auswirken würden.

3.2 Für das kommende Jahr ist aufgrund von Kapazitätsengpässen davon auszugehen, dass die maximale Fertigungszeit auf 2.560 Stunden begrenzt ist.

Ermitteln Sie unter sonst gleichen Umständen das optimale Produktionsprogramm und den sich daraus ergebenden Betriebsgewinn mit Hilfe der Deckungsbeitragsrechnung.

Punkte:

Frage	1.1	1.2	1.3	2.1	2.2	2.3	3.1	3.2
NP	6	3	3	3	4	3	3	5

Anlage zu Teilaufgabe 1.1, Betriebsabrechnungsbogen Dezember 2007 (in €)

	Allgemeine Kostenstelle		Materialstelle	Fertig.-hilfsstelle Arbeitsvorb.	Fertig.-hauptstelle I	Fertig.-hauptstelle II	Verwaltungsstelle	Vertriebsstelle
	Fuhrpark	Werkstatt						
Summe primäre Gemeinkosten	16.000	23.000	24.420	19.500	193.920	101.300	32.102	39.340
Umlage Fuhrpark								
Zwischensumme								
Umlage Werkstatt								
Zwischensumme								
Umlage Arbeitsvorbereitung								
Summe der Gemeinkosten								
Zuschlagsgrundlagen								
Zuschlagsätze								

Lösungsvorschlag

Aufgabe 3: Vollkostenrechnung, Kostenanalyse, Deckungsbeitragsrechnung

1.1 Betriebsabrechnungsbogen

Dezember 2007 (in €)

	Allgemeine Kostenstelle		Material-stelle	Fertig.-hilfs-stelle Arbeits-vorb.	Fertig.-haupt-stelle I	Fertig.-haupt-stelle II	Verwal-tungs-stelle	Vertr.-stelle
	Fuhr-park	Werk-statt						
Summe primäre Gemein-kosten	16.000	23.000	24.420	19.500	193.920	101.300	32.102	39.340
Umlage Fuhrpark	↳	2.000	4.000	–	–	–	4.000	6.000
Zwischen-summe		25.000	28.420	19.500	193.920	101.300	36.102	45.340
Umlage Werkstatt		↳	500	500	10.000	7.500	–	6.500
Zwischen-summe			28.920	20.000	203.920	108.800	36.102	51.840
Umlage Arbeits-vorberei-tung			–	↳	15.000	5.000	–	–
Summe der Gemein-kosten			28.920		218.920	113.800	36.102	51.840
Zuschlags-grund-lagen			289.200		109.460	142.250	902.550	864.000
Zuschlag-sätze			10 %		200 %	80 %	4 %	6 %

1.2 Differenzkalkulation zur Ermittlung des max. Lohnsatzes

Fertigungsmaterial	80 €	
+ 10 % Materialgemeinkostenzuschlag	8 €	
= Stoffkosten	88 €	
Fertigungslöhne I	36 €	= max. Arbeitslohn/Std. =
+ Fertigungsgemeinkostenzuschlag I (200 %)	72 €	36 €/2,5 Std. = 14,40 €/Std.
= Fertigungskosten I	108 €*	
Fertigungslöhne II	30 €	
+ Fertigungsgemeinkostenzuschlag II (80 %)	24 €	= v. H.
= Fertigungskosten II	54 €	
= Fertigungskosten	162 €	
= Herstellkosten	250 €	
+ Verwaltungsgemeinkosten (4 %)	10 €	= a. H.
+ Vertriebsgemeinkosten (6 %)	15 €	
= Selbstkosten	275 €	

NR: * Fertigungskosten I = Herstellkosten – Stoffkosten – Fertigungskosten II
108 € = 250 € – 88 € – 54 €

1.3 Auswirkung von Lohn- und Gehaltserhöhungen auf Zuschlagsätze

MGKZ: Die Materialgemeinkosten steigen (Anstieg bei Hilfslöhnen, Gehältern und Sozialkosten). Bei unveränderter Bezugsgrundlage steigt der MGKZ somit unterproportional.

FGKZ: Die Fertigungsgemeinkosten steigen (Anstieg bei Hilfslöhnen, Gehältern und Sozialkosten). Die Bezugsgrundlage Fertigungslöhne steigt ebenfalls. Da der prozentuale Anstieg der Fertigungslöhne größer ist als bei den Fertigungsgemeinkosten, sinken die Fertigungsgemeinkostenzuschläge I und II.

2.1 Kritik an der Zuschlagskalkulation; Vergleich mit Maschinenstundensatzrechnung

Hinweis: Maschinenstundensatzrechnen ist nicht mehr prüfungsrelevant!

Die Verrechnung der Fertigungsgemeinkosten auf die Kostenträger mit einem einheitlichen Fertigungsgemeinkostenzuschlagsatz schafft Ungenauigkeiten in der Kostenzurechnung, weil ein Großteil der FGK nicht lohn-, sondern maschinenabhängig ist, und daher die Fertigungslöhne keine geeignete Zuschlagsgrundlage sind. Gegen das Kostenverursachungsprinzip wird insbesondere verstoßen, wenn unberücksichtigt bleibt, dass Maschinen von unterschiedlichen Produkten unterschiedlich lange oder überhaupt nicht in Anspruch genommen werden.

Wegen der relativ geringen Zuschlagsgrundlage Fertigungslöhne besteht vor allem bei Beschäftigungsschwankungen die Gefahr einer Fehlerfortpflanzung in der Kalkulation.

2.2 Berechnung Maschinenstundensatz

Hinweis: Maschinenstundensatzrechnen ist nicht mehr prüfungsrelevant!

jährliche Laufstunden:	$(250 \cdot 8) - 100 =$	1.900 Std.
kalkulatorische Abschreibungen/Jahr:	$700.000/10 =$	70.000 €
kalkulatorische Zinsen/Jahr:	$(600.000/2) \cdot 0{,}06 =$	18.000 €
Raumkosten/Jahr:	$(20 + 5 + 10) \cdot 2 \cdot 12 =$	840 €
Energiekosten/Jahr:	$4{,}5 \cdot 1.900 \cdot 0{,}14 =$	1.197 €
Fremdinstandhaltungskosten/Jahr:	$11.630/10 =$	1.163 €

kalk. Abschreibungen	70.000 €
+ kalk. Zinsen	18.000 €
+ Raumkosten	840 €
+ Energiekosten	1.197 €
+ Fremdinstandhaltungskosten	1.163 €
= maschinenabhängige Kosten/Jahr	91.200 €

$$\text{Maschinenstundensatz} = \frac{91.200\ €}{1.900\ \text{Std.}} = 48\ €$$

2.3 Auswirkung von verlängerter Arbeitszeit auf den Maschinenstundensatz

Hinweis: Maschinenstundensatzrechnen ist nicht mehr prüfungsrelevant!

Der Maschinenstundensatz würde deutlich sinken, da

- ein wesentlicher Teil der verrechneten Kosten Fixkosten sind (z. B. Abschreibungen, kalkulatorische Zinsen, Raumkosten, Teile der Fremdinstandhaltungskosten)
- bei Einführung des 2-Schicht-Betriebes die unterproportional ansteigenden Fertigungsgemeinkosten sich auf die ungefähr doppelte Laufstundenzahl verteilen.

3.1 Kurzfristige Preisuntergrenze

Kurzfristige Preisuntergrenze für Typ 1:

$$\frac{\text{variable Kosten}}{\text{Stückzahl}} = \frac{(2.800\ € + 3.660\ € + 6.740\ €)}{400\ \text{Stück}} = \underline{\underline{33\ €/\text{Stück}}}$$

$$\text{max. Preissenkung (in \%)} = \frac{(55\ € - 33\ €) \cdot 100}{55\ €} = \underline{\underline{40\ \%}}$$

Liegt der Nettoverkaufserlös unterhalb der variablen Stückkosten, entstehen Verluste in Höhe der nicht gedeckten fixen Kosten plus der Differenz zwischen den variablen Kosten und den niedrigeren Umsatzerlösen. Dies führt zu einer allmählichen Aufzehrung des Eigenkapitals.

3.2 Deckungsbeitragsrechnung; optimales Produktionsprogramm

$$\text{Variable Stückkosten Typ 1} = \frac{(2.800 + 3.660 + 6740)}{400} = \underline{\underline{33\ €}}$$

$$\text{Variable Stückkosten Typ 2} = \frac{(6.400 + 4.500 + 6.600)}{500} = \underline{\underline{35\ €}}$$

$$\text{Variable Stückkosten Typ 3} = \frac{(1.800 + 2.350 + 4.650)}{200} = \underline{\underline{44\ €}}$$

	Typ 1	Typ 2	Typ 3
Verkaufserlöse/Stück	55 €	150 €	110 €
– variable Stückkosten	33 €	35 €	44 €
= Deckungsbeitrag/Stück	22 €	115 €	66 €

	Typ 1	Typ 2	Typ 3
Fertigungszeit/Stück	2 Stunden	4 Stunden	2 Stunden
relativer Deckungsbeitrag	11 €/Std.	28,75 €/Std	33 €/Std.
Produktrangfolge	3	2	1

Verfügbare Produktionszeit	2.560 Stunden
– Produktionsdauer Typ 3 ($280 \cdot 2$)	560 Stunden
– Produktionsdauer Typ 2 ($500 \cdot 4$)	2.000 Stunden
= verfügbare Produktionszeit Typ 1	0 Stunden

DB Typ 3 ($66 \cdot 280$)	18.480 €
+ DB Typ 2 ($115 \cdot 500$)	57.500 €
= Summe DB	75.980 €
– Fixkosten ($111.400 - 39.500$)	71.900 €
= Betriebsergebnis	4080 €

Profilfach Volks- und Betriebswirtschaftslehre mit Rechnungswesen (Baden-Württemberg)
Volkswirtschaftslehre (Gruppe II) 2008 – Aufgabe 4

Markt und Preis – Nachfrage und Angebot am Gütermarkt

Das Wirtschaftsgymnasium einer Kleinstadt ist alleiniger Anbieter eines Auto-Wasch-Dienstes für Schüler und Lehrer, der von der geschäftstüchtigen SMV organisiert wird. Ziel dieser Aktivität ist es, einen möglichst hohen Gewinn zu erzielen und diesen für wohltätige Zwecke im Rahmen einer Schulpartnerschaft zu spenden. Deshalb wird ehrenamtlich gearbeitet. Die Schüler rechnen mit fixen Kosten pro Monat in Höhe von 150,00 € für gemietete Reinigungsgeräte und Werbung sowie mit 1,50 € variablen Kosten pro Fahrzeug für Putzmittel, Wasser und Strom. Die SMV erwartet folgende monatliche Nachfrage:

Preis in €	8,00	7,50	7,00	6,50	6,00	5,50	5,00	4,50	4,00	3,50	3,00	2,50
Anzahl der Waschvorgänge	10	20	30	40	50	60	70	80	90	100	110	120

1 Ermitteln Sie den Preis, der die oben genannte Zielsetzung erfüllt. Vervollständigen Sie dazu die Tabelle in der Anlage (S. 20).

2 Gehen Sie davon aus, dass die Dienstleistung der SMV auf einem vollkommenen monopolistischen Markt angeboten wird.

Ermitteln Sie für diesen Fall grafisch die gewinnmaximale Preis-Mengen-Kombination (Cournot'scher Punkt) und begründen Sie Ihr Ergebnis.
(Achseneinteilung: 10 PKW = 1 cm; 1 € = 1 cm)

3 Geben Sie an, in welchem Elastizitätsbereich der Gesamtnachfragekurve das Gewinnmaximum des Angebotsmonopolisten liegt, und begründen Sie diesen Zusammenhang.

4 Angenommen, die Kosten für Wasser und Miete steigen.

Erläutern Sie für beide Kostenarten, wie sich deren Erhöhung jeweils auf die gewinnmaximale Preis-Mengen-Kombination auswirkt.

5 Die SMV möchte durch Preisdifferenzierung den Gewinn noch weiter erhöhen.

- Nennen Sie für den vorliegenden Fall zwei Möglichkeiten der Preisdifferenzierung und geben Sie jeweils ein Beispiel dazu an.
- Erläutern Sie zwei Voraussetzungen, unter denen dieses Vorgehen erfolgreich sein kann.

6 Das Projekt am Wirtschaftsgymnasium läuft so gut, dass sich auch das örtliche technische Gymnasium entschließt, einen Auto-Wasch-Dienst für Schüler- und Lehrer-PKW anzubieten.

Beschreiben Sie mögliche Verhaltensweisen der beiden Anbieter in diesem Oligopol und deren Folgen für die Kunden.

7 In der Marktformenlehre werden für den vollkommenen Markt nach der Anzahl der Marktteilnehmer Polypol, Monopol und Oligopol unterschieden.

Stellen Sie dar, welche Faktoren die Anbieter bei
- der jeweiligen Marktform direkt beeinflussen können
- ihren Entscheidungen berücksichtigen müssen.

8 In der Realität sind nahezu alle Märkte unvollkommen. Dennoch wird in der Volkswirtschaftslehre häufig ein vollkommener Markt unterstellt.

Nennen Sie die Eigenschaften eines vollkommenen Marktes und erläutern Sie, warum es sinnvoll ist, in der Volkswirtschaftslehre mit diesem Modell zu arbeiten.

Punkte:

Frage	1	2	3	4	5	6	7	8
NP	3	5	3	4	4	4	3	4

Anlage zu Teil 2 (VWL), Aufgabe 4, Teilaufgabe 1

Anzahl der Waschvorgänge	Preis in €	Erlös (Umsatz)	fixe Kosten	variable Kosten	Gesamtkosten	Gewinn / Verlust
10	8,00					
20	7,50					
30	7,00					
40	6,50					
50	6,00					
60	5,50					
70	5,00					
80	4,50					
90	4,00					
100	3,50					
110	3,00					
120	2,50					

Lösungsvorschlag

Aufgabe 4: Markt und Preis – Nachfrage und Angebot am Gütermarkt

1 Tabellarische Ermittlung des Monopolpreises

Anzahl der Waschvorgänge	Preis in €	Erlös (Umsatz)	fixe Kosten	variable Kosten	Gesamtkosten	Gewinn/ Verlust
10	8,00	80,00	150,00	15,00	165,00	–85,00
20	7,50	150,00	150,00	30,00	180,00	–30,00
30	7,00	210,00	150,00	45,00	195,00	15,00
40	6,50	260,00	150,00	60,00	210,00	50,00
50	6,00	300,00	150,00	75,00	225,00	75,00
60	5,50	330,00	150,00	90,00	240,00	90,00
70	**5,00**	**350,00**	**150,00**	**105,00**	**255,00**	**95,00**
80	4,50	360,00	150,00	120,00	270,00	90,00
90	4,00	360,00	150,00	135,00	285,00	75,00
100	3,50	350,00	150,00	150,00	300,00	50,00
110	3,00	330,00	150,00	165,00	315,00	15,00
120	2,50	300,00	150,00	180,00	330,00	–30,00

Der maximale Gewinn liegt beim Preis von 5,00 €.

2 Cournot'scher Punkt

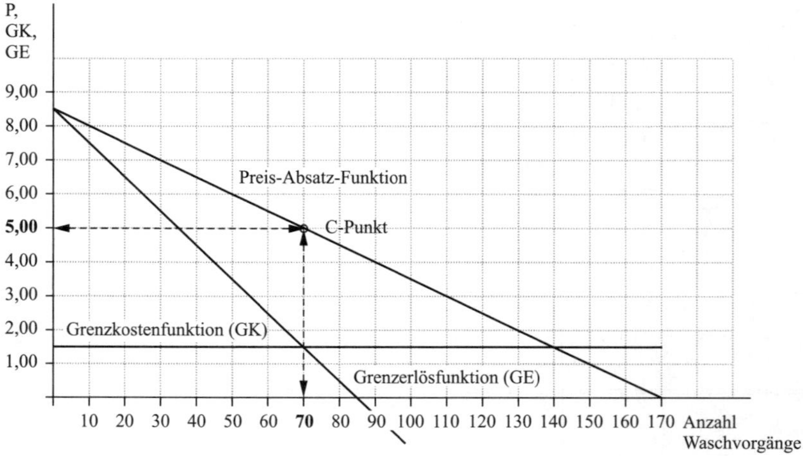

Cournot'scher Punkt:
Gewinnmaximaler Preis: 5,00 €; gewinnmaximale Menge: 70 Waschvorgänge

Im Gewinnmaximum sind Grenzkosten und Grenzerlöse gleich (Schnittpunkt zwischen Grenzkosten- und Grenzerlöskurve). Bei einem Preis-Mengen-Verhältnis links von diesem Schnittpunkt sind die Grenzerlöse größer als die Grenzkosten. Durch Absatzsteigerung kann daher ein zusätzlicher Gewinn erzielt werden.
Jede weitere Absatzmenge rechts vom Schnittpunkt würde dem Anbieter aber Gewinnminderungen einbringen, da die Grenzkosten die Grenzerlöse übersteigen. Daher liegt beim Schnittpunkt der Grenzerlöse und Grenzkosten das Gewinnmaximum.

3 Elastizitätsbereich der Preis-Absatz-Funktion beim Gewinnmaximum

Das Gewinnmaximum liegt im elastischen Bereich.

Begründung:
Das Gewinnmaximum ist bestimmt durch den Schnittpunkt von Grenzerlös- und Grenzkostenkurve.
Da die Grenzkosten > 0 sind, müssen im Schnittpunkt auch die Grenzerlöse > 0 sein.
Im Bereich positiver Grenzerlöse ist die direkte Preiselastizität der Nachfrage > 1, im Bereich negativer Grenzerlöse < 1. Daraus folgt, dass das Gewinnmaximum im elastischen Bereich der Nachfragekurve liegt.

4 Kostenarten und deren Auswirkung auf den Cournot'schen Punkt

- Wasserverbrauch: variable Kosten
  Die Grenzkostenkurve verschiebt sich nach oben. Der neue Schnittpunkt mit der Grenzerlöskurve führt zu einer neuen gewinnmaximalen Preis-Mengen-Kombination mit höherem Preis und geringerer Menge.
- Miete: fixe Kosten
  Die Grenzkostenkurve bleibt unverändert. Deshalb ergibt sich keine Veränderung der gewinnmaximalen Preis-Mengen-Kombination.

5 Preisdifferenzierung

- Möglichkeiten (z. B.):
  - zeitliche Preisdifferenzierung: z. B. Sofort-Service kostet mehr
  - persönliche Preisdifferenzierung: z. B. Lehrer zahlen mehr
- Voraussetzungen:
  - Es muss genügend Kunden geben, bei denen die Zahlungsbereitschaft so ausgeprägt ist, dass sie bereit sind, einen höheren als den Monopolpreis zu bezahlen.
  - Diese Kunden müssen als Gruppe eindeutig abgegrenzt werden können, sodass die Gesamtnachfrage in einzelne Segmente aufgeteilt und die Konsumentenrente dieser Kundengruppen (teilweise) abgeschöpft werden kann.

6 Verhaltensweisen der Angebotsoligopolisten

Die beiden Anbieter haben zwei Alternativen:

1. Preiskampf / Verdrängungswettbewerb:
   Jeder Anbieter versucht, den anderen zu unterbieten, um den vollen Marktanteil zu erlangen und damit den anderen Anbieter vom Markt zu verdrängen.
   Wenn beide Anbieter diese Strategie wählen, wird der Marktpreis zunächst stark sinken, bis eine Schule aufgibt. Anschließend kann der neue Monopolist den Preis zulasten der Kunden erhöhen.
2. Kooperatives Verhalten / Preisabsprache / Preisführerschaft
   Die beiden Schulen legen einen gemeinsamen Preis fest und verhalten sich zulasten der Kunden als Kollektivmonopol.

7 Vergleich der Marktformen

	Polypol	Monopol	Oligopol
beeinflussbare Faktoren	Menge (Mengen-anpasser)	Preis oder Menge	Preis oder Menge
zu berück-sichtigende Faktoren	Kosten, Marktpreis	Kosten, Nach-frageverhalten	Kosten, Nachfrager- und Konkurrenz-verhalten

8 Modell des vollkommenen Marktes

Eigenschaften des vollkommenen Marktes:
- homogene Güter
- keine Präferenzen
- vollständige Markübersicht
- unendlich schnelle Reaktionsgeschwindigkeit der Marktteilnehmer

Diese Modellannahmen sind sinnvoll, weil damit die komplexe Wirklichkeit vereinfacht dargestellt wird. Unter diesen Voraussetzungen ergibt sich ein einheitlicher Preis, dessen Zustandekommen anschaulich nachvollzogen werden kann.
Das Modell des vollkommenen Marktes erklärt plausibel das Zustandekommen des Gleichgewichtspreises für ein Gut.

Profilfach Volks- und Betriebswirtschaftslehre mit Rechnungswesen (Baden-Württemberg)
Volkswirtschaftslehre (Gruppe II) 2008 – Aufgabe 5

Geldschöpfung und Geldpolitik, auch anhand wirtschaftspolitischer Tagesfragen

1 Das Statistische Bundesamt gibt regelmäßig die Veränderung des Verbraucherpreisindex bekannt. Er ist ein wichtiger Indikator für die Messung von Geldwertschwankungen. Der Verbraucherpreisindex für die Bundesrepublik Deutschland entwickelte sich wie folgt (Basisjahr 2000):

Jahr	2006	2005	2004	2003	2002	2001	2000	1999
Gesamtindex	110,1	108,3	106,2	104,5	103,4	102,0	100,0	98,6

Quelle: Statistisches Bundesamt, Februar 2007

1.1 Ermitteln Sie die prozentuale Veränderung
- des Preisniveaus vom Jahr 2005 auf 2006
- der Kaufkraft für den Gesamtzeitraum vom Basisjahr bis zum Jahr 2006.

1.2 Erläutern Sie anhand von drei Beispielen, warum die Aussagekraft des Verbraucherpreisindex eingeschränkt ist.

1.3 Im Jahr 2000 betrug die jährliche Nettolohnsumme je beschäftigten Arbeitnehmer 16.217 €. Bis zum Jahr 2006 hat sich diese Summe auf 17.661 € erhöht.
Von Gewerkschaftsseite wird diese Entwicklung als eine Ursache für die schwache Binnennachfrage angesehen.

Überprüfen Sie diese Einschätzung, indem Sie die prozentuale Veränderung der realen Nettolöhne für den Gesamtzeitraum 2000 bis 2006 berechnen.

2 Die Europäische Zentralbank (EZB) hat in den vergangenen Jahren die Leitzinsen mehrfach erhöht.

2.1 Nennen Sie das wirtschaftspolitische Ziel, das die EZB mit der Erhöhung der Leitzinsen verfolgt. Geben Sie an, wann dieses Ziel als erreicht gilt.

2.2 Erläutern Sie den beabsichtigten Wirkungsmechanismus der Leitzinserhöhungen.

2.3 Die Verfechter einer weichen geldpolitischen Linie kritisieren die Leitzinserhöhungen.

Erläutern Sie, wie sich eine restriktive Geldpolitik der EZB auf die binnenwirtschaftlichen Ziele des „Magischen Vierecks" auswirken kann.

3 In einer modernen Volkswirtschaft treten Zentralbank und Geschäftsbanken als „Geldproduzenten" auf.

3.1 Beschreiben Sie die Geldschöpfungsmöglichkeiten der Geschäftsbanken und unterscheiden Sie diese von der Geldschöpfung der Zentralbank.

3.2 Die Geldschöpfungsmöglichkeiten der Geschäftsbanken werden unter anderem dadurch begrenzt, dass die Geschäftsbanken Mindestreserven bei der Zentralbank halten müssen.

Erklären Sie, was unter Mindestreserve zu verstehen ist und inwieweit die Zentralbank durch Mindestreservepolitik geldpolitischen Einfluss ausüben kann.

4 Angenommen, für das Geschäftsbankensystem einer Volkswirtschaft gilt ein Mindestreservesatz von 2,5 %. Die Geschäftsbanken halten einheitlich eine zusätzliche Reserve in Höhe von 22,5 %. Es wird davon ausgegangen, dass alle Kredite vollständig in Anspruch genommen werden und ein vollständiger Bargeldrückfluss in das Bankensystem stattfindet. Die Kreditvergabemöglichkeit des Geschäftsbankensystems beträgt unter diesen Voraussetzungen am Ende des Geldschöpfungsprozesses 30 Mrd. €.

4.1 Berechnen Sie für diesen Fall die Überschussreserve und die Barreserve, die sich durch Einzahlung bei der ersten an der Geldschöpfung beteiligten Geschäftsbank ergaben.

4.2 Ermitteln Sie die Höhe der durch den Geldschöpfungsprozess insgesamt angefallenen Mindestreserve.

Punkte:

Frage	1.1	1.2	1.3	2.1	2.2	2.3	3.1	3.2	4.1	4.2
NP	3	3	3	2	3	3	4	3	3	3

Lösungsvorschlag

Aufgabe 5: Geldschöpfung und Geldpolitik, auch anhand wirtschaftspolitischer Tagesfragen

1.1 Preissteigerungsrate und Kaufkraftänderung

Prozentuale Veränderung des Preisniveaus vom Jahr 2005 auf 2006:

110,1 – 108,3 = 1,8

108,3 = 100,00 %

1,8 = **1,67 % Preisniveausteigerung**

Prozentuale Veränderung der Kaufkraft vom Basisjahr bis zum Jahr 2006:

110,1 – 100 = 10,1

110,1 = 100,00 %

10,1 = **9,17 % Kaufkraftverlust (in 6 Jahren)**

1.2 Aussagekraft des Verbraucherpreisindexes

- Problem der richtigen Auswahl der Güter, da sich die Verbrauchergewohnheiten und Güter im Zeitablauf ändern.
- Problem der Gewichtung der einzelnen Güter im Warenkorb (richtiges Wägungsschema).
- Problem, dass kein realer Haushalt dem statistischen Durchschnittshaushalt exakt entspricht.

1.3 Reallöhne

Der Reallohn betrug im Jahr 2006 ca. 16.041 € (17.661 € / 110,1 · 100)

Reallohnveränderung: 16.041 € – 16.217 € = –176 €,

das entspricht einer Reallohnsenkung um **1,09 %**.

Die Lohnempfänger konnten im Jahr 2006 mit ihrem Lohneinkommen weniger Güter kaufen als im Jahr 2000. Dies könnte eine Ursache für eine schwache Binnennachfrage sein.

2.1 Wirtschaftspolitisches Ziel der EZB

Vorrangiges Ziel der EZB ist die Stabilität des Preisniveaus.
Dieses Ziel gilt als erreicht, wenn der jährliche Anstieg des HVPI unter, aber nahe bei 2 % liegt.

2.2 Wirkungsmechanismus der Leitzinserhöhung

Leitzinserhöhungen verteuern die Refinanzierung des Bankensystems bei der Zentralbank. Diese Teuerung wird an die Geschäftskunden weitergegeben und damit wird die Kreditnachfrage gedämpft. Dies führt tendenziell zu einer Verminderung der Güternachfrage bei gleichbleibendem Angebot. Als Folge verringert sich der Preisdruck. Der Preisniveauanstieg wird vermindert.

2.3 Folgen der Leitzinserhöhung für die binnenwirtschaftlichen Ziele des magischen Vierecks

- Stabilität des Preisniveaus: Eine Politik des knappen Geldes verhindert eine inflationäre Entwicklung

- Stetiges und angemessenes Wirtschaftswachstum: Steigende Zinsen können zu einer sinkenden Investitionsneigung führen. Das kann zu einer Abschwächung des Wirtschaftswachstums führen.
- Hoher Beschäftigungsstand: Als Folge eines zu geringen Wirtschaftswachstums kann die Arbeitslosigkeit steigen.

3.1 Geldschöpfungsmöglichkeiten der Geschäftsbanken und der Zentralbank

Geldschöpfung der Geschäftsbanken:
- Ein Bankkunde zahlt bei seiner Bank Bargeld ein, wodurch sein Sichtguthaben erhöht wird (passive Buchgeldschöpfung).
- Die Geschäftsbank gewährt einem Kunden einen Kredit oder kauft von einem Kunden Vermögensgegenstände (aktive Buchgeldschöpfung).

Geldschöpfung der Zentralbank:
- Zentralbank kauft Vermögensgegenstände bei den Geschäftsbanken und bezahlt mit Zentralbankgeld (Banknoten/Guthaben bei Zentralbank) oder
- Zentralbank gewährt Kredite an Geschäftsbanken gegen Ausgabe von Zentralbankgeld (Banknoten/Guthaben bei Zentralbank).

3.2 Mindestreserve

Die Geschäftsbanken müssen einen bestimmten Prozentsatz (= Mindestreservesatz) ihrer Kundeneinlagen als Sicherheit bei der Zentralbank in Form einer Sichteinlage halten. Diese wird von der Zentralbank verzinst.
Durch Erhöhung des Mindestreservesatzes könnte die Zentralbank weiteres Zentralbankgeld blockieren (restriktive geldpolitische Maßnahme).
Durch Senkung des Mindestreservesatzes könnte die Zentralbank zusätzliches Zentralbankgeld freisetzen (expansive geldpolitische Maßnahme).

4.1 Berechnung der Überschussreserve und der Barreserve

ursprüngliche Überschussreserve $\ddot{U}_1$:

$$Kr = \frac{1}{r} \cdot \ddot{U}_1$$

Kr = Kreditschöpfungsmöglichkeit = 30 Mio. €;
r = Reservesatz = Mindestreservesatz 2,5 % + Barreservesatz 22,5 % = 25 % = 0,25

$$\rightarrow \frac{1}{r} = \frac{1}{0{,}25}$$

$\ddot{U}_1$ = ursprüngliche Überschussreserve = Kr · r = 30 Mio. · 0,25 = 7,5 Mio. €

1. Barreserve:

ursprüngliche Überschussreserve $\ddot{U}_1$	=	7,5 Mio. € =	75 %	
ursprüngliche Einlage	=	X Mio. € =	100 % =	10 Mio. €
1. Barreserve = 22,5 % von 10 Mio. €	=	2,25 Mio. €		

4.2 Ermittlung der Mindestreserve

Kr = Kreditschöpfungsmöglichkeit	=	30 Mio. € =	75 %	
Summe der Sichteinlagen	=	X Mio. € =	100 % =	40 Mio. €
Mindestreserve = 2,5 % von 40 Mio. €	=	1 Mio. €		

Profilfach Volks- und Betriebswirtschaftslehre mit Rechnungswesen (Baden-Württemberg)
BWL mit integriertem RW (Gruppe I) 2009 – Aufgabe 1

AG: Unternehmensführung, Rechnungslegung, Auswertung des Jahresabschlusses

1 **Aus dem Leitbild der Wieslocher DRUMA AG:**

> **Unsere Unternehmung**
> Die DRUMA AG möchte ihre Position als weltweit führender Hersteller von Druckmaschinen langfristig kontinuierlich ausbauen.
>
> **Unsere Kunden**
> Die Zufriedenheit unserer Kunden steht im Mittelpunkt unserer Zielsetzungen. Wir pflegen langfristige, weltweite Kundenbeziehungen und erreichen mit hervorragenden Produkten sowie einem umfassenden Netz von Beratung und Dienstleistungen optimale Kundennähe.
>
> **Unsere Mitarbeiter**
> Die Basis unserer Unternehmung bilden unsere motivierten und verantwortungsbewussten Mitarbeiter. Die Kompetenz unserer Mitarbeiter fördern wir durch kontinuierliche Weiterbildung und sichern damit langfristig Arbeitsplätze. Damit erhöhen wir die Identifikation mit unserer Vision.
>
> **Unsere Prozesse**
> Unsere Prozesse werden laufend überprüft und nach technischen und wirtschaftlichen Maßstäben optimiert. Sämtliche Prozesse werden durch schonenden Einsatz von Ressourcen umweltverträglich gestaltet.
>
> **Unsere Zukunft**
> Durch den Einsatz von innovativen Lösungen und durch stetige Weiterentwicklung unserer Produkte und Dienstleistungen erreichen wir führende Positionen. Wir sind offen für neue Technologien in allen Bereichen der Druckindustrie und leisten dadurch eine gezielte Steigerung der Prozessoptimierung und Kostenreduktion. Wir halten international anerkannte Regeln guter Unternehmensführung ein. Mit allen Stakeholdern kommunizieren wir in einer offenen und angemessenen Form.

1.1 Die strategischen Unternehmensziele der AG ergeben sich aus dem Unternehmensleitbild.

Ordnen Sie diese Ziele verschiedenen Zielarten zu und bestimmen Sie, welche Zielart im Vordergrund steht.

1.2 Beschreiben Sie anhand des Unternehmensleitbilds einen Zielkonflikt und eine Zielharmonie.

1.3 Das im Unternehmensleitbild genannte Stakeholder-Konzept stellt eine Erweiterung des Shareholder-Value-Konzepts dar.

Erläutern Sie diese Aussage.

2 Für das kommende Jahr plant die DRUMA AG das Unternehmen durch Zukauf benachbarter Grundstücke und Errichtung weiterer Betriebsgebäude zu erweitern. Ein Teil des Investitionsvolumens soll aus eigenen Mitteln finanziert werden, der Rest durch einen Kredit der Hausbank. Zur Beurteilung der Kreditwürdigkeit werden entsprechende Kennzahlen aus Bilanz und G+V-Rechnung benötigt.

2.1 Ermitteln Sie für das Berichtsjahr (siehe Anlage 1, S. 3) die nachfolgend angeführten Kennzahlen. Berücksichtigen Sie dabei, dass 50 % des Jahresüberschusses als Dividende ausgeschüttet werden sollen, die Auszahlung aber noch nicht erfolgt ist.
- Eigenkapitalquote
- Liquiditätsgrad II (einzugsbedingte Liquidität)
- Anlagendeckungsgrad II

2.2 Beurteilen Sie aufgrund der ermittelten Kennzahlen die Kreditwürdigkeit der AG. Berücksichtigen Sie dabei auch die folgenden Durchschnittswerte der Branche:

Eigenkapitalquote	22 %
Liquiditätsgrad II	85 %
Anlagendeckungsgrad II	70 %

2.3 „Eine Beurteilung der Liquiditätslage nur anhand der üblichen Faustregeln ist wenig aussagekräftig."

Stellen Sie zwei Überlegungen dar, die diese Aussage stützen.

2.4 Die Höhe des Cashflows ist eine weitere Entscheidungshilfe bezüglich der Kreditgewährung.

2.4.1 Berechnen Sie anhand der Anlagen 1 und 2 (siehe S. 3) den Cashflow (vor Dividendenausschüttung) nach dem üblichen vereinfachten Verfahren.

2.4.2 Erläutern Sie, warum der Cashflow als Entscheidungshilfe für die Beurteilung der Investitionsfähigkeit und der Kreditwürdigkeit einer Unternehmung besser geeignet ist als der Jahresüberschuss allein.

3 Die Hausbank wäre auch bereit, die anstehende Investition durch ein Tilgungsdarlehen mit langfristiger Zinsbindung vollständig zu finanzieren.

3.1 Erklären Sie (ohne rechnerischen Nachweis), inwiefern diese Finanzierungsweise unter sonst unveränderten Bedingungen langfristig Auswirkungen auf den Liquiditätsgrad II und den Anlagendeckungsgrad II hätte.

3.2 Der Vorstand hält eine solche Finanzierungsweise, die zu einer Erhöhung des Verschuldungsgrades führt, für den Fall eines Konjunkturabschwungs grundsätzlich für problematisch, weil er einen negativen Leverage-Effekt befürchtet.

Erläutern Sie, unter welchen Voraussetzungen die Bedenken des Vorstandes zutreffend sind.

Punkte:

Frage	1.1	1.2	1.3	2.1	2.2	2.3	2.4.1	2.4.2	3.1	3.2
NP	3	3	2	5	3	3	2	3	3	3

Anlage 1 zu Teilaufgaben 1.1, 2.4.1: Vereinfachte Bilanzen der DRUMA AG vor Gewinnverwendung für die beiden letzten Geschäftsjahre (in Mio. €)

AKTIVA	Vorjahr	Berichtsjahr
A. Anlagevermögen		
I. Immaterielle Vermögenswerte	208	211
II. Sachanlagen		
1. Grundstücke	435	398
2. Maschinen	312	320
3. BGA	430	416
III. Finanzanlagen	55	125
B. Umlaufvermögen		
I. Vorräte		
1. RHB-Stoffe	360	380
2. unfert. Erzeugn.	290	325
3. fertige Erzeugn.	370	298
II. Forderungen		
1. Forder. a. LuL	843	1.021
III. Kassenbestand Guth. b. Kreditinstituten	99	106
	3.402	3.600

PASSIVA	Vorjahr	Berichtsjahr
A. Eigenkapital		
I. Gezeichnetes Kapital	200	200
II. Kapitalrücklage	150	150
III. Gewinnrücklagen		
1. gesetzl. Rücklage	10	10
2. and. Gewinnrückl.	698	768
IV. Gewinnvortrag	1	5
V. Jahresüberschuss	148	254
B. Langfr. Fremdkapital		
1. Pensionsrückstellg.	197	172
2. and. Rückstellungen	345	364
3. Verbindlichkeiten geg. Kreditinstituten	440	411
4. sonstige Verbindlk.	185	243
C. Kurzfristiges Fremdkapital		
1. and. Rückstellungen	384	432
2. Finanzverbindlichk.	140	122
3. Verbindlichk. a. LuL	228	246
4. sonstige Verbindlk.	276	223
	3.402	3.600

Anlage 2 zu Teilaufgabe 2.4.1: Gewinn- und Verlustrechnungen der DRUMA AG für die letzten beiden Geschäftsjahre (in Mio. €)

		Vorjahr	Berichtsjahr
1.	Umsatzerlöse	3.585	3.800
2.	Bestandsveränderungen der Erzeugnisse	+ 44	+ 58
3.	andere aktivierte Eigenleistungen	52	60
4.	sonstige betriebliche Erträge	241	244
5.	Materialaufwand	1.600	1.614
6.	Personalaufwand	1.096	1.163
7.	Abschreibungen auf immaterielle Vermögensgegenstände und Sachanlagen	134	129
8.	sonstige betriebliche Aufwendungen	813	796
9.	Finanzerträge	41	20
10.	Finanzaufwendungen	88	83
11.	Finanzergebnis	– 47	– 63
12.	**Ergebnis vor Steuern**	**232**	**397**
13.	Steuern vom Einkommen und vom Ertrag	84	143
14.	**Jahresüberschuss**	**148**	**254**

Lösungsvorschlag

Aufgabe 1: AG: Unternehmensführung, Rechnungslegung, Auswertung des Jahresabschlusses

1.1 Zielarten

Ökonomische Ziele:
Erweiterung der weltweiten Marktanteile, hohe Kundenzufriedenheit, hoher Qualitätsstandard der Produkte, Prozessoptimierung, Kostenreduktion.
Diese Ziele wirken sich auf das Oberziel der Gewinnmaximierung aus und stehen im Vordergrund der Unternehmensführung bei der DRUMA AG.

Ökologische Ziele:
Schonender Einsatz von Ressourcen, umweltverträgliche Prozessgestaltung

Soziale Ziele:
Sicherung von Arbeitsplätzen, Motivation der Mitarbeiter

1.2 Zielkonflikt und Zielharmonie

Möglicher Zielkonflikt, z. B. „Kostenreduktion“ und „Sicherung von Arbeitsplätzen“:
Löhne und Gehälter stellen einen großen Kostenfaktor dar. Auf der Suche nach Möglichkeiten der Kosteneinsparung liegen daher auch Rationalisierungen bei den Arbeitsplätzen nahe.

Mögliche Zielharmonie, z. B. „hohe Qualitätsstandards“ und „hohe Kundenzufriedenheit“:
Eine gleichbleibend hohe Qualität vermeidet Kundenreklamationen, ein Indiz für eine hohe Zufriedenheit der Kunden.

1.3 Shareholder-Value- und Stakeholder-Konzept

Beim Shareholder-Value-Konzept stehen bei der Formulierung der Unternehmensziele die Interessen der Kapitaleigner (z. B. Kurssteigerung, Gewinnmaximierung, hohe Rendite) im Vordergrund.
Beim Stakeholder-Konzept werden neben den Interessen der Kapitaleigner auch die Interessen anderer Anspruchsgruppen (Kunden, Mitarbeiter, Lieferanten, Gewerkschaften, Öffentlichkeit usw.) berücksichtigt.

2.1 EK-Quote, Liquiditätsgrad II, Anlagendeckungsgrad II

$$\text{Eigenkapitalquote} = \frac{\text{Eigenkapital}^* \cdot 100}{\text{Gesamtkapital}} = \frac{1.260\ € \cdot 100\ \%}{3.600\ €} = \underline{\underline{35\ \%}}$$

NR:* Eigenkapital (in Mio. €): $200 + 150 + 10 + 768 + 5 + \mathbf{127} = 1.260$
(50 % des Jahresüberschusses, die nicht ausgeschüttet werden, gehören zum Eigenkapital.)

$$\text{Liquiditätsgrad II} = \frac{(\text{liquide Mittel} + \text{Forderungen}) \cdot 100}{\text{kurzfristige Verbindlichkeiten}^{**}} = \frac{1.127\ € \cdot 100\ \%}{1.150\ €} = \underline{\underline{98\ \%}}$$

NR:** kurzfr. Verbindl. (in Mio. €): $432 + 122 + 246 + 223 + \mathbf{127} = 1.150$
(50 % des Jahresüberschusses, die als Dividende ausbezahlt wurden, stellen kurzfristige Verbindlichkeiten dar.)

Anlagendeckungsgrad II

$$= \frac{(EK + \text{langfr. FK}) \cdot 100}{\text{Anlagevermögen}} = \frac{(1.260\ € + 1.190\ €) \cdot 100\ \%}{1.470\ €} = \underline{\underline{166\frac{2}{3}\ \%}}$$

2.2 Beurteilung der Kennzahlen

Im Vergleich zur Branche hat die DRUMA AG eine hohe EK-Quote. Dies spricht für eine hohe finanzielle Unabhängigkeit und Krisensicherheit des Unternehmens.

Der Liquiditätsgrad II liegt über dem Branchendurchschnitt und erfüllt in etwa die Faustregel (100 %).

Der Anlagendeckungsgrad II übertrifft die Vorgabe der „goldenen Bilanzregel" (mindestens 100 %) bei Weitem und liegt deutlich über dem Branchendurchschnitt.

Aufgrund der ermittelten Werte und im Branchenvergleich ist die DRUMA AG als kreditwürdig einzustufen.

2.3 Kritik an der Faustregel für den Liquiditätsgrad

Eine Beurteilung der Liquiditätslage nur anhand der üblichen Faustregeln (100 %) ist wenig aussagefähig, da

- der Liquiditätsgrad am Bilanzstichtag ermittelt wird, d. h. auch nur die Zahlungsfähigkeit des Unternehmens an diesem Tag beurteilt wird. Laufende Zahlungsverpflichtungen wie z. B. für Miete, Löhne und Gehälter sowie Fälligkeitstermine für Verbindlichkeiten nach dem Bilanzstichtag werden nicht berücksichtigt.
- eventuell vorhandene stille Reserven kurzfristig aufgelöst werden können und somit die Liquiditätslage verbessern.

Eine Aussage über die zukünftige Liquiditätslage des Unternehmens ist kaum möglich.

2.4.1 Berechnung des Cashflow

Jahresüberschuss	254 Mio. €
+ Abschreibung	129 Mio. €
+ Erhöhung der sonst. langfristigen Rückstellungen	19 Mio. €
– Verminderung der Pensionsrückstellungen	25 Mio. €
= Cashflow	377 Mio. €

Hinweis: Die Pensionsrückstellungen werden nur berücksichtigt, wenn sie erfolgswirksam aufgelöst wurden, d. h. die 25 Mio. € nicht als Pensionen ausbezahlt wurden.

2.4.2 Cashflow vs. Jahresüberschuss

Bei der Ermittlung des Jahresüberschusses werden nicht auszahlungswirksame Aufwendungen (z. B. Abschreibungen, Zuführungen zu langfristigen Rückstellungen) und nicht einzahlungswirksame Erträge (z. B. Bestanderhöhungen) einbezogen. Dies kann zu Fehlschlüssen in Bezug auf den Zahlungsmittelüberschuss, der für Investitionszwecke und zur Kredittilgung zur Verfügung steht, führen.
Zudem ist der Jahresüberschuss im Gegensatz zum Cashflow durch die gegebenen bilanzpolitischen Bewertungsspielräume z. B. im Bereich der Abschreibungen beeinflussbar.

3.1 Auswirkungen eines langfristigen Darlehens auf die Liquidität bzw. Anlagendeckung

Langfristig sinkt der

- Liquiditätsgrad II, weil unter sonst unveränderten Bedingungen durch Zinszahlung und Tilgung die Barmittel und das Bankguthaben verringert werden,

– Anlagendeckungsgrad II, weil unter sonst unveränderten Bedingungen durch Tilgung das langfristige Fremdkapital und somit der Zähler der Kennzahl stärker sinkt als das Anlagevermögen durch die Abschreibung des Betriebsgebäudes im Nenner.

3.2 Negativer Leverage-Effekt

Die Befürchtung des Vorstandes kann zutreffen, wenn im konjunkturellen Abschwung aufgrund geringerer Umsatzerlöse der Jahresüberschuss sinkt und dadurch die Gesamtkapitalrentabilität unter den Fremdkapitalzins fällt. In einem solchen Fall verringert sich die Eigenkapitalrentabilität durch die Erhöhung des Verschuldungsgrades. Dies entspricht dem negativen Leverage-Effekt.

Profilfach Volks- und Betriebswirtschaftslehre mit Rechnungswesen (Baden-Württemberg) BWL mit integriertem RW (Gruppe I) 2009 – Aufgabe 2

Vollkostenrechnung, Kostenanalyse, Deckungsbeitragsrechnung, Prozesskostenrechnung

Der Saunahersteller Wellworld GmbH, Spezialist für Standard- und Deluxe-Produkte, hat durch die boomenden Do-it-yourself-Bausätze der Baumärkte immer größere Absatzschwierigkeiten. Vor allem in den unteren Preissegmenten fallen immer mehr Marktanteile an andere Anbieter.
Zufriedenstellend ist derzeit noch der Absatz des Modells „Home“, das als einziges Produkt im Stammwerk hergestellt wird. Der Listenverkaufspreis für diesen Typ beträgt 4.800 €. Aufgrund des wachsenden Konkurrenzdrucks müssen auf diesen Preis jeweils Rabatt und Skonto gewährt werden.

1 Im vergangenen Monat wurden 272 Stück des Modells „Home“ mit Gesamtkosten von 1.088.000 € produziert. Dabei fielen 549.440 € Fixkosten an.

1.1 Berechnen Sie den Gewinn pro Sauna für den vergangenen Monat in € und in %, wenn 3 % Kundenskonto und 5 % Kundenrabatt in Anspruch genommen werden.

1.2 Die Unternehmung befürchtet bei rückläufigem Absatz des Modells „Home“ dessen Kosten nicht mehr decken zu können. Berechnen Sie unter Berücksichtigung der Lösung aus 1.1 die Menge von Modell „Home“, die mindestens produziert und abgesetzt werden müsste, um Verluste zu vermeiden.

1.3 Laut Beschluss der Geschäftsleitung bleiben im Gesamtunternehmen lediglich solche Erzeugnisse im Produktions- und Absatzprogramm, die eine Mindestumsatzrentabilität von 5 % liefern. Ein Mitarbeiter aus dem Bereich Controlling äußert Zweifel, ob es sinnvoll ist, für einzelne Produkte eine solche Umsatzrentabilität zu bestimmen, um daraus Sortimentsentscheidungen abzuleiten.

Nehmen Sie zu der Ansicht des Mitarbeiters mit zwei Argumenten Stellung.

2 Das Zweigwerk I fertigt ausschließlich das Einsteigermodell „Classic“. Es wird bisher mit einem Barverkaufspreis von 3.000 € angeboten. Vom Vormonat liegen folgende Zahlen vor: Absatzmenge 600 Stück, variable Stückkosten 1.800 €, Fixkostenanteil je Stück 1.180 €. Die Geschäftsleitung beschließt, durch preispolitische Maßnahmen den Absatz zu beleben.
Für den laufenden Monat soll der Preis den Selbstkosten des Vormonats entsprechen. Die Marketingabteilung erwartet dadurch eine Produktions- und Absatzsteigerung auf 680 Stück je Monat.

2.1 Vergleichen Sie mit Hilfe einer Deckungsbeitragsrechnung das Betriebsergebnis des Vormonats mit dem zu erwartenden Ergebnis des laufenden Monats und erläutern Sie, wie die Differenz zustande kommt.

2.2 Die Marketingabteilung befürchtet, dass der Marktzutritt osteuropäischer Wettbewerber das Unternehmen zu weiteren Preissenkungen zwingen könnte.
Deshalb soll der Stückpreis für das Modell „Classic“ langfristig so weit gesenkt werden, dass bei einer Menge von 800 Stück und unveränderten Fixkosten gerade noch eine volle Kostendeckung erreicht wird.

Ermitteln Sie den Preissenkungsspielraum in € im Vergleich zum Preis des laufenden Monats.

2.3 Die Unternehmensleitung erwägt das Modell „Classic“ nicht mehr selbst herzustellen, um die freigewordenen Kapazitäten verstärkt im wachsenden Premiumbereich zu nutzen. Um den bisherigen Kundenkreis weiterhin beliefern zu können, wird die Alternative Fremdbezug erwogen. Ein anderer Hersteller bietet uns das Modell „Classic“ zu einem Bezugspreis von 2.550 € an.

2.3.1 Weisen Sie nach, ob und gegebenenfalls bis zu welcher Produktionsmenge der Fremdbezug kostengünstiger ist bei
- langfristiger Betrachtungsweise
- kurzfristiger Betrachtungsweise.

2.3.2 Erläutern Sie zwei Probleme, die bei Fremdbezug der Saunen auftreten können.

3 Im Zuge des Wellnessbooms werden aus dem Hotelbereich neben den Standardsaunen (Typ A) immer mehr individuell gefertigte Saunen (Typ B) nachgefragt. Beide Typen werden ausschließlich im Zweigwerk II hergestellt. Die Preise für beide Typen wurden in letzter Zeit aus Kostengründen mehrfach erhöht.
Um den Kundenwünschen gerecht zu werden, musste in der Hilfskostenstelle Arbeitsvorbereitung (AV) die Mitarbeiterzahl im letzten Jahr auf 10 erhöht werden. Die Kosten der AV werden bisher im BAB auf die Fertigungshauptstellen I und II umgelegt.

Unsere Außendienstmitarbeiter berichten nun, dass es in der letzten Zeit immer schwieriger sei, die Standardsaunen (Typ A) für den Hotelbereich zu den höheren Preisen zu verkaufen. Dagegen wären unsere individuell geplanten Saunen (Typ B) des oberen Preissegments preislich attraktiv.

Ein Controller erhält deshalb den Auftrag, die Kostensituation in der Hilfskostenstelle AV und den Fertigungshauptkostenstellen zu untersuchen. Für den Monat Februar 2009 ermittelt er folgende Zahlenwerte:

Fertigungslöhne in der Fertigungshauptkostenstelle I (individuelle Saunen, Typ B)	120.000 €
Fertigungslöhne in der Fertigungshauptkostenstelle II (Standardsaunen, Typ A)	90.000 €
Gemeinkosten der Fertigungshauptkostenstelle I (vor Umlage)	288.000 €
Gemeinkosten der Fertigungshauptkostenstelle II (vor Umlage)	225.000 €
Gemeinkosten der Hilfskostenstelle AV (Aufteilung auf die Fertigungshauptkostenstellen im Verhältnis 3:2)	48.000 €

Der Controller schlägt vor, die Kosten der AV prozessorientiert zu verrechnen.

Die für die Prozesskostenrechnung relevanten Daten der Abteilung AV sind der Anlage zu Teilaufgabe 3.2 auf S. 9 zu entnehmen. Alle Personen in der AV verursachen gleich hohe Kosten je Monat. Außer den Personalkosten fallen in der Abteilung AV keine weiteren Gemeinkosten an.

3.1 Berechnen Sie nach der traditionellen Zuschlagskalkulation die **Fertigungs**kosten für eine individuell gefertigte Sauna (Typ B). Die Fertigungslöhne betragen 1.500 €/Stück.

3.2 Ermitteln Sie für die Teilprozesse die jeweiligen Prozesskostensätze in €. Verwenden Sie dazu die Anlage zu Teilaufgabe 3.2 auf S. 9.

3.3 Ermitteln Sie die **Fertigungs**kosten für das individuelle Saunamodell (Typ B) bei prozessorientierter Verrechnung der Kosten der Arbeitsvorbereitung. Für die Fertigung dieser individuell geplanten Sauna ist jeder Teilprozess ein Mal durchzuführen.

Hinweis: Eine Zusammenfassung der Teilprozesse zu einem Hauptprozess ist nicht vorzunehmen.

3.4 Analysieren Sie für die individuelle Sauna (Typ B) die Abweichung zur traditionellen Zuschlagskalkulation (vgl. 3.1) und begründen Sie anhand dieser den Vorteil der Prozesskostenrechnung.

Punkte:

Frage	1.1	1.2	1.3	2.1	2.2	2.3.1	2.3.2	3.1	3.2	3.3	3.4
NP	3	3	3	3	2	3	2	2	4	2	3

Anlage zu Teilaufgabe 3.2: Prozesskostenrechnung

Teilprozess	Typ*	Kostentreiber	Arbeitszeitbeanspruchung (in Mannmonaten)	Prozessmenge	Gesamtkosten je Teilprozess (€)	Teilprozesskosten lmi (€)	Teilprozesskosten lmn (€)	Prozesskostensatz (€)
Neukonstruktion	lmi	Anzahl Neukonstruktionen	4	40	19.200			
Arbeitsplanänderung	lmi	Anzahl Arbeitsplanänderungen	2	40	9.600			
Materialdisposition	lmi	Anzahl Aufträge	1	100	4.800			
Terminplanung	lmi	Anzahl Saunen	1	200	4.800			
(Summe lmi)	–				38.400			
Abteilung leiten	lmn		2		9.600			
(Summe lmi + lmn)	–				48.000			

* lmi = leistungsmengeninduziert
* lmn = leistungsmengenneutral

Lösungsvorschlag

Aufgabe 2: Vollkostenrechnung, Kostenanalyse, Deckungsbeitragsrechnung, Prozesskostenrechnung

1.1 Differenzkalkulation zur Berechnung des Gewinns

Selbstkosten/Stück = 1.088.000 €/272 Stück = 4.000 €

Selbstkosten	4.000,00 €
+ **Gewinn**	**423,20 €**
= Barverkaufspreis	4.423,20 €
+ 3 % Kundenskonto	136,80 €
= Zielverkaufspreis	4.560,00 €
+ 5 % Kundenrabatt	240,00 €
= Listenverkaufspreis	4.800,00 €

$$\text{Gewinn in } \% = \frac{423{,}20\ € \cdot 100\ \%}{4.000\ €} = \underline{\underline{10{,}58\ \%}}$$

1.2 Break-even-Point

$E(x) = K(x) = k_v \cdot x + K_{fix}$

$$k_v = \frac{K - K_{fix}}{\text{Stückzahl}} = \frac{1.088.000\ € - 549.440\ €}{272} = 1.980\ €$$

$4.423{,}20 \cdot x = 1.980 \cdot x + 549.440$

$x = 224{,}89$

$x = \underline{\underline{225\ \text{Stück}}}$

1.3 Sortimentsentscheidung

Eine Sortimentsentscheidung lediglich aufgrund der Umsatzrentabilität einzelner Produkte zu treffen, ist nicht sinnvoll, weil

- durch die Eliminierung der Produkte mit geringer Umsatzrentabilität die Fixkosten zumindest kurzfristig von anderen Produkten mitgetragen werden müssen. Solange ein Produkt einen positiven Deckungsbeitrag hat, trägt es zur Verbesserung der Gewinnsituation bei;
- bei Existenz von Sortimentsverbünden auch Produkte mit höherer Umsatzrentabilität durch das Ausscheiden von Produkten mit nicht ausreichender Umsatzrentabilität Absatzverluste erleiden.

2.1 Deckungsbeitragsrechnung

Vormonat:

Erlöse (600 · 3.000 €)	1.800.000 €
– variable Kosten (600 · 1.800 €)	1.080.000 €
= Deckungsbeitrag	720.000 €
– Fixkosten (600 · 1.180 €)	708.000 €
= Betriebsergebnis Zweigwerk I	12.000 €

Laufender Monat:

Erlöse (**680 · (1.800 € + 1.180 €)**)	2.026.400 €
– variable Kosten (**680** · 1.800 €)	1.224.000 €
= Deckungsbeitrag	802.400 €
– Fixkosten (konstant)	708.000 €
= Betriebsergebnis Zweigwerk I	94.400 €

Das Betriebsergebnis erhöht sich um 82.400 €. Ursache ist die Erhöhung der Erlöse bei gleichbleibenden Fixkosten. Aufgrund der mit der erhöhten Produktionsmenge einhergehenden Fixkostendegression ist die Minderung der Fixkosten/Stück stärker als die Preissenkung/Stück.

2.2 Langfristige Preisuntergrenze

Langfristige Preisuntergrenze = Stückkosten_{neu}

$$\text{Preis}_{neu} = \frac{K_{fix}}{x} + k_v = \frac{708.000}{800} + 1.800 = 2.685 \text{ €/Stück}$$

Preissenkungsspielraum = 2.980 €* – 2.685 € = 295 €

* alter Preis = Selbstkosten des Vormonats = 1.800 € + 1.180 € = 2.980 €

2.3.1 Entscheidung über Fremdbezug

– Langfristige Betrachtung: Entscheidungsrelevant sind alle Kosten.
Berechnung der kritischen Menge:

$$E(x) = k_v(x) + K_{fix}$$

$$2.550 \cdot x = 1.800 \cdot x + 708.000$$

$$x = 944 \text{ Stück}$$

Bei gegebenem Bezugspreis ist der Fremdbezug kostengünstiger, wenn die Absatzmenge weniger als 944 Stück beträgt.

– Kurzfristige Betrachtung: Entscheidungsrelevant sind nur die variablen Kosten.
Da der Bezugspreis oberhalb der eigenen variablen Stückkosten liegt, ist ein Fremdbezug bei keiner Absatzmenge lohnend.

2.3.2 Probleme bei Fremdbezug

– Lieferungsverzögerungen infolge eines Streiks beim Zulieferer usw.
– Qualitätssicherung erfordert zusätzliche Kontrollmaßnahmen

3.1 Ermittlung der Fertigungskosten durch Zuschlagskalkulation

$$\text{FGKZ I}_{bisher} = \frac{(288.000 \text{ €} + 28.800 \text{ €*}) \cdot 100\ \%}{120.000 \text{ €}} = 264\ \%$$

* Umlageanteil der Hilfskostenstelle AV = $\frac{48.000 \text{ €} \cdot 3}{5} = 28.800$ €

Fertigungslöhne I	1.500 €
+ 264 % Fertigungsgemeinkosten I	3.960 €
= Fertigungskosten I	5.460 €

3.2 Prozesskostensätze

Teilprozess	Typ	Kostentreiber	Arbeitszeitbeanspruchung (in Mannmonaten)	Prozessmenge	Gesamtkosten je Teilprozess (€)	Teilprozesskosten lmi (€)*	Teilprozesskosten lmn (€)**	Prozesskostensatz (€)
Neukonstruktion	lmi	Anzahl Neukonstruktionen	4	40	19.200	**480**	**120**	**600**
Arbeitsplanänderung	lmi	Anzahl Arbeitsplanänderungen	2	40	9.600	**240**	**60**	**300**
Materialdisposition	lmi	Anzahl Aufträge	1	100	4.800	**48**	**12**	**60**
Terminplanung	lmi	Anzahl Saunen	1	200	4.800	**24**	**6**	**30**
(Summe lmi)	–		(8)		38.400			
Abteilung leiten	lmn		2		9.600			
(Summe lmi + lmn)	–		(10)		48.000			

* Teilprozesskosten lmi = Gesamtkosten je Teilprozess/Prozessmenge

** Teilprozesskosten lmn = Teilprozesskosten lmi · Umlagesatz lmn

$$\text{Umlagesatz} = \frac{9.600\ € \cdot 100\ \%}{38.400\ €} = 25\ \%$$

3.3 Ermittlung der Fertigungskosten prozessorientiert

$$\text{FGKZ I}_{\text{neu}} = \frac{288.000\ € \cdot 100\ \%}{120.000\ €} = 240\ \%$$

Fertigungslöhne I	1.500 €
+ 240 % Fertigungsgemeinkosten I	3.600 €
+ Prozesskosten Neukonstruktion	600 €
+ Prozesskosten Arbeitsplanänderung	300 €
+ Prozesskosten Materialdisposition	60 €
+ Prozesskosten Terminplanung	30 €
= Fertigungskosten I	6.090 €

3.4 Vorteil Prozesskostenrechnung

$FK_{\text{Prozess}} - FK_{\text{traditionell}} = 6.090\ € - 5.460\ € = 630\ €$ Abweichung

Die traditionelle Zuschlagskalkulation rechnet dem Produkt „individuelle Sauna" (Typ B) 630 € zu wenig Gemeinkosten zu, wodurch es zu einer Kostenunterdeckung kommt.

Die Prozesskostenrechnung vermeidet diesen Fehler, indem sie die Gemeinkosten verursachungsgerechter zuordnet. Eine Quersubventionierung durch das einfachere und damit kostengünstigere Produkt „Standardsauna" (Typ A) wird so weitgehend vermieden.

Profilfach Volks- und Betriebswirtschaftslehre mit Rechnungswesen (Baden-Württemberg)
BWL mit integriertem RW (Gruppe I) 2009 – Aufgabe 3

Personenunternehmen: Rechtsfragen, Gewinnverwendung, Vergleich mit Kapitalgesellschaften

Der Goldschmied Patrick Braun stellt in seinem Einzelunternehmen Edelschmied e. K. mit Hilfe moderner CNC-Technik hochwertigen Edelstahlschmuck her. Das reduzierte Design der Schmuckstücke, kombiniert mit traditionellen Materialien wie Gold und Diamanten, findet weltweit immer mehr Anhänger. Braun beschließt daher, seinen Betrieb zu erweitern und eine Ladenkette aufzubauen. Die bisherige Einzelunternehmung soll dazu in eine Personengesellschaft in Form der KG umgewandelt werden.
Diplom-Kaufmann Andreas Müller möchte in das Unternehmen seines Freundes Patrick Braun einsteigen und ihn mit seinem betriebswirtschaftlichen Know-how unterstützen. Außerdem stellt er ein Grundstück mit Gebäude zur Verfügung, in dem die kaufmännische Verwaltung sowie die neuen Präsentations- und Verkaufsräume untergebracht werden sollen. Um den zusätzlichen Kapitalbedarf zu decken, überzeugt Patrick Braun seine ältere Schwester Beate Weiß, sich finanziell zu beteiligen. Die künftigen Geschäftspartner entwerfen folgenden Gesellschaftsvertrag:

Auszug aus dem Gesellschaftsvertrag:

§ 1 Firma und Beginn der Gesellschaft

(1) Das Unternehmen wird unter der Firma „Edelschmied KG" geführt.
(2) Beginn der Gesellschaft ist der 01. 01. 2008.
(3) Das Geschäftsjahr entspricht dem Kalenderjahr.

§ 3 Gesellschafter und Einlagen

(1) Persönlich haftende Gesellschafter sind Patrick Braun und Andreas Müller, Kommanditistin ist Beate Weiß.
(2) Patrick Braun bringt sein bisheriges Einzelunternehmen im Gesamtwert von 550.000 € zum Geschäftsbeginn ein.
(3) Andreas Müller bringt ein Grundstück mit Gebäude im Wert von 370.000 € zum Geschäftsbeginn ein.
(4) Beate Weiß beteiligt sich mit einer Bareinlage von 200.000 €; 120.000 € sind bei Geschäftsbeginn zur Zahlung fällig, der Rest ist bis zum 30. 06. 2008 einzuzahlen.

§ 4 Geschäftsführung und Vertretung

Bezüglich Geschäftsführung und Vertretung gelten die gesetzlichen Bestimmungen.

§ 6 Haftung

Andreas Müller und Beate Weiß haften nicht für die bisherigen Verbindlichkeiten der Einzelunternehmung „Edelschmied e. K.".

§ 7 Gewinn- und Verlustbeteiligung

(1) Die Komplementäre erhalten vorab eine Tätigkeitsvergütung von je 4.000 € monatlich, die jeweils am Monatsanfang ausbezahlt wird.
(2) Vom erzielten Jahresgewinn erhält jeder Gesellschafter eine Verzinsung seines zu Beginn des Geschäftsjahres eingebrachten Kapitals gemäß der gesetzlichen Regelung des HGB. Am verbleibenden Jahresgewinn sowie am Verlust sind die Gesellschafter Braun, Müller und Weiß im Verhältnis 3:3:1 beteiligt.

Die zum Geschäftsbeginn fälligen Leistungen werden vertragsgemäß erbracht. Die Edelschmied KG wird am 14. 01. 2008 ins Handelsregister eingetragen. Dabei werden auch alle Vereinbarungen des Gesellschaftsvertrages, soweit sie für ihr Wirksamwerden gegenüber Dritten der Eintragung bedürfen, berücksichtigt. Die Veröffentlichung erfolgt acht Tage später.

1 Nennen Sie vier Gründe, die Patrick Braun bewogen haben könnten, die Einzelunternehmung in eine Personengesellschaft umzuwandeln.

2 Gemäß HGB gilt im Innenverhältnis weitgehend nachgiebiges Recht (= Vereinbarungen gemäß Gesellschaftsvertrag), im Außenverhältnis hingegen zwingendes Recht (= Gesetzesbestimmungen).

Erläutern und begründen Sie diese unterschiedliche Regelung.

3 Der Hersteller einer im März 2008 bestellten und gelieferten CNC-Maschine verlangt von der vermögenden Beate Weiß die Begleichung der fälligen Rechnung in Höhe von 95.000 €.

Begründen Sie, ob und gegebenenfalls in welcher Höhe Weiß zahlen muss.

4 Patrick Braun will eine größere Menge Edelmetall für 50.000 € erwerben. Beate Weiß und Andreas Müller sind der Meinung, dass der Kaufpreis stark überteuert ist und sind gegen den Kauf. Patrick Braun schließt den Kaufvertrag trotzdem ab.

Beurteilen Sie die Rechtslage im Innen- und Außenverhältnis.

5 Am Ende des ersten Geschäftsjahres (31. 12. 2008) beträgt der Gewinn der KG 256.600 €, der wie folgt verteilt wird:

(Werte in €)	Komplementär Braun	Komplementär Müller	Kommanditistin Weiß	insgesamt
Jahresgewinn				256.600
Tätigkeits-vergütung	48.000	48.000	–	96.000
Verzinsung 4 % des Jahresanfangs-kapitals	22.000	14.800	4.800	41.600
Restgewinn				119.000
Restgewinn-anteil 3 : 3 : 1	51.000	51.000	17.000	119.000
gesamter Gewinnanteil	121.000	113.800	21.800	256.600

5.1 Begründen Sie, welche Zwecke mit der in § 7 Abs. 2 des Gesellschaftsvertrags dargestellten Regelung verfolgt werden.

5.2 Prüfen Sie, inwieweit die einzelnen Gesellschafter nach Verteilung des Jahresgewinns 2008 zur offenen Selbstfinanzierung des Unternehmens beigetragen haben, wenn die Komplementäre in diesem Geschäftsjahr nur ihre Tätigkeitsvergütung entnehmen und die ausstehende Einlage der Kommanditistin bis zum Ende des ersten Geschäftsjahres noch nicht geleistet ist.

5.3 Erörtern Sie die Bedeutung der offenen Selbstfinanzierung für die Edelschmied KG.

6 Prüfen Sie, ob der Komplementär Andreas Müller nachfolgende Vorhaben ohne Zustimmung der anderen Gesellschafter durchführen kann.

6.1 Müller beabsichtigt, auf dem noch nicht bebauten Teil seines eingebrachten Grundstücks ein Privathaus für seine Familie zu errichten. Hierzu will er diesen Grundstücksteil aus dem Vermögen der KG entnehmen.

6.2 Andreas Müller möchte sich als Kommanditist beim Goldschmuckhersteller Schwarz & Söhne KG beteiligen.

7 Nach wiederholten familiären Differenzen zwischen den Geschwistern Patrick und Beate beschließt Beate Weiß, zum 31. 12. 2009 aus der KG auszutreten. Sie fordert für ihren Kommanditanteil mindestens 250.000 €.

7.1 Erörtern Sie zwei Probleme, die sich durch den Austritt von Beate Weiß für die KG ergeben können.

Begründen Sie mit einem betriebswirtschaftlichen Argument die Höhe der Forderung von Frau Weiß.

7.2 Braun und Müller diskutieren die Weiterführung des Unternehmens als Kapitalgesellschaft.

Erläutern Sie drei Gründe, die im Vergleich zur bisherigen KG für die Rechtsform der GmbH sprechen.

7.3 Braun und Müller entscheiden sich für die Rechtsform der GmbH & Co. KG.

Begründen Sie, wie die neue Gesellschaft aufgebaut sein muss, damit auch in Zukunft ausschließlich die beiden bisherigen Komplementäre die Geschäftspolitik ihres Unternehmens alleine bestimmen können.

Punkte:

Frage	1	2	3	4	5.1	5.2	5.3	6.1	6.2	7.1	7.2	7.3
NP	2	3	2	3	2	3	3	2	2	3	3	2

Lösungsvorschlag

Aufgabe 3: Personenunternehmen: Rechtsfragen, Gewinnverwendung, Vergleich mit Kapitalgesellschaften

1 Vorteile einer Personengesellschaft

- Das unternehmerische Risiko wird auf mehrere Teilhaber aufgeteilt.
- Durch die Aufnahme weiterer Gesellschafter ist die Beschaffung von zusätzlichem Eigenkapital möglich.
- Durch die breitere Haftungsbasis entsteht eine größere Kreditwürdigkeit.

- Die Leitungsfunktion kann auf mehrere Vollhafter aufgeteilt werden und somit kann eine Überlastung eines Einzelnen vermieden werden.

2 Unterscheidung Innen- und Außenverhältnis

Innenverhältnis: nachgiebiges Recht

- Die Verhältnisse zwischen den Gesellschaftern können sehr verschiedenartig sein; daher sollten die Beteiligten ihre Beziehung untereinander frei regeln können (Vertragsfreiheit).
- Außenstehende können durch interne Vereinbarungen (z. B. zur Gewinnverteilung, Mitarbeit) nicht geschädigt werden.

Außenverhältnis: zwingendes Recht

- Ein Vertragspartner muss sich darauf verlassen können, dass ein vertretungsberechtigter Gesellschafter die Vertretungsmacht in vollem Umfang besitzt („Schutz Dritter"). Intern geregelte Abweichungen sind Außenstehenden i. d. R. nicht bekannt. Zulässige Abweichungen vom Regelfall (z. B. Gesamtvertretung) müssen ins Handelsregister eingetragen und bekannt gemacht werden.
- Die Haftung der Gesellschafter ist streng geregelt und kann nur in gesetzlich genau geregelten Ausnahmefällen (z. B. § 28 HGB) eingeschränkt werden.

3 Haftung eines Kommanditisten

Da Beate Weiß ihre vereinbarte Kapitaleinlage noch nicht voll geleistet hat, haftet sie gemäß § 171 Abs. 1 HGB den Gesellschaftsgläubigern mit dem noch ausstehenden Betrag unmittelbar, d. h. der Gläubiger kann von ihr 80.000 € verlangen. Die restlichen 15.000 € muss er gegenüber der KG bzw. den Komplementären geltend machen.

4 Geschäftsführung und Vertretung bei der KG

Laut Gesellschaftsvertrag gelten die gesetzlichen Geschäftsführungs- und Vertretungsregelungen, d. h. Komplementär Braun hat Einzelgeschäftsführungs- und Einzelvertretungsmacht (§§ 115 Abs. 1 und 125 Abs. 1 HGB).
Wegen der unbeschränkten Einzelvertretungsmacht von Braun ist der Kaufvertrag für die KG rechtlich bindend.
Obwohl es sich um ein gewöhnliches Rechtsgeschäft handelt, durfte Braun den Kaufvertrag wegen des Einspruchs des geschäftsführenden Vollhafters Müller nicht abschließen (im Innenverhältnis (§ 115 I HGB). Kommanditistin Weiß steht nur bei außergewöhnlichen Rechtsgeschäften ein Widerspruchsrecht zu (§ 164 HGB). Den übrigen Gesellschaftern stehen im Schadensfall Ersatzansprüche gegen Braun wegen Pflichtverletzung zu.

5.1 Gewinnverteilung KG

- Durch die gleichmäßige Verzinsung (4 %) wird die Höhe des zu Geschäftsbeginn eingesetzten Kapitals der einzelnen Gesellschafter berücksichtigt. Gesellschafter, die ihre Leistungen möglichst frühzeitig erbringen, sollen begünstigt werden.
- Das HGB verlangt die Verteilung des Restgewinns in einem „angemessenen Verhältnis". Diese Vorgabe wird hier präzisiert durch das Verhältnis 3 : 3 : 1, welches die unterschiedliche Arbeitsleistung (Geschäftsführung und Vertretung, neben der Tätigkeitsvergütung) und Risikoübernahme (unbeschränkte Haftung der Komplementäre) der Gesellschafter berücksichtigt. Eventuelle Streitigkeiten aufgrund der unpräzisen Regelung im HGB werden vermieden.

5.2 Offene Selbstfinanzierung KG

Beitrag zur offenen Selbstfinanzierung:

- Braun: Gesamter Gewinnanteil – Tätigkeitsvergütung (Privatentnahme)
  = 121.000 € – 48.000 € = 73.000 €
- Müller: Gesamter Gewinnanteil – Tätigkeitsvergütung (Privatentnahme)
  = 113.800 € – 48.000 € = 65.800 €
- Weiß: Wegen der fälligen ausstehenden Einlage von 80.000 € hat die KG einen Aufrechnungsanspruch gegenüber der Kommanditistin. Sie trägt deshalb mit ihrem gesamten Gewinnanteil von 21.800 € zur offenen Selbstfinanzierung bei (§ 167 Abs. 2 HGB).

5.3 Bedeutung der offenen Selbstfinanzierung

Erwirtschaftete Gewinne werden nicht ausgeschüttet, sondern erhöhen das Eigenkapital der Gesellschaft. Das Kapital steht dem Unternehmen langfristig und zinslos zur Verfügung. Durch die breitere Eigenkapitalbasis ergibt sich außerdem eine höhere Kreditwürdigkeit gegenüber Banken und Lieferanten. Der Verzicht auf Gewinnauszahlung schont zudem die Liquidität des Unternehmens.

6.1 Entnahmen aus dem Vermögen der KG

Das eingebrachte Grundstück wurde zum gemeinschaftlichen Vermögen (Gesamthandvermögen) aller Gesellschafter (§ 105 Abs. 3 HGB i. V. m. §§ 718 f. BGB), d. h., nur mit Zustimmung der Mitgesellschafter kann er das Grundstück zurückerhalten.

6.2 Wettbewerbsverbot

Eine Beteiligung als Teilhafter ist grundsätzlich zulässig, da ein Teilhafter nicht dem gesetzlichen Wettbewerbsverbot unterliegt (§ 165 HGB i. V. m. § 112 HGB).

7.1 Ausscheiden eines Kommanditisten

mögliche Probleme:

- Eventuell ergeben sich Liquiditätsprobleme durch die Auszahlung der Einlage.
- Beim Austritt des einzigen Teilhafters ist kein Fortbestand der Gesellschaftsform KG möglich, sofern kein Nachfolger gefunden wird.

Begründung der Forderungshöhe:

- Die Forderung von Frau Weiß orientiert sich am eingebrachten Kapitalanteil und einem Anteil an den inzwischen erwirtschafteten stillen Reserven einschließlich eines Firmenwerts.

7.2 Vorteile einer GmbH gegenüber der KG

- Es besteht keine persönliche Haftung der Gesellschafter für die Verbindlichkeiten der GmbH. Die GmbH als juristische Person haftet nur mit ihrem Gesellschaftsvermögen.
- Die Geschäftsführung und Vertretung können auf angestellte Geschäftsführer übertragen werden (Drittorganschaft).
- Der Bestand der GmbH ist unabhängig von einem Gesellschafterwechsel („unsterbliche GmbH").

7.3 Aufbau einer GmbH & Co. KG

Braun und Müller gründen als Gesellschafter eine GmbH, die als Komplementärin in die bestehende KG eintritt. Braun und Müller werden Kommanditisten. Die Komplementär-GmbH hat die Geschäftsführung, ausgeübt durch die beiden geschäftsführenden Gesellschafter.

Profilfach Volks- und Betriebswirtschaftslehre mit Rechnungswesen (Baden-Württemberg) Volkswirtschaftslehre (Gruppe II) 2009 – Aufgabe 4

Verhalten der Marktteilnehmer unter Wettbewerbsbedingungen

1 Die Agro GmbH ist Anbieter auf dem Weizen-Markt, der durch viele Anbieter und viele Nachfrager gekennzeichnet ist. Die Gesamtkostenkurve der Agro GmbH verläuft S-förmig und die Gesamterlöskurve linear.

1.1 Nennen Sie zwei Prämissen des vollkommenen Marktes und prüfen Sie, ob diese auf dem Weizen-Markt erfüllt sind.

1.2 Skizzieren Sie in einem Koordinatensystem für die Agro GmbH den typischen Verlauf der gesamten Stückkosten, der variablen Stückkosten, der Grenzkosten sowie der Grenzerlöse.

1.3 Auswertung der Skizze zu 1.2:
- Kennzeichnen Sie in Ihrer Skizze die Gewinnzone.
- Bestimmen Sie anhand der Skizze die gewinnmaximale Menge.

Begründen Sie Ihre Lösung betriebswirtschaftlich, indem Sie auch die Gewinnsituation für kleinere und größere Mengen als die gewinnmaximale Menge beschreiben.

1.4 Zur individuellen Angebotskurve:
- Markieren und benennen Sie auf den von Ihnen skizzierten Kurven drei kritische Punkte, die für den Verlauf der individuellen Angebotskurve bestimmend sind.
- Begründen Sie den Verlauf der individuellen Angebotskurve und erläutern Sie, was diese Kurve aussagt.

1.5 Nehmen Sie an, die Gesamtangebotskurve für Weizen verschiebt sich nach rechts.

Erläutern Sie zwei Ursachen, die diese Verschiebung ausgelöst haben könnten.

2 Im vergangenen Jahr sind die Preise für Milchprodukte gestiegen.

2.1 Beschreiben Sie, wie sich diese Preiserhöhung bei normalem Verlauf der Nachfragekurve auf die von den Konsumenten nachgefragte Menge nach Milchprodukten auswirkt.

Verdeutlichen Sie dies mit Hilfe einer Skizze.

2.2 Neben dem Preis beeinflussen weitere Bestimmungsfaktoren die Höhe der Gesamtnachfrage nach Milchprodukten.
- Nennen Sie drei weitere Bestimmungsfaktoren.
- Erläutern Sie auch anhand einer Skizze die Wirkung der Veränderung eines dieser Faktoren auf die Nachfrage.

3 Um die Zahl der Raucher und die damit verbundenen hohen Gesundheitskosten zu senken, möchte die Bundesregierung die Tabaksteuer für Filterzigaretten erhöhen. Ziel ist, die Zahl der nachgefragten Zigaretten um mindestens 15 % zu senken.

3.1 Erklären Sie, inwiefern Kenntnisse über die Höhe der direkten Preiselastizität der Nachfrage nach Zigaretten für die Entscheidung der Regierung wichtig sind.

3.2 Der Staat entscheidet sich für eine Erhöhung der Steuer, die eine Preiserhöhung um 10 % zur Folge hat.
- Ermitteln Sie, wie hoch die Preiselastizität der Nachfrage nach Zigaretten mindestens sein müsste, damit das Ziel der Regierung erreicht wird.
- Tatsächlich beträgt die Preiselastizität der Nachfrage 0,8.

Berechnen Sie, wie stark die Preise für Zigaretten hätten steigen müssen, damit der Staat sein Ziel erreicht.

3.3 Die Steuer auf losen Tabak wird nicht erhöht. Aufgrund der 10 %igen Preiserhöhung für Zigaretten nimmt die nachgefragte Menge nach losem Tabak um 18 % zu.

Berechnen Sie die Kreuzpreiselastizität.

3.4 Erläutern Sie anhand eines selbst gewählten Beispiels den Fall, dass die Kreuzpreiselastizität für losen Tabak ein negatives Vorzeichen aufweist.

Punkte:

Frage	1.1	1.2	1.3	1.4	1.5	2.1	2.2	3.1	3.2	3.3	3.4
NP	2	4	3	5	2	2	3	2	3	2	2

Lösungsvorschlag

Aufgabe 4: Verhalten der Marktteilnehmer unter Wettbewerbsbedingungen

1.1 Prämissen des vollkommenen Marktes

Weizen wird an Warenbörsen gehandelt. Diese Marktform kommt dem Modell des Polypols auf dem vollkommenen Markt ziemlich nahe. Zum Beispiel gelten folgende Prämissen:

Homogene Güter: Weizen einer bestimmten Sorte und Güteklasse ist ein weitgehend homogenes Gut → Prämisse näherungsweise erfüllt.

Markttransparenz: Wegen des Börsenhandels besteht zu jedem Zeitpunkt für alle Marktteilnehmer vollständige Information über die relevanten Marktdaten.

1.2 Skizze zur Stückbetrachtung bei S-förmiger Kostenkurve

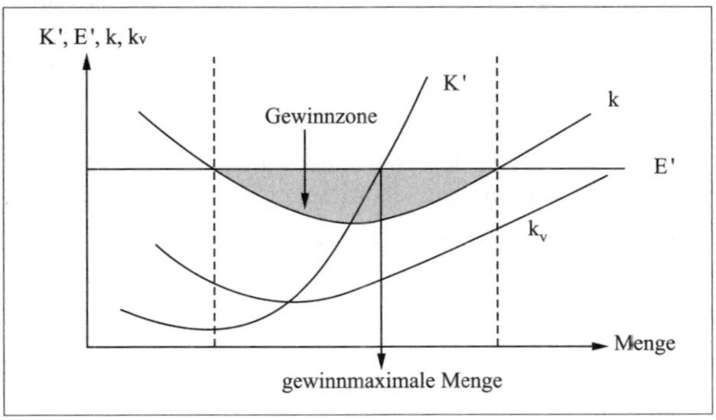

1.3 Auswertung der Skizze

– Gewinnzone: siehe Kennzeichnung in Skizze zu 1.2
– gewinnmaximale Menge: siehe Kennzeichnung in Skizze zu 1.2

Die gewinnmaximale Menge wird bestimmt durch den Schnittpunkt von K' (Grenzkosten) und E' (Grenzerlös).

Betriebswirtschaftliche Begründung zur Bestimmung der gewinnmaximalen Menge: Links vom Schnittpunkt K' = E' innerhalb der Gewinnzone lässt sich durch die Produktion und den Verkauf einer zusätzlichen Gütereinheit der Gesamtgewinn noch steigern, da die zusätzlich entstehenden Kosten K' niedriger sind als der zusätzliche Erlös E'.

Rechts vom Schnittpunkt K' = E' nimmt durch die Produktion und den Verkauf einer zusätzlichen Gütereinheit der Gesamtgewinn ab, da die zusätzlich entstehenden Kosten K' höher sind als der zusätzliche Erlös E'.

1.4 Kritische Punkte und Verlauf der individuellen Angebotsfunktion

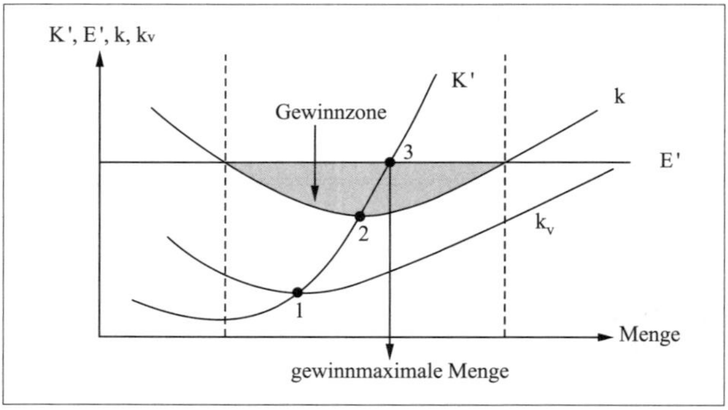

Kritische Punkte (Markierung in der Skizze):
1 = Betriebsminimum (kurzfristige Preisuntergrenze)
2 = Betriebsoptimum (langfristige Preisuntergrenze)
3 = gewinnmaximale Produktionsmenge

Verlauf der individuelle Angebotskurve:
Da die Gewinnmaximierungsbedingung K' = E' nur auf der Grenzkostenkurve erfüllt sein kann, ist die individuelle Angebotskurve mit dem aufsteigenden Ast der Grenzkostenkurve identisch.
Bei kurzfristiger Betrachtung beginnt sie in Punkt 1 (kurzfristige Preisuntergrenze) → Bei diesem Preis werden nur die variablen Kosten gedeckt, was kurzfristig vertretbar sein kann.
Bei langfristiger Betrachtung beginnt sie in Punkt 2 (langfristige Preisuntergrenze) → Bei diesem und jedem höheren Preis werden die gesamten Kosten gedeckt.

Die individuelle Angebotskurve gibt an, wie viele Mengeneinheiten eines Gutes ein Unternehmen bei unterschiedlichen Preisen anbieten würde. Die geplante Angebotsmenge entspricht jeweils der gewinnmaximalen Menge.

1.5 Ursachen für eine Rechtsverschiebung der Gesamtangebotskurve

z. B.:
– Günstige Witterungsverhältnisse führen zu einer Produktionserhöhung.
– Kostensenkung durch technischen Fortschritt (z. B. Einsatz leistungsfähigerer Mähdrescher). Aufgrund der gesunkenen Kosten können mehr Unternehmen zum bisherigen Preis anbieten. Dies führt zu einer Erhöhung der Gesamtproduktion.

2.1 Auswirkung einer Preiserhöhung bei normalem Verlauf der Nachfragekurve

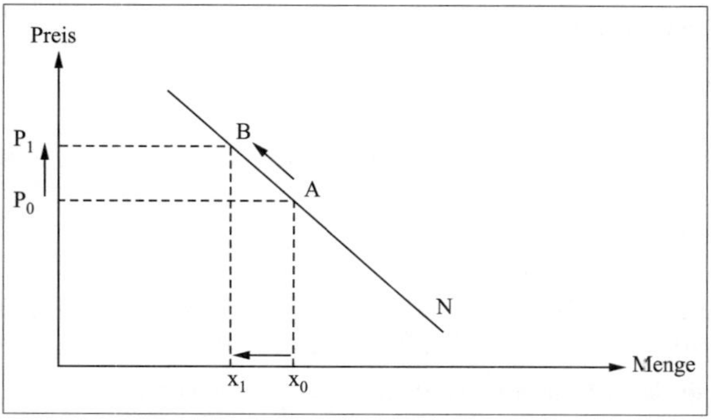

Bei typischem Nachfrageverhalten führt eine Preiserhöhung zu einem Sinken der nachgefragten Menge bei Milchprodukten (Bewegung auf der Kurve).

2.2 Weitere Bestimmungsfaktoren der Nachfrage neben dem Preis

Beispiele für weitere Bestimmungsfaktoren:
- Einkommenshöhe
- Bedürfnisstruktur
- Anzahl der Nachfrager

Wirkung einer Veränderung der weiteren Bestimmungsfaktoren am Beispiel der Einkommenserhöhung → Zunahme der Nachfrage nach Milchprodukten (z. B. Käse) → Rechtsverschiebung der Nachfragekurve

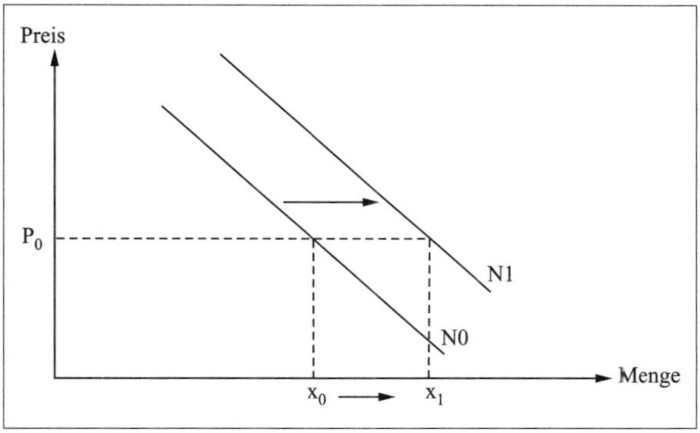

3.1 Preiselastizität und Nachfragemengenänderung

Die direkte Preiselastizität der Nachfrage gibt an, um wie viel Prozent sich die nachgefragte Menge nach einem Gut ändert, wenn sich der Preis des Gutes um ein Prozent ändert.

Bei einer eher unelastischen Nachfrage ($El_{dir} < 1$) würde die prozentuale Änderung der Nachfragemenge kleiner als die prozentuale Preisänderung ausfallen. Der Staat müsste dann die Tabaksteuer kräftig erhöhen, um die angestrebte Wirkung zu erreichen.

3.2 Berechnung der direkten Preiselastizität

$$El_{dir} = \frac{\text{prozentuale Mengenänderung}}{\text{prozentuale Preisänderung}} = \frac{15\ \%}{10\ \%} = 1{,}5 > 1$$

→ Die Nachfrage müsste elastisch reagieren.

Die tatsächliche Preiselastizität der Nachfrage ist aber 0,8 und damit unelastisch.

$$0{,}8 = \frac{15\ \%}{p\ \%} \rightarrow p\ \% = \underline{\underline{18{,}75\ \%}}$$

Die Preise hätten durch die Tabaksteuererhöhung somit um 18,75 % steigen müssen, um die gewünschte Abnahme der nachgefragten Menge zu erreichen.

3.3 Berechnung der indirekten Preiselastizität (Kreuzpreiselastizität)

$$El_{ind} = \frac{\text{prozentuale Mengenänderung loser Tabak}}{\text{prozentuale Preisänderung Zigaretten}} = \frac{18\ \%}{10\ \%} = \underline{\underline{1{,}8}}$$

Da es sich um Substitutionsgüter handelt, ist die Kreuzpreiselastizität positiv.

3.4 Negative Kreuzpreiselastizität (Komplementärgüter)

Negative Kreuzpreiselastizität: Komplementärgüter, dies wären in diesem Fall z. B. loser Tabak, Tabakspfeifen bzw. Zigarettenpapier.

Steigen beispielsweise die Preise für Tabakspfeifen, nimmt die Nachfrage nach losem Tabak ab.

Aktuelle Probleme der Wirtschaftspolitik
Umweltpolitik – Beschäftigungs- und Arbeitsmarktpolitik

1 Die Vergabe des Friedensnobelpreises im Jahr 2007 an den Politiker Al Gore und den UN-Klimarat macht deutlich, dass die weltweite Klimaveränderung durch den Treibhauseffekt das vorrangige Umweltproblem darstellt.
Wie sehr sich die Erde tatsächlich erwärmt, hängt unter anderem von den künftigen CO_2-Emissionen ab.

1.1 Nennen Sie zwei ökonomische Folgen der Erderwärmung.

1.2

> „Der Bereich Transport trägt mit etwa 14 Prozent zu den weltweiten CO_2-Emissionen bei. Das Zürcher Infras-Institut ermittelte für Verkehrsträger die externen (sozialen) Kosten pro gefahrenem bzw. geflogenem Kilometer: Bus 15,6 Cent, Bahn 21,2 Cent, Flugzeug 51,8 Cent, Pkw 61,6 Cent."

Stuttgarter Zeitung vom 15. 11. 2007

Erläutern Sie, was unter externen (sozialen) Kosten der Verkehrsträger und der Internalisierung externer (sozialer) Kosten zu verstehen ist.

1.3 Der Bereich Energiegewinnung trägt mit etwa 24 Prozent zu den weltweiten CO_2-Emissionen bei. Um die Emissionen in diesem Bereich zu senken, haben manche Staaten den Handel mit Verschmutzungsrechten (Umweltlizenzen, Emissionslizenzen) eingeführt.

1.3.1 Erklären Sie dieses Instrument der Umweltpolitik.

1.3.2 Gehen Sie von folgenden Annahmen aus:
Ein Staat entscheidet sich für die Einführung des Handels mit Verschmutzungsrechten für Energieerzeuger. Er legt für die Periode 1 den maximal zulässigen Schadstoffausstoß auf 800.000 Tonnen (t) fest. Die Gesamtnachfragekurve verläuft linear. Bei 80 € je Tonne ist keine Nachfrage mehr vorhanden (Prohibitivpreis). Der Handel führt zu einem Preis von 40 € je Tonne.

Stellen Sie diese Situation in einem Koordinatensystem dar.
Maßstab: x-Achse 10 cm, 1 cm = 100.000 t; y-Achse 10 cm, 1 cm = 10 €/t

1.3.3 In der Periode 2 senkt der Staat die Grenze für den maximal zulässigen Schadstoffausstoß um 25 %. Der Verlauf der Gesamtnachfragekurve bleibt unverändert.

Stellen Sie diese neue Situation in dem unter 1.3.2 erstellten Koordinatensystem dar und beurteilen Sie die Veränderung.

1.3.4 Der Handel mit Verschmutzungsrechten hat Vor- und Nachteile.

Beschreiben Sie jeweils einen Pro-Standpunkt und einen Kontra-Standpunkt.

1.3.5 Ein Verkehrswissenschaftler fordert, den Handel mit CO_2-Lizenzen auch für Automobilhersteller einzuführen. Auf diesem Markt soll es dann nur so viele Lizenzen geben, dass im Schnitt jeder Wagen auf 130 Gramm CO_2 pro Kilometer käme. Ein Allrad-Geländewagen vom Typ CX stößt 320 Gramm CO_2 pro Kilometer aus, ein Kleinwagen mit Hybrid-Antrieb 104 Gramm CO_2.

Erläutern Sie, wie sich eine solche Maßnahme im vorliegenden Fall über den Handel mit Verschmutzungsrechten auf die Verkaufspreise dieser Fahrzeuge auswirken könnte.

2 Das Statistische Bundesamt veröffentlicht in regelmäßigen Abständen Daten aus der Arbeitsmarktstatistik:

	Einheit	**2004**	**2005**	**2006**
Veränderung des Bruttoinlandsproduktes	%	1,2	0,9	2,7
Veränderung der Verbraucherpreise	%	1,6	2,0	1,7
Erwerbspersonen	Tsd.	42.723	42.619	42.290
Erwerbstätige davon Arbeitnehmer	Tsd. Tsd.	38.875 34.653	38.823 34.467	39.045 34.652
registrierte Arbeitslose	Tsd.	4.378	4.861	4.532
verdeckte Arbeitslose	Tsd.	1.625	1.290	1.275
Arbeitslosenquote	%	10,5	11,7	10,7
gemeldete offene Stellen	Tsd.	286	413	549
Arbeitsproduktivität je Erwerbstätigenstunde Index: Jahr 2000 = 100	–	105,27	106,67	107,75

Statistisches Bundesamt 2006

2.1 Interpretation der Arbeitsmarktstatistik:
- Erläutern Sie anhand des vorliegenden Zahlenmaterials für die Zeitspanne von 2004 bis 2006 die Beziehung zwischen wirtschaftlichem Wachstum, Arbeitsproduktivität und Zahl der erwerbstätigen Arbeitnehmer bzw. Arbeitslosen.
- Welche gesamtwirtschaftlichen Erkenntnisse lassen sich daraus ableiten?

2.2 An der zuverlässigen Aussagekraft der monatlich veröffentlichten Arbeitslosenquote als Maßstab für Unterbeschäftigung wird gezweifelt.

Erläutern Sie mit zwei Argumenten, wodurch die Aussagekraft der Arbeitslosenquote eingeschränkt wird.

2.3 Die strukturelle Arbeitslosigkeit stellt eine besonders bedeutsame Art der Arbeitslosigkeit dar.
- Erläutern Sie, welche Daten in der obigen Statistik auf diese Art von Arbeitslosigkeit hindeuten.
- Nennen Sie zwei Ursachen der strukturellen Arbeitslosigkeit.

3 Auszug aus dem Jahresgutachten 2007/08 des Sachverständigenrats zur Begutachtung der gesamtwirtschaftlichen Entwicklung:

Aussagen zum Mindestlohn:
„Mit der Einführung weiterer branchenspezifischer Mindestlöhne vor allem im Dienstleistungsbereich (z. B. Postdienste) wird das Wachstum der betroffenen Wirtschaftszweige beschnitten, mithin von Branchen, die gerade auch für weniger qualifizierte Arbeitnehmer zusätzliche Beschäftigungsmöglichkeiten bereitstellen können.“

Aussagen zur Tarifpolitik:
„Die Tarifvertragsparteien haben in den letzten Jahren mit moderaten Lohnvereinbarungen einen wichtigen Beitrag zur deutlichen Verbesserung der preislichen Wettbewerbsfähigkeit der deutschen Unternehmen geleistet. Sie haben den durch Produktivitätserhöhung entstandenen Verteilungsspielraum in den Tariflohnvereinbarungen nicht voll ausgeschöpft. Dadurch sind die Tarifvertragsparteien ihrer beschäftigungspolitischen Verantwortung nachgekommen.“

Sachverständigenrat zur Begutachtung der gesamtwirtschaftlichen Entwicklung: Das erreichte nicht verspielen. Jahresgutachten 2007 /08

3.1 Skizzieren Sie in einem Lohn-Arbeitsmengen-Diagramm das modellmäßige Zustandekommen des Gleichgewichtslohnes unter der Annahme, dass Arbeitsangebots- und Arbeitsnachfragekurve normal verlaufen.

Kennzeichnen Sie in dieser Skizze die Situation, die sich nach Einführung eines Mindestlohnes ergibt.

3.2 Begründen Sie die Ablehnung des Mindestlohns durch den Sachverständigenrat mit Argumenten des klassischen Arbeitsmarktmodells.

3.3 Die Gewerkschaften sprechen sich für die Einführung eines Mindestlohns aus.

Erläutern Sie zwei Argumente der Gewerkschaften.

3.4 Beschreiben Sie die Art von Lohnpolitik, die in den obigen Aussagen zur Tarifpolitik als beschäftigungspolitisch verantwortungsvoll beurteilt wird.

Punkte:

Frage	1.1	1.2	1.3	1.3.1	1.3.2	1.3.3	1.3.4	1.3.5	2.1	2.2	2.3	3.1	3.2	3.3	3.4
NP	1	2	2	2	3	2	2	2	3	2	2	3	2	2	2

Lösungsvorschlag

Aufgabe 5: Aktuelle Probleme der Wirtschaftspolitik Umweltpolitik – Beschäftigungs- und Arbeitsmarktpolitik

1.1 Ökonomische Folgen der Erderwärmung

z. B.:

- Sinkende Agrarproduktion im Süden aufgrund zunehmender Dürren.
- Meeresspiegel steigt durch Abschmelzen der Polkappen; dies erfordert höhere Investitionen im Küstenschutz.

1.2 Externe (soziale) Kosten der Verkehrsträger und deren Internalisierung

Externe (soziale) Kosten der Verkehrsträger:
Bei der Nutzung der Verkehrsmittel entstehende Kosten, die nicht vom Verursacher sondern von der Allgemeinheit getragen und nicht im Marktpreis berücksichtigt werden, z. B. durch Luftverschmutzung, Lärm, Unfälle, Landschaftsverbrauch.

Internalisierung externer (sozialer) Kosten:
Die externen (sozialen) Kosten werden dem Verursacher (beispielsweise durch Verbrauchssteuern) zugerechnet. Er muss sie in seine Kostenrechnung einbeziehen. Dies entspricht dem Verursacherprinzip.

1.3.1 Verschmutzungsrechte (Emissionslizenzen)

Verschmutzungsrechte (Emissionslizenzen) berechtigen den Inhaber zum Ausstoß einer bestimmten Schadstoffmenge für einen bestimmten Zeitraum. Wer darüber hinaus mehr Schadstoffe ausstoßen will, muss Verschmutzungsrechte hinzukaufen. Diejenigen, welche ihre Verschmutzungsrechte nicht vollständig benötigen, können diese verkaufen. Der Handel wird über eine Börse abgewickelt.

1.3.2 Marktdiagramm zu Verschmutzungsrechten

Ausgangssituation:

Menge x_1 = maximaler Schadstoffausstoß 800.000 t

Preis je t p_1 = 40 €

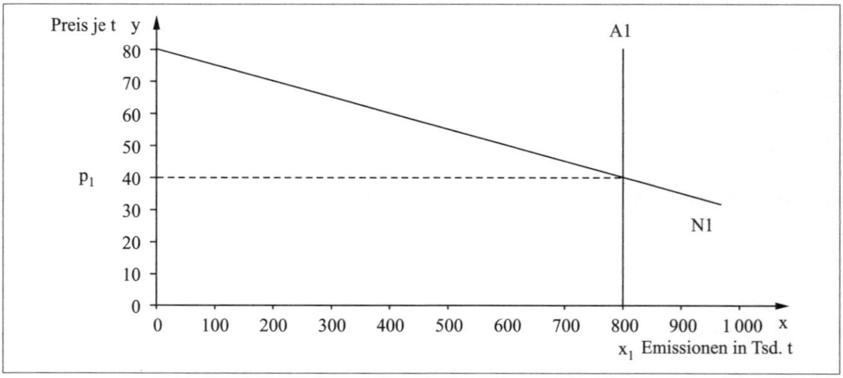

Hinweis: Die Skizze ist nicht maßstabsgetreu.

1.3.3 Grafische Preisermittlung der Verschmutzungsrechte bei einer Senkung der staatlich festgelegten Höchstgrenze

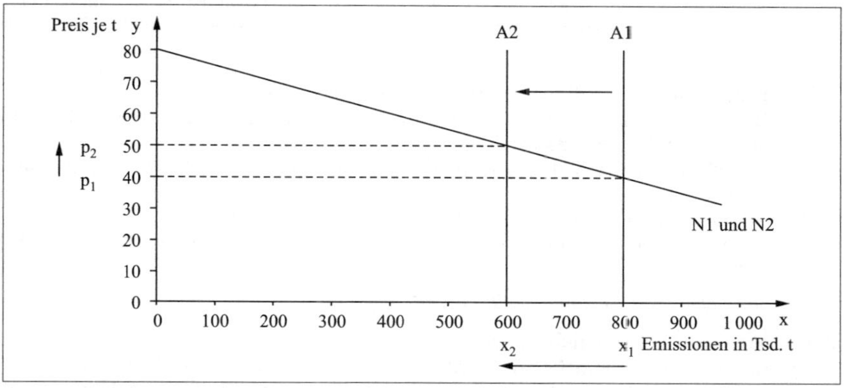

Der Staat senkt das Gesamtangebot für Verschmutzungsrechte auf 600.000 Tonnen (= x_2).
Bei konstanter Gesamtnachfrage steigt deren Preis auf 50 €/t (= P_2), was umweltpolitisch erwünscht ist.

1.3.4 Vor- und Nachteile des Handels mit Verschmutzungsrechten
z. B.:

Pro:
- Die gewünschte Schadstoffmenge kann genau festgelegt werden.
- Es handelt sich um ein marktwirtschaftliches Instrument, das Innovationen im Bereich der Umwelttechnologie auslöst.

Kontra:
- Es ist ethisch nicht vertretbar, das Recht auf Schädigung der Umwelt zu versteigern.
- Es könnte sein, dass Unternehmen ihre Anlagen im Land schließen, ihre Verschmutzungsrechte verkaufen und in einem Nachbarland neue umweltbelastende Anlagen errichten.

Hinweis: Je ein Argument ist ausreichend.

1.3.5 Auswirkungen des Handels mit Verschmutzungsrechten auf die Verkaufspreise
Der Kleinwagen hat 26 g/km freie CO_2-Lizenzen, diese können vom Hersteller an der Börse für Emissionshandel verkauft werden. Dadurch kann dieser Fahrzeugtyp billiger angeboten werden.
Der Hersteller des Geländewagens benötigt 190 g/km CO_2-Lizenzen, die er an der Börse für Emissionshandel kaufen muss. Dadurch könnte dieser Fahrzeugtyp teurer werden.

2.1 Interpretation der Arbeitsmarktstatistik
Für den betreffenden Zeitraum sind folgende Feststellungen aus der Statistik abzuleiten:
- Die Zahl der erwerbstätigen Arbeitnehmer hat sich trotz eines Wachstums des realen BIP kaum verändert. Die Zahl der verdeckten Arbeitslosen sinkt.
  Wenn mit gleichem Arbeitskräfteeinsatz eine Mehrproduktion erzielt wird, kann dies mit der gestiegenen Produktivität von 2,36 % bzw. mit dem Aufbau von Überstunden und/oder dem Abbau von Kurzarbeit erklärt werden.

- Die Zahl der registrierten Arbeitslosen (+ 154.000) und die Arbeitslosenquote haben zugenommen.
- Gesamtwirtschaftliche Erkenntnis: Das Wirtschaftswachstum war nicht hoch genug, um positive Beschäftigungseffekte auszulösen (jobless growth; „Okunsches Gesetz“).

2.2 Eingeschränkte Aussagekraft der Arbeitslosenquote

Bei der Berechnung der Arbeitslosenquote werden z. B. folgende Tatbestände nicht oder nur teilweise berücksichtigt:
- Nicht bei der Arbeitsagentur registrierte Arbeitslose (verdeckte Arbeitslose) werden nicht erfasst.
- Ältere Arbeitnehmer gehen unfreiwillig in den Vorruhestand.
- Schüler und Studenten verbleiben mangels Arbeitsgelegenheit länger im Bildungssystem.

Hinweis: Zwei Argumente sind ausreichend.

2.3 Strukturelle Arbeitslosigkeit

In der Arbeitsmarktstatistik wird die strukturelle Arbeitslosigkeit anhand der jeweils steigenden Zahl der offenen Stellen einerseits und die Zahl der Arbeitsuchenden/ Arbeitslosen andererseits deutlich (Mismatch-Arbeitslosigkeit).

mögliche Ursachen der strukturellen Arbeitslosigkeit:
- Wirtschaftlicher Strukturwandel und verzögerte bzw. mangelnde Anpassung der Arbeitnehmer durch Aus- und Fortbildung an diese Veränderung (qualifikatorischer Mismatch).
- West-Ost-Gefälle durch Wegbrechen traditioneller Absatzmärkte in Osteuropa nach der Wiedervereinigung (regionaler Mismatch).

3.1 Mindestlohn im Arbeitsmarktmodell

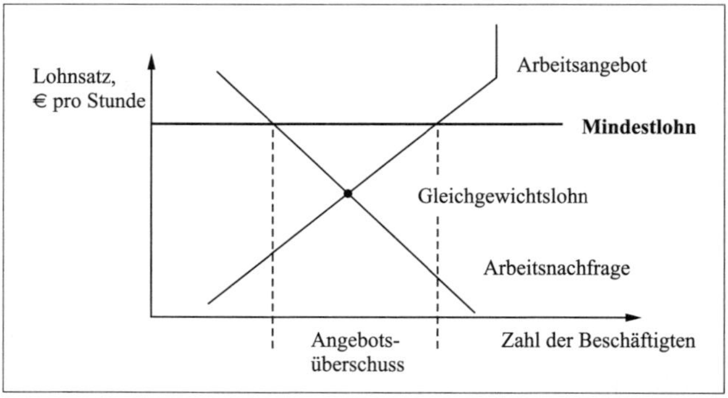

Der nach unten starre Mindestlohn verursacht ein Ungleichgewicht auf dem Arbeitsmarkt. Es entsteht ein Arbeitsangebotsüberhang.

3.2 Ablehnung des Mindestlohns anhand des klassischen Arbeitsmarktmodells

mögliche Argumente:
- Im klassischen Arbeitsmarktmodell sind Ungleichgewichte auf den Märkten kein grundsätzliches, sondern allenfalls ein zeitliches Problem. Es wird davon ausgegangen, dass sich aufgrund der Marktmechanismen automatisch wieder ein Gleichgewicht einstellt, wenn niemand die Marktkräfte behindert.

- Ein Mindestlohn über dem Gleichgewichtslohn führt zu einem Angebotsüberhang (d. h. es wird mehr Arbeit von den Arbeitnehmern angeboten als von den Unternehmen nachgefragt) und somit zu mehr Arbeitslosigkeit.
- Ein Lohnsatz unterhalb des Mindestlohns würde zu mehr Einstellungen führen und damit helfen, die Arbeitslosigkeit abzubauen.

3.3 Argumente für die Einführung eines Mindestlohns

- Es ist moralisch nicht vertretbar, dass ein Arbeitnehmer in Vollzeit arbeitet und davon nicht leben kann bzw. genauso viel oder noch weniger Geld erhält als ein Bezieher von Arbeitslosengeld II.
- Durch angemessene Entlohnung wird die Binnenkonjunktur aufgrund steigender Konsumgüternachfrage gestärkt und die Beschäftigung gesichert/erhöht (Kaufkrafttheorie des Lohnes).
- Es ist nicht Aufgabe des Staates, gezielte Lohnreduktionen von Betrieben durch Sozialtransfers auszugleichen. Etwa 500.000 Menschen arbeiten in Vollzeit und erhalten zusätzlich Arbeitslosengeld II.

Hinweis: Zwei Argumente sind ausreichend.

3.4 Beschäftigungspolitisch verantwortungsvolle Lohnpolitik

Tarifparteien handeln nach Auffassung des Sachverständigenrates beschäftigungspolitisch dann verantwortungsvoll, wenn die ausgehandelten Lohnerhöhungen unterhalb des Produktivitätsfortschritts liegen.
In diesem Fall sinken die Lohnstückkosten und die Wettbewerbsfähigkeit der Unternehmen steigt. Dies ist ein Beitrag zur Beschäftigungssicherung.

GmbH: Vollkostenrechnung, Kostenstellenrechnung, Kostenträgerstückrechnung; Rechtsfragen

Die MUNK Bürsten GmbH ist Weltmarktführer im Bereich der Fertigung von Bürsten für den industriellen Bereich. Einen großen Teil ihres Umsatzes erzielt sie mit Bürsten aus Straußenfedern, die es ermöglichen, Rohkarosserien vor der Lackierung staubfrei und antistatisch zu reinigen.

1 Die angespannte weltwirtschaftliche Lage sowie der internationale Wettbewerbsdruck veranlassen die Unternehmensleitung zu folgender Maßnahme: Die Leiter der Hauptkostenstellen sollen zukünftig eine Prämie erhalten, wenn es ihnen gelingt, in ihrem jeweiligen Verantwortungsbereich eine Kostensenkung zu erreichen.

1.1 Erläutern Sie den Unterschied zwischen einer Haupt- und einer Hilfskostenstelle.

1.2 Die Prämie soll 10 % der eingesparten Istgemeinkosten im Vergleich zu den Normalgemeinkosten betragen.
Ermitteln Sie mit Hilfe der traditionellen Vollkostenrechnung die Höhe der Prämien für die Leiter der Hauptkostenstellen.
Ergänzen Sie zur Berechnung der Prämie den Monats-BAB (Anlage, S. 4).

Folgende Angaben sind zu berücksichtigen:
- Umlage der Kosten der Energiezentrale nach verbrauchten kWh
- Umlage der Kostenstelle Kantine nach der Zahl der Mitarbeiter (MA)

Kantine	Material	Techn. Büro	Fertigung I	Fertigung II	Verwaltung	Vertrieb
2.000 kWh	1.000 kWh	1.000 kWh	2.000 kWh	5.000 kWh	1.000 kWh	2.000 kWh
	5 MA	2 MA	11 MA	6 MA	6 MA	10 MA

- Das technische Büro war 10 Stunden für die Fertigungsstelle I und 170 Stunden für die Fertigungsstelle II tätig.
- Einzelkosten:
  Fertigungsmaterial 278.000 €
  Fertigungslöhne I 440.000 €
  Fertigungslöhne II 240.000 €
  Sondereinzelkosten der Fertigung 10.000 €
- Die Verwaltungsgemeinkosten werden auf Grundlage der Herstellkosten der Rechnungsperiode, die Vertriebsgemeinkosten auf Grundlage der Herstellkosten des Umsatzes berechnet.
  (Fertige Erzeugnisse: AB 85.000 €, SB 45.160 €).

1.3 Erläutern Sie, wodurch es bei den Zuschlagssätzen in den Bereichen Fertigung I und Fertigung II zu so deutlichen Unterschieden kommen kann.

1.4 Das neu eingeführte Prämiensystem ist im Management sehr umstritten. Nehmen Sie kritisch zu dieser Maßnahme Stellung.

2 Für eine neue Lackieranlage benötigt ein Kunde 15 Bürsten aus Straußenfedern.

2.1 Ermitteln Sie im Rahmen einer Vorkalkulation den Angebotspreis je Stück. Verwenden Sie dazu die entsprechenden Zuschlagssätze aus dem BAB.

Zusätzliche Angaben:

- Fertigungsmaterial 50 € pro Stück
  Fertigungslöhne I 75 € pro Stück
  Fertigungslöhne II 40 € pro Stück
  Gewinnzuschlag 5 %
  Kundenskonto 3 %
  Kundenrabatt 20 %
- Da die Bürsten einer besonders hohen Rotationsgeschwindigkeit standhalten müssen, entstehen für den gesamten Auftrag Sondereinzelkosten der Fertigung in Höhe von 2.370 €.

2.2 Da der Kunde den unter 2.1 berechneten Angebotspreis nicht akzeptiert, überlegt die Geschäftsleitung, die Bürsten in einer Zweigniederlassung in Ungarn produzieren zu lassen.

Die ungarische Niederlassung kalkuliert mit einem gemeinsamen Verwaltungs- und Vertriebsgemeinkostensatz von 5 %. Die Materialkosten insgesamt betragen 68 € pro Stück. Es werden 8 Stunden Arbeitszeit benötigt. Der Fertigungsgemeinkostenzuschlagssatz beträgt 90 %. Die Sondereinzelkosten der Fertigung betragen pro Stück 180 €.

Berechnen Sie, wie hoch der Stundenlohn der ungarischen Arbeiter maximal sein darf, um die Bürsten zu Selbstkosten von 420 € je Stück herstellen zu können.

3 Am 22. Februar 2010 findet die Gesellschafterversammlung der GmbH statt.

Anwesend sind alle Gesellschafter:

Gesellschafter	Nennbeträge der Geschäftsanteile
Zimmermann	4,0 Mio. €
Ladmann	3,0 Mio. €
Schneider	2,0 Mio. €

Durch Verzicht auf Gewinnausschüttung beträgt das Eigenkapital der GmbH zwischenzeitlich 13,5 Mio. €.

3.1 Aus Altersgründen möchte Zimmermann seine Geschäftsführertätigkeit beenden. Da auch Ladmann und Schneider nicht aktiv mitarbeiten wollen, wird einstimmig beschlossen, Frau Leitzinger, bisher Personalchefin eines mittelständischen Maschinenbauers, als Geschäftsführerin einzustellen.

Treffen Sie eine begründete Entscheidung, ob ihr Jahresgehalt von 84.000 € als kalkulatorischer Unternehmerlohn in die Kostenrechnung aufgenommen werden sollte.

3.2 Nach kurzer Zeit kommt es zu großen Meinungsverschiedenheiten zwischen der neuen Geschäftsführerin und dem Gesellschafter Zimmermann. Auf einer neuen Gesellschafterversammlung, bei der alle Gesellschafter anwesend sind, fordert Zimmermann die sofortige Abberufung von Frau Leitzinger.

Zeigen Sie, unter welchen Bedingungen Zimmermann seine Forderung durchsetzen kann. (Rechnerischer Nachweis über die Stimmenzahlen ist erforderlich).

3.3 Im Laufe der Versammlung stellt sich heraus, dass Schneider seinen Geschäftsanteil verkaufen will. Er rechnet damit, dass der Verkaufspreis über dem Nennbetrag seines Geschäftsanteils liegen wird.

Beurteilen Sie unter Berücksichtigung von Sachverhalt 3, ob diese Erwartung gerechtfertigt ist.

Punkte:

Frage	1.1	1.2	1.3	1.4	2.1	2.2	3.1	3.2	3.3
NP	2	7	2	4	4	3	2	3	3

Anlage: Monats-BAB der MUNK Bürsten GmbH

(Bei Verwendung aus dem Aufgabensatz heraustrennen und zu Ihren Lösungsblättern geben)

	allgemeine Hilfskostenstellen		Materialstelle	Fertigungshilfsstelle technisches Büro	Fertigungshauptstelle I	Fertigungshauptstelle II	Verwaltungsstelle	Vertriebsstelle
	Energiezentrale	Kantine						
Summe der Gemeinkosten	14.000	26.000	28.860	15.600	231.300	410.600	36.804	111.400
Umlage Energiezentrale								
Zwischensumme								
Umlage Kantine								
Zwischensumme								
Umlage techn. Büro								
Summe der Gemeinkosten								
Zuschlagsgrundlagen								
Istzuschlagssätze								
Normalzuschlagssätze			14 %		60 %	180 %	2,5 %	6 %

Lösungsvorschlag

Aufgabe 1: GmbH: Vollkostenrechnung, Kostenstellenrechnung, Kostenträgerstückrechnung; Rechtsfragen

1.1 Hauptkosten- und Hilfskostenstellen

Eine Hauptkostenstelle gibt ihre Leistung direkt an die Kostenträger (Erzeugnisse) ab. Eine Hilfskostenstelle (z. B. Kantine) gibt ihre Leistung an andere Kostenstellen (z. B. Fertigung, Verwaltung oder Vertrieb) ab.

1.2 BAB; Vergleich Istgemeinkosten und Normalgemeinkosten

	Gesamt-kalkulation (Istkosten)	Ist-zuschlags-sätze	Gesamt-kalkulation (Normalkosten)	Normal-zuschlags-sätze
MEK	278.000 €		278.000,00 €	
+ MGK	33.360 €	12 %	38.920,00 €	14 %
= Materialkosten	311.360 €		316.920,00 €	
FEK I	440.000 €		440.000,00 €	
+ FGK I	242.000 €	55 %	264.000,00 €	60 %
+ FEK II	240.000 €		240.000,00 €	
+ FGK II	436.800 €	182 %	432.000,00 €	180 %
+ Sondereinzelkosten der Fertigung	10.000 €		10.000,00 €	
= Fertigungskosten	1.368.800 €		1.386.000,00 €	
= Herstellungskosten der RP	1.680.160 €		1.702.920,00 €	
+ Bestandsminderung FE	39.840 €		39.840,00 €	
= Herstellkosten des Umsatzes	1.720.000 €		1.742.760,00 €	
+ VwGK	42.004 €	2,5 %	42.573,00 €	2,5 %
+ VtGK	120.400 €	7 %	104.565,60 €	6 %
= Selbstkosten des Umsatzes	1.882.404 €		1.889.898,60 €	

	allgemeine Hilfskostenstellen		Material-stelle	Fertigungs-hilfsstelle technisches Büro	Fertigungs-hauptstelle I	Fertigungs-hauptstelle II	Verwaltungs-stelle	Vertriebs-stelle
	Energie-zentrale	Kantine						
Summe der Gemeinkosten	14.000	26.000	28.860	15.600	231.300	410.600	36.804	111.400
Umlage Energiezentrale		2.000	1.000	1.000	2.000	5.000	1.000	2.000
Zwischensumme		28.000	29.860	16.600	233.300	415.600	37.804	113.400
Umlage Kantine			3.500	1.400	7.700	4.200	4.200	7.000
Zwischensumme			33.360	18.000	241.000	419.800	42.004	120.400
Umlage techn. Büro					1.000	17.000		
Summe der Gemeinkosten			33.360		242.000	436.800	42.004	120.400
Zuschlagsgrund-lagen (Ist)			278.000		440.000	240.000	1.680.160	1.720.000
Istzuschlagssätze			12 %		55 %	182 %	2,5 %	7 %
Normalzuschlags-sätze			14 %		60 %	180 %	2,5 %	6 %

Normalgemein-kosten			38.920		264.000	432.000	42.573	104.565,60
Istgemeinkosten			33.360		242.000	436.800	42.004	120.400,00
Kostenüber-/unterdeckung			5.560		22.000	–4.800	569	–15.834,40
10 % Prämie			556		2.200	keine Prämie	56,90	keine Prämie

1.3 Unterschiedliche Höhe von Zuschlagssätzen in der Fertigung

Fertigung I: Die Fertigung erfolgt mit hohem Lohnanteil und eher geringem Automatisierungsgrad wie z. B. in der Werkstattfertigung.

Fertigung II: Ein hoher Automatisierungsgrad in der Fertigung bringt einen hohen Gemeinkostenanteil mit sich (z. B. durch kalkulatorische Abschreibungen). Der Anteil der Fertigungslöhne ist geringer. Werden die Gemeinkosten prozentual auf die angefallenen Lohnkosten bezogen, ergibt sich ein geringerer Wert.

1.4 Kritik an einem Prämiensystem aufgrund von Kostensenkungen

Die Kostenstellenleiter werden dazu motiviert, die Gemeinkosten zu senken.
Unberücksichtigt bleibt dabei, dass die Kostenstellenleiter auf Preis- und Beschäftigungsabweichungen keinen Einfluss haben. Des Weiteren werden durch die Umlage der Hilfsstellen auf andere Kostenstellen Kosten verteilt, die der Kostenstellenleiter nicht zu verantworten hat. Außerdem kann eine übermäßige Kostensenkung betriebswirtschaftlich nachteilig sein, wenn z. B. durch unterlassene Instandhaltung oder die Verwendung von billigeren Betriebsstoffen die Produktqualität sinkt.

2.1 Kalkulation Angebotspreis

Fertigungsmaterial		50,00 €		
+ Materialgemeinkosten	14 %	7,00 €		
= Materialkosten		57,00 €		
Fertigungslöhne I		75,00 €		
+ Fertigungsgemeinkostenzuschlag I	60 %	45,00 €		
+ Fertigungslöhne II		40,00 €		
+ Fertigungsgemeinkostenzuschlag II	180 %	72,00 €		
+ Sondereinzelkosten der Fertigung (SEKF)		158,00 €		
= Fertigungskosten		390,00 €		
= Herstellkosten		447,00 €		
+ Verwaltungsgemeinkosten	2,5 %	11,18 €		
+ Vertriebsgemeinkosten	6 %	26,82 €		
= Selbstkosten		485,00 €		
+ Gewinnzuschlag	5 %	24,25 €		
= Barverkaufspreis		509,25 €	97 %	
+ Kundenskonto	3 %	15,75 €		
= Zielverkaufspreis		525,00 €	100 %	80 %
+ Kundenrabatt	20 %	131,25 €		
= Angebotspreis		656,25 €		100 %

2.2 Maximaler Stundenlohn bei gegebenen Selbstkosten

Materialkosten		68 €
Fertigungslöhne	100 %	**80 €**
+ Fertigungsgemeinkostenzuschlag	90 %	72 €
= Zwischensumme	190 %	152 €
+ Sondereinzelkosten der Fertigung (SEKF)		180 €
= Fertigungskosten (400 € – 68 €)		332 €
= Herstellkosten		400 €
+ Vw-/VtGK	5 %	20 €
= Selbstkosten		420 €

Die Arbeitsstunde darf höchstens **10 €** kosten (80 €/8 Stunden).

3.1 Kalkulatorischer Unternehmerlohn

Das Gehalt einer angestellten Geschäftsführerin sollte nicht als kalkulatorischer Unternehmerlohn aufgenommen werden. Es wird in der Finanzbuchhaltung als Aufwand verbucht und stellt damit einen Zweckaufwand (= Grundkosten) dar. Ein Ansatz als kalkulatorischer Unternehmerlohn würde zu einer Doppelverrechnung von Kosten und damit zu einem überhöhten kalkulierten Angebotspreis führen.

3.2 Stimmrechtsverhältnis bei der GmbH

	Nennbetrag der Geschäftsanteile	Anzahl der Stimmen
Zimmermann	4,0 Mio. €	4,0 Mio. Stimmen
Ladmann	3,0 Mio. €	3,0 Mio. Stimmen
Schneider	2,0 Mio. €	2,0 Mio. Stimmen

Zimmermann setzt sich mit seiner Forderung durch, wenn
- Ladmann und/oder Schneider dieser zustimmen,
- Ladmann und/oder Schneider sich der Stimme enthalten.

Damit erreicht Zimmermanns Antrag jeweils die erforderliche Mehrheit der abgegebenen Stimmen (§ 47 Abs. 1 und 2 i. V. m. § 46 Abs. 5 GmbHG).

3.3 Verkaufspreis eines Geschäftsanteils bei der GmbH

Einerseits ist ein wesentlicher Bestimmungsgrund für den Kaufpreis der tatsächliche Wert des Geschäftsanteils an der GmbH. Durch die Bildung von Gewinnrücklagen (in Höhe von 50 % der Nennbeträge) liegt der tatsächliche Wert des Geschäftsanteils von Schneider über dem Nennbetrag seines Geschäftsanteils. Darüber hinaus ist Schneider an den möglichen stillen Reserven der GmbH beteiligt. Deshalb sollte der Verkaufspreis über dem Nennbetrag seines Geschäftsanteils liegen.
Andererseits ist der Verkaufspreis des Geschäftsanteils Verhandlungssache. In einer schwierigen wirtschaftlichen Situation kann der Kaufpreis auch unter dem Nennwert des Geschäftsanteils liegen.

Profilfach Volks- und Betriebswirtschaftslehre mit Rechnungswesen (Baden-Württemberg)
BWL mit integriertem RW (Gruppe I) 2010 – Aufgabe 2

Personengesellschaften im Vergleich (rechtliche Grundlagen), offene Selbstfinanzierung der KG, statische und dynamische Investitionsrechnung

Ernst Zeisel ist Fahrradmonteur und hat sich vor fünf Jahren selbstständig gemacht. Er rüstet Fahrräder auf, indem er Elektromotoren als Hilfsmotoren einbaut. Zeisel führt sein Unternehmen bisher als Einzelunternehmung. Er gründet mit dem Buchhalter Roland Berger eine OHG, an der sich Berger mit der Einlage eines Grundstücks im Wert von 50.000 € beteiligt.

1 Begründen Sie, ob der Abschluss des Gesellschaftsvertrags einer Formvorschrift unterliegt.

2 Ernst Zeisel und Roland Berger schließen am 10. Dezember 2007 den Gesellschaftsvertrag. Beginn der Gesellschaft ist der 01. Januar 2008. Der Handelsregistereintrag erfolgt am 07. Januar 2008. Bezüglich Geschäftsführung und Vertretung gelten die gesetzlichen Regelungen.

Prüfen Sie für die beiden nachfolgenden Fälle die Rechtsfolgen für die OHG und die beiden Gesellschafter:

2.1 Am 10. März 2008 schließt Zeisel einen Kaufvertrag über eine Montagevorrichtung im Wert von 4.000 € ab. Roland Berger hatte zuvor die Zustimmung verweigert.

2.2 Wegen Krankheit muss Berger im April 2008 einen längeren Kuraufenthalt antreten. Während Bergers Abwesenheit schließt Zeisel einen langfristigen Pachtvertrag über 10 Jahre für eine zusätzliche Verkaufsfläche in guter Innenstadtlage im Namen der OHG ab.

3 Erörtern Sie, weshalb der Gesetzgeber bei der OHG von dem im Gesellschaftsrecht üblichen Grundsatz der Gesamtgeschäftsführung abweicht.

4 Nachdem die Nachfrage nach Fahrrädern mit Hilfsmotor immer weiter ansteigt, gründen die beiden Gesellschafter der OHG zum 01. Januar 2009 durch Aufnahme des Kommanditisten Lukas Keller eine KG (siehe Anlagen, S. 11f.).

4.1 Die KG hat im ersten Geschäftsjahr einen Jahresüberschuss von 329.800 € erwirtschaftet. Gemäß Gesellschaftsvertrag (vgl. Anlage, S. 11) stehen den Gesellschaftern folgende Gesamtgewinnansprüche zu:

Komplementär Berger	146.000 €
Komplementär Zeisel	142.800 €
Kommanditist Keller	41.000 €

Privatentnahmen zusätzlich zu der monatlich ausgezahlten Tätigkeitsvergütung (vgl. Gesellschaftsvertrag, S. 11) der Komplementäre in 2009:

Berger	36.000 €
Zeisel	24.000 €

Ermitteln und begründen Sie, in welcher Höhe die einzelnen Gesellschafter zur offenen Selbstfinanzierung der KG beitragen könnten.

4.2 Begründen Sie, weshalb das HGB für Komplementäre ein Recht auf Privatentnahmen vorsieht, diese aber betragsmäßig begrenzt sind.

4.3 Der noch nicht entnommene Gewinn steht der KG in liquider Form zur Verfügung. Erläutern Sie, in welcher Höhe sich die entsprechenden Bilanzpositionen in der Schlussbilanz 2009 durch die Gewinnverteilung verändern, wenn die Komplementäre in vollem Umfang zur offenen Selbstfinanzierung beitragen und der Gewinnanteil des Kommanditisten im Februar 2010 ausgezahlt wird (siehe Anlagen, S. 11).

5 Die KG plant eine Investition in Höhe von 400.000 €.

5.1 Für die Beurteilung der Vorteilhaftigkeit von Investitionen können u. a. die Kostenvergleichsrechnung und die Kapitalwertmethode herangezogen werden. Geben Sie jeweils zwei Nachteile dieser Methoden an.

5.2 Für die Investition liegen folgende Plandaten aus dem Rechnungswesen vor:

Investitionssumme	400.000 €
Nutzungsdauer der Anlage	6 Jahre
Liquidationserlös der Anlage (Restwert)	10.000 €

Zahlungszeitpunkt: Jahresende	lfd. Einzahlungen (in €)	lfd. Auszahlungen (in €)
1	125.000	45.000
2	135.000	50.000
3	135.000	47.000
4	140.000	70.000
5	160.000	85.000
6	195.000	60.000

- Ermitteln Sie den Kapitalwert für diese Investition bei einem Kalkulationszinsfuß von 6 %. Die Berechnungen sind auf volle Euro zu runden (siehe Anlagen, S. 12).
- Erläutern Sie ausführlich, was der von Ihnen ermittelte Kapitalwertbetrag aussagt.

5.3 Ein Konkurrenzunternehmen setzt bei einer vergleichbaren Investition einen höheren Kalkulationszinssatz an.

- Erläutern Sie zwei Überlegungen, die diesem Vorgehen zugrunde liegen könnten.
- Begründen Sie, welche Auswirkungen dieses Vorgehen auf die Höhe des Kapitalwertes hat.

Punkte:

Frage	1	2.1	2.2	3	4.1	4.2	4.3	5.1	5.2	5.3
NP	2	3	3	3	3	2	3	2	5	4

Anlagen

AKTIVA	Vereinfachte Bilanz der KG zum 01. 01. 2009 (in €)		PASSIVA
bebaute Grundstücke	380.000	Kapitalanteil Berger	200.000
Geschäftsausstattung	90.000	Kapitalanteil Zeisel	120.000
Fuhrpark	60.000	Kapitalanteil Keller	50.000
Vorräte	120.000	langfristiges Bankdarlehen	280.000
Forderungen aLuL	70.000	Verbindlichkeiten aLuL	110.000
liquide Mittel	70.000	sonstige Verbindlichkeiten	30.000
	790.000		790.000

Auszug aus dem Gesellschaftsvertrag

§ 5 – Gewinnverteilung

a) Die Verzinsung der Kapitalanteile richtet sich nach den gesetzlichen Vorschriften.

b) Der Restgewinn wird in folgendem Verhältnis verteilt: Die Komplementäre erhalten je zwei Teile, der Kommanditist einen Teil.

c) Die geschäftsführenden Komplementäre erhalten vorab eine monatliche Tätigkeitsvergütung von je 5.000 €.

§ 6 – Entnahmen

Die Komplementäre können jährlich bis zu 20 % ihres zu Jahresbeginn festgestellten Kapitalanteils entnehmen.

Anlagen (Forts.)

Aufzinsungs-, Abzinsungs- und Annuitätenfaktoren

für Zinssätze (p) von 5 % auf 10 % $q = 1 + p / 100$
und Laufzeiten (n) von 1–10 Jahren

Aufzinsungsfaktor: q^n Annuitätenfaktor: $\frac{q^n(q-1)}{(q^n-1)}$ Abzinsungsfaktor: $\frac{1}{q^n}$

n \ 5 %	q^n	$\frac{1}{q^n}$	$\frac{q^n(q-1)}{(q^n-1)}$
1	1,050000	0,952381	1,050000
2	1,102500	0,907029	0,537805
3	1,157625	0,863838	0,367209
4	1,215506	0,822702	0,282012
5	1,276282	0,783526	0,230978
6	1,340096	0,746215	0,197017
7	1,407100	0,710681	0,172820
8	1,477455	0,676839	0,154722
9	1,551328	0,644609	0,140690
10	1,628895	0,613913	0,129505

n \ 6 %	q^n	$\frac{1}{q^n}$	$\frac{q^n(q-1)}{(q^n-1)}$
1	1,060000	0,943396	1,060000
2	1,123600	0,889996	0,545437
3	1,191016	0,839619	0,374110
4	1,262477	0,792094	0,288591
5	1,338226	0,747258	0,237396
6	1,418519	0,704961	0,203363
7	1,503630	0,665057	0,179135
8	1,593848	0,627412	0,161036
9	1,689479	0,591898	0,147022
10	1,790848	0,558395	0,135868

n \ 7 %	q^n	$\frac{1}{q^n}$	$\frac{q^n(q-1)}{(q^n-1)}$
1	1,070000	0,934579	1,070000
2	1,144900	0,873439	0,553092
3	1,225043	0,816298	0,381052
4	1,310796	0,762895	0,295228
5	1,402552	0,712986	0,243891
6	1,500730	0,666342	0,209796
7	1,605781	0,622750	0,185553
8	1,718186	0,582009	0,167468
9	1,838459	0,543934	0,153486
10	1,967151	0,508349	0,142378

n \ 8 %	q^n	$\frac{1}{q^n}$	$\frac{q^n(q-1)}{(q^n-1)}$
1	1,080000	0,925926	1,080000
2	1,166400	0,857339	0,560769
3	1,259712	0,793832	0,388034
4	1,360489	0,735030	0,301921
5	1,469328	0,680583	0,250456
6	1,586874	0,630170	0,216315
7	1,713824	0,583490	0,192072
8	1,850930	0,540269	0,174015
9	1,999005	0,500249	0,160080
10	2,158925	0,463193	0,149029

n \ 9 %	q^n	$\frac{1}{q^n}$	$\frac{q^n(q-1)}{(q^n-1)}$
1	1,090000	0,917431	1,090000
2	1,188100	0,841680	0,568469
3	1,295029	0,772183	0,395055
4	1,411582	0,708425	0,308669
5	1,538624	0,649931	0,257092
6	1,677100	0,596267	0,222920
7	1,828039	0,547034	0,198691
8	1,992563	0,501866	0,180674
9	2,171893	0,460428	0,166799
10	2,367364	0,422411	0,155820

n \ 10 %	q^n	$\frac{1}{q^n}$	$\frac{q^n(q-1)}{(q^n-1)}$
1	1,100000	0,909091	1,100000
2	1,210000	0,826446	0,576190
3	1,331000	0,751315	0,402115
4	1,464100	0,683013	0,315471
5	1,610510	0,620921	0,263797
6	1,771561	0,564474	0,229607
7	1,948717	0,513158	0,205405
8	2,143589	0,466507	0,187444
9	2,357948	0,424098	0,173641
10	2,593742	0,385543	0,162745

Lösungsvorschlag

Aufgabe 2: Personengesellschaften im Vergleich (rechtliche Grundlagen), offene Selbstfinanzierung der KG, statische und dynamische Investitionsrechnung

1 Formvorschriften Gesellschaftsvertrag

Der OHG-Gesellschaftsvertrag ist grundsätzlich formfrei. Durch die Sacheinlage in Form eines Grundstücks ist eine notarielle Beurkundung des Gesellschaftsvertrags erforderlich (§ 311 b BGB).

2.1 Vertretung und Geschäftsführung bei der OHG

Im Außenverhältnis gilt für gewöhnliche und außergewöhnliche Rechtsgeschäfte Einzelvertretungsbefugnis, d. h., der Vertrag ist für die OHG bindend (§ 125 Abs. 1 HGB).

Im Innenverhältnis führt der Widerspruch von Berger gegen diese gewöhnliche Handlung dazu, dass diese unterbleiben muss (§ 115 Abs. 1 HGB). Der Kaufvertrag hätte nicht abgeschlossen werden dürfen. Falls der OHG ein Schaden entsteht, kann Zeisel wegen Verstoßes gegen seine Geschäftsführungsbefugnisse in Anspruch genommen werden (Schadensersatzpflicht).

2.2 Vertretung und Geschäftsführung bei der OHG

Im Außenverhältnis gilt für gewöhnliche und außergewöhnliche Rechtsgeschäfte Einzelvertretungsbefugnis, d. h., der Vertrag ist für die OHG bindend (§ 125 Abs. 1 HGB).

Im Innenverhältnis handelt es sich um eine außergewöhnliche Handlung, die die Zustimmung aller Gesellschafter erfordert (§ 116 Abs. 2 HGB) Der Pachtvertrag hätte nicht abgeschlossen werden dürfen. Gegebenenfalls ist Zeisel schadensersatzpflichtig.

3 Gründe für die Einzelvertretungsbefugnis bei der OHG

Es wäre im Hinblick auf Zügigkeit und Flexibilität der im Geschäftsleben erforderlichen Entscheidungen sehr umständlich, bei allen gewöhnlichen Geschäften die Zustimmung aller Gesellschafter einholen zu müssen. Die Gemeinschaft der OHG-Gesellschafter erfordert als Arbeits- und Risikogemeinschaft gegenseitiges Vertrauen, was in der Einzelgeschäftsführungsbefugnis mit der Möglichkeit des Widerspruchs zum Ausdruck kommt.

4.1 Offene Selbstfinanzierung der KG

Gesellschafter	Gesamtgewinnanteil	Tätigkeitsvergütung	Privatentnahmen	offene Selbstfinanzierung
Berger	146.000 €	60.000 €	36.000 €	50.000 €
Zeisel	142.800 €	60.000 €	24.000 €	58.800 €
Keller	41.000 €			(*)

Die beiden Komplementäre könnten in Höhe der nicht entnommenen Gewinnanteile zur offenen Selbstfinanzierung beitragen.
Kommanditist Keller könnte bei entsprechender Vereinbarung seine 41.000 € (*) Gewinnanteil in zusätzliches Kommanditkapital umwandeln.

4.2 Privatentnahmen bei der KG

Die Komplementäre haben für ihre Geschäftsführungstätigkeit keinen Anspruch auf Gehalt. Zur Finanzierung ihres Lebensunterhaltes haben sie die Möglichkeit, unabhängig von einer eventuell vertraglich vereinbarten Tätigkeitsvergütung, Privatentnahmen zu tätigen. Diese werden mit ihrem Gewinnanteil oder zulasten ihres Kapitalanteils verrechnet. Die betragsmäßige Begrenzung soll eine übermäßige Verringerung der Eigenkapitalsubstanz der KG verhindern.

4.3 Veränderung der Bilanz bei offener Selbstfinanzierung

- Die Kapitalanteile der beiden Komplementäre werden erhöht:
  Berger hat einen Kapitalanteil von 250.000 €, Zeisel von 178.800 €.
- Der Kapitalanteil des Kommanditisten Keller bleibt bei 50.000 €. Sein Gewinnanteil wird als „Verbindlichkeiten gegenüber Keller" in Höhe von 41.000 € ausgewiesen.
- Die liquiden Mittel erhöhen sich um 149.800 € auf 219.800 €.

5.1 Nachteile der Kostenvergleichsrechnung und der Kapitalwertmethode

Kostenvergleichsrechnung:
- Die Kostenentwicklung im Zeitablauf bleibt unberücksichtigt.
- Die Rentabilität der Investition wird nicht berücksichtigt.

Kapitalwertmethode:
- Zukünftige Ein- und Auszahlungen beruhen nur auf Schätzungen.
- Der für die gesamte Laufzeit einheitliche Kalkulationszinsfuß ist nur geschätzt.

5.2 Ermittlung und Aussage des Kapitalwerts

Ende des Jahres	Einzahlungen in €	Auszahlungen in €	Einzahlungs-überschüsse in €	Barwert (6 %) in €
1	125.000	45.000	80.000	75.472
2	135.000	50.000	85.000	75.650
3	135.000	47.000	88.000	73.886
4	140.000	70.000	70.000	55.447
5	160.000	85.000	75.000	56.044
6	195.000	60.000	135.000	95.170
Barwertsumme				431.669
– Anfangsauszahlung				400.000
+ Liquidationserlös				7.050
= Kapitalwert				38.719

Alternativ: Benützung des Taschenrechners mit finanzmathematischen Funktionen (exakter Kapitalwert: 38.718,08 €)

Der Kapitalwert von +38.719 € besagt, dass der Investor
- sein eingesetztes Kapital zurückerhält,
- eine Verzinsung in Höhe des Kalkulationszinssatzes erzielt,
- einen zusätzlichen Überschuss erzielt, dessen Barwert 38.719 € beträgt.

5.3 Kalkulationszinssatz

- Das Konkurrenzunternehmen erwartet eine höhere Mindestverzinsung, da möglicherweise das Risiko höher eingeschätzt und ein Anstieg des allgemeinen Zinsniveaus erwartet wird.
- Der Kapitalwert sinkt, da bei vergleichbarer Höhe der Investitionsausgaben die anfallenden Einzahlungsüberschüsse sowie der Liquidationserlös mit dem höheren Zinssatz abgezinst werden und daher mit einem niedrigeren Barwert in die Rechnung eingehen.

Kapitalgesellschaften im Vergleich (rechtliche Grundlagen), Beteiligungs- und Selbstfinanzierung bei der AG

Die Heidelberger Maschinenwerke AG (HMW) ist ein bedeutendes, international tätiges Unternehmen, das Spezialmaschinen aller Art herstellt und vermarktet. Im Jahr 2009 beschäftigte die HMW rund 5.800 Mitarbeiter und erwirtschaftete einen Jahresumsatz von 3,2 Mrd. €.

Das Unternehmen wurde bis zum Jahr 2000 in der Rechtsform der GmbH geführt. Mit wachsender Unternehmensgröße wurde die Gesellschaft im Jahr 2000 in eine Aktiengesellschaft umgewandelt, die inzwischen an der Börse notiert ist.

1 Vergleichen Sie in einer Tabelle die beiden genannten Rechtsformen hinsichtlich Mindestkapital, Vertretung und Haftung.

2 Erläutern Sie anhand von zwei Gesichtspunkten positive Aspekte für die HMW durch den Wechsel der Rechtsform.

3 Am 13. April 2010 findet die ordentliche Hauptversammlung der Aktiengesellschaft statt. Eine stark vereinfachte Übersicht über die einzelnen Tagesordnungspunkte (TOP) der Hauptversammlung können Sie der Anlage (S. 18) entnehmen.

3.1 In TOP 1 wird der festgestellte Jahresabschluss vorgestellt. Beschreiben Sie kurz drei Bestandteile des Jahresabschlusses.

3.2 TOP 2 sieht die Beschlussfassung über die Verwendung des Bilanzgewinns vor.

Obwohl das abgelaufene Geschäftsjahr für die HMW sehr erfolgreich war, schlägt der Vorstand der Hauptversammlung vor, weiterhin eine Stückdividende von nur 1 € auszuschütten. Einige Aktionäre drücken ihre Unzufriedenheit aus.

Erläutern Sie drei Argumente, mit denen der Vorstand den Einwänden der Aktionäre begegnen könnte.

3.3 Die Bilanz der HMW für das Geschäftsjahr 2009 weist vor Gewinnverwendung folgende Eigenkapitalpositionen aus:

Gezeichnetes Kapital	270.000.000 €	(96 Mio. Stückaktien)
Kapitalrücklage	98.000.000 €	
gesetzliche Rücklage	22.000.000 €	
andere Gewinnrücklagen	660.000.000 €	
Jahresüberschuss	242.000.000 €	

Die Hauptversammlung stimmt dem Vorschlag des Vorstandes bezüglich der Verwendung des Bilanzgewinns zu und beschließt eine Stückdividende von 1 €.

Stellen Sie die Eigenkapitalpositionen nach vollständiger Gewinnverwendung dar, wenn der Vorstand seine Möglichkeit zur offenen Selbstfinanzierung voll ausgeschöpft hat.

3.4 Ermitteln Sie, welche Stückdividende für das Geschäftsjahr 2009 maximal möglich gewesen wäre, wenn der Vorstand einer Rücklagenauflösung zugestimmt hätte.

3.5 In diesem Geschäftsjahr verlassen alle Aufsichtsratsmitglieder das Kontrollgremium. Begründen Sie für den vorliegenden Fall, inwieweit die Hauptversammlung Einfluss auf die zahlenmäßige Zusammensetzung des Aufsichtsrates nehmen kann, wenn in der Satzung diesbezüglich keine Angaben enthalten sind.

4 Die Aktionäre haben dem Vorschlag des Vorstandes zu TOP 7 zugestimmt.

4.1 Stellen Sie dar, in welcher Höhe sich die entsprechenden Bilanzpositionen durch die Kapitalerhöhung verändern.

4.2 Begründen Sie mit zwei Argumenten, weshalb den Altaktionären im Rahmen der Kapitalerhöhung die Ausübung des Bezugsrechts gewährt wird.

4.3 Im Zuge der Emission werden die Bezugsrechte an der Börse gehandelt. Der Bezugskurs der neuen Aktie liegt bei 13,60 €. Ein Bezugsrecht hat derzeit einen rechnerischen Wert von 1,40 €.

- Bestimmen Sie den Kurs der Altaktie und berechnen Sie den voraussichtlichen Kurs der Aktie nach Durchführung der Kapitalerhöhung.
- Begründen Sie, weshalb der tatsächliche Wert des Bezugsrechts häufig vom rechnerischen Wert abweicht.

4.4 Aktionär Müller besitzt 500 alte Aktien. Weisen Sie rechnerisch nach, dass Aktionär Müller durch die Kapitalerhöhung keinen Vermögensnachteil erleidet, falls er
- 200 junge Aktien erwirbt

oder
- sein Bezugsrecht nicht ausübt.

Es gelten die Angaben aus Teilaufgabe 4.3.
Nebenkosten werden nicht berücksichtigt.

Punkte:

Frage	1	2	3.1	3.2	3.3	3.4	3.5	4.1	4.2	4.3	4.4
NP	3	3	3	3	3	3	2	2	2	3	3

Anlage

TAGESORDNUNG
zur 10. ordentlichen Hauptversammlung der Heidelberger Maschinenwerke AG, Heidelberg am 13. April 2010

Beginn der Hauptversammlung: 10.00 Uhr
im Congress Center Rosengarten, Mannheim

TOP 1: Vorlage des festgestellten Jahresabschlusses mit Lagebericht für das Geschäftsjahr 2009 und Bericht des Aufsichtsrates

TOP 2: Beschlussfassung über die Verwendung des Bilanzgewinns

TOP 3: Beschlussfassung über die Entlastung der Mitglieder des Vorstandes für das Geschäftsjahr 2009

TOP 4: Beschlussfassung über die Entlastung der Mitglieder des Aufsichtsrates für das Geschäftsjahr 2009

TOP 5: Beschlussfassung über die Bestellung des Abschlussprüfers

TOP 6: Beschlussfassung über die Neuwahl von Aufsichtsratsmitgliedern

TOP 7: Beschlussfassung über die Erhöhung des Grundkapitals gegen Bareinlagen

… Mit der Erhöhung des gezeichneten Kapitals von derzeit 270 Mio. € um 90 Mio. € durch Ausgabe von 32 Mio. neuen auf den Inhaber lautenden Stückaktien soll unter Ausübung des Bezugsrechts der Altaktionäre das Eigenkapital der Gesellschaft um 435,2 Mio. € erhöht werden. Durch diese Maßnahme wird die Kapitalausstattung der Heidelberger Maschinenwerke AG erheblich verbessert und es wird ihr ermöglicht, in einem günstigen Marktumfeld geeignete Zukäufe durchzuführen. …

TOP 8: Sonstiges

Lösungsvorschlag

Aufgabe 3: Kapitalgesellschaften im Vergleich (rechtliche Grundlagen), Beteiligungs- und Selbstfinanzierung bei der AG

1 Vergleich GmbH – AG

Kriterien	**GmbH**	**AG**
Mindestkapital	25.000 €	50.000 €
Vertretung	durch den/die Geschäftsführer; Gesamtvertretung	durch den/die Vorstände; Gesamtvertretung
Haftung	die GmbH mit dem Gesellschaftsvermögen; keine persönliche Haftung der Gesellschafter	die AG mit dem Gesellschaftsvermögen; keine persönliche Haftung der Aktionäre

2 Vorteile der AG gegenüber der GmbH

Kapitalbeschaffung:
Die GmbH ist für einen begrenzten Investorenkreis geeignet; größere Kapitalbeträge können in der Regel nur von einem breiten Anlegerpublikum durch Stückelung in kleine Kapitalbeträge aufgebracht werden.

Veräußerung der Kapitalanteile:
Die Börsennotierung erlaubt eine leichtere Übertragbarkeit der Anteile.

3.1 Bestandteile des Jahresabschlusses

Bilanz: Gegenüberstellung von Vermögen und Kapital zum Bilanzstichtag
GuV: Gegenüberstellung von Aufwendungen und Erträgen der Rechnungsperiode zur Ermittlung des Jahresergebnisses
Anhang: Erläuterung der einzelnen Positionen der Bilanz und der GuV; Darstellung der angewandten Bilanzierungs- und Bewertungsmethoden

3.2 Gründe für offene Selbstfinanzierung bei der AG

- Eine Gewinnthesaurierung in guten Jahren ermöglicht eine Dividendenkontinuität auch in schlechten Jahren.
- Die offene Selbstfinanzierung schafft Kapital für neue Investitionen.
- Durch die Verbreiterung der Eigenkapitalbasis erreicht die AG eine höhere Kreditwürdigkeit.

3.3 Gewinnverwendung bei der AG

Jahresüberschuss		242 Mio. €
– Einstellung in andere Gewinnrücklagen	50 %	121 Mio. €
= Bilanzgewinn		121 Mio. €
– Dividendenausschütung 96 Mio. Aktien · 1 €		96 Mio. €
= Gewinnvortrag		25 Mio. €

Eigenkapitalpositionen nach vollständiger Gewinnverwendung:

gezeichnetes Kapital	270 Mio. €
Kapitalrücklage	98 Mio. €
gesetzliche Rücklage	22 Mio. €
andere Gewinnrücklagen (660 + 121) Mio. €	781 Mio. €
Gewinnvortrag	25 Mio. €

Hinweis: Eine Einstellung von 5 % in die gesetzliche Rücklage ist nicht notwendig, da gesetzliche Rücklage und Kapitalrücklage zusammen mehr als 10 % des gezeichneten Kapitals betragen.

3.4 Maximale Stückdividende

Der Jahresüberschuss und die anderen Gewinnrücklagen hätten voll ausgeschüttet werden können. Die Kapitalrücklage und die gesetzliche Rücklage dürfen zum Zweck der Gewinnausschüttung nicht aufgelöst werden (§ 150 Abs. 4 AktG).

Insgesamt hätten maximal 660 Mio. € + 242 Mio. € = 902 Mio. € ausgeschüttet werden können. Das hätte eine Stückdividende von 9,39 € ergeben (902 Mio. €/96 Mio. Aktien).

3.5 Einfluss der Hauptversammlung auf die Zusammensetzung des Aufsichtsrates

Die Zusammensetzung des Aufsichtsrates bei Kapitalgesellschaften mit mehr als 2.000 Arbeitnehmern wird durch das Mitbestimmungsgesetz geregelt: Die Hauptversammlung wählt 6 Aktionärsvertreter in den Aufsichtsrat (§ 7 Abs. 1 Nr. 1 MitbestG).

4.1 Auswirkungen einer Kapitalerhöhung auf die Bilanz

flüssige Mittel	+435,2 Mio. €
gezeichnetes Kapital	+90,0 Mio. €
Kapitalrücklage	+345,2 Mio. €

4.2 Gründe für das Bezugsrecht

Durch die Nutzung der Bezugsrechte zum Kauf von jungen Aktien haben die Altaktionäre die Möglichkeit, ihre prozentuale Beteiligung an der Aktiengesellschaft zu erhalten (z. B. Sperrminorität).
Die Ausgabe junger Aktien führt in der Regel zur Kursverwässerung, durch den die Altaktionäre einen Vermögensverlust erleiden. Durch die Gewährung von Bezugsrechten soll dieser ausgeglichen werden. Dabei kann das Bezugsrecht selbst ausgenutzt oder verkauft werden.

4.3 Mittelkurs: Wert des Bezugsrechts

– Berechnung Kurs der Altaktie
Bezugsverhältnis = 3 : 1

$$\text{Bezugsrecht} = \frac{\text{Kurs}_{\text{alt}} - 13{,}60\ €}{\frac{3}{1} + 1}$$

$$1{,}40\ €/\text{Stück} = \frac{\text{Kurs}_{\text{alt}} - 13{,}60\ €}{\frac{3}{1} + 1}$$

$$5{,}60\ €/\text{Stück} = \text{Kurs}_{\text{alt}} - 13{,}60\ €$$

$$\text{Kurs}_{\text{alt}} = \underline{\underline{19{,}20\ €/\text{Stück}}}$$

– Berechnung voraussichtlicher Kurs der Aktie

Mittelkurs $= \text{Kurs}_{alt} - \text{Bezugsrecht}$

$= 19{,}20\ € - 1{,}40\ €$

$= \underline{\underline{17{,}80\ €}}$

– Der tatsächliche Wert des Bezugsrechts ergibt sich aus Angebot und Nachfrage an der Börse.

4.4 Vermögensstellung Altaktionär nach Kapitalerhöhung

Vermögenswerte vor der Kapitalerhöhung:

500 Aktien: 500 · 19,20 € = 9.600,00 €

Vermögenswerte nach der Kapitalerhöhung:

– **beim Erwerb von 200 jungen Aktien:**

benötigte Bezugsrechte 200 · 3/junge Aktie	=	600
– vorhandene Bezugsrechte	=	500
= noch zu beschaffende Bezugsrechte	=	100
100 · 1,40 €	=	140,00 €
+ 200 · 13,60 €	=	2.720,00 €
= Kaufpreis für 200 junge Aktien	=	2.860,00 €
Wert 700 Aktien: 700 · 17,80 €	=	12.460,00 €
– Kaufpreis für 200 junge Aktien	=	2.860,00 €
=	=	9.600,00 €

– **beim Verkauf aller Bezugsrechte:**

500 Bezugsrechte · 1,40 €	=	700,00 €
+ 500 Aktien · 17,80 €	=	8.900,00 €
=	=	9.600,00 €

Profilfach Volks- und Betriebswirtschaftslehre mit Rechnungswesen (Baden-Württemberg) Volkswirtschaftslehre (Gruppe II) 2010 – Aufgabe 4

Binnenwert des Geldes und Geldwertmessung in Verbindung mit den Grundsätzen der Geldpolitik der Europäischen Zentralbank

1 In verschiedenen Pressemitteilungen veröffentlichte das Statistische Bundesamt die in den Materialien 1 bis 3 (S. 24 f.) wiedergegebenen Daten.

1.1 Erklären Sie, welche Information der für August 2008 ermittelte Verbraucherpreisindex (VPI) liefert (Material 1).

1.2 Erläutern Sie die aus Material 1 und 2 erkennbaren Ursachen für die Veränderung des VPI im vorliegenden Fall, indem Sie auf die Vorgehensweise zur Berechnung des VPI eingehen.

1.3 – Erläutern Sie Aussage und Zweck des in Material 2 abgebildeten Wägungsschemas.
– Begründen Sie, warum das Wägungsschema in regelmäßigen Abständen aktualisiert wird.

1.4 – Berechnen Sie die Preisniveauänderung in Prozent von 2007 bis 2008 (siehe Material 3).
– Berechnen Sie, um wie viel Prozent sich die Kaufkraft von 2004 bis 2008 verändert hat (siehe Material 3).

1.5 – Beurteilen Sie Bedeutung und Notwendigkeit des wirtschaftspolitischen Ziels „Stabilität des Preisniveaus".
– Überprüfen Sie, ob für das Jahr 2008 die Zielvorgabe der EZB bezüglich der Preisniveaustabilität erreicht wurde.

2 Im Juli 2008 hat der EZB-Rat eine Veränderung der Leitzinsen beschlossen.

2.1 Erklären Sie den Begriff „Leitzinsen" und erläutern Sie die dazugehörigen geldpolitischen Instrumente.

2.2 Begründen Sie Zweck und Richtung der im Juli 2008 erfolgten Leitzinsveränderung unter Bezugnahme auf Material 1.

3 Am 04. Dezember 2008 hat der EZB-Rat eine weitere Veränderung der Leitzinsen beschlossen.

„Die Europäische Zentralbank … hat … die Leitzinsen so stark wie noch nie in ihrer Geschichte gesenkt."

(Quelle: Spiegel-online, 04. 12. 2008)

3.1 – Begründen Sie, welche Absicht die EZB mit dieser Maßnahme verfolgt hat.
– Vervollständigen Sie die in der Anlage (S. 25) dargestellten beabsichtigten Ursache-Wirkungs-Zusammenhänge, indem Sie
  - die Wirkungsrichtung „je mehr – desto mehr" bzw. „je weniger – desto weniger" an der jeweiligen Pfeilspitze mit einem (+) und

- die Wirkungsrichtung „je mehr – desto weniger“ bzw. „je weniger – desto mehr“ an der jeweiligen Pfeilspitze mit einem (–)

kennzeichnen.

– Ergänzen Sie die Abbildung durch weitere Ursache-Wirkungs-Zusammenhänge (einschließlich der Wirkungsrichtung) unter Einbeziehung der Größen:
- Produktion
- Preisniveau
- Beschäftigung

und begründen Sie jeden von Ihnen ergänzten Zusammenhang.

3.2 Am 15. Januar 2009 wurden die Leitzinsen ein weiteres Mal gesenkt. Im Zusammenhang mit Leitzinssenkungen wird häufig die Auffassung vertreten, dass „die Waffen der Zentralbank stumpf“ seien.

Begründen Sie diese Auffassung, indem Sie für den vorliegenden Fall drei Wirkungshemmnisse erläutern.

3.3 Die Leitzinsen in den USA und Japan betrugen Anfang 2009 nahezu 0 %.

Erläutern Sie, wie sich die mehrfache Leitzinssenkung der EZB Ende 2008/Anfang 2009 auf
– den Wechselkurs US-$/€ und
– den in US-$ abgewickelten deutschen Außenhandel
ausgewirkt haben könnte.

Punkte:

Frage	1.1	1.2	1.3	1.4	1.5	2.1	2.2	3.1	3.2	3.3
NP	2	3	3	3	3	3	2	5	3	3

Binnenwert des Geldes und Geldwertmessung in Verbindung mit den Grundsätzen der Geldpolitik der Europäischen Zentralbank

Material 1

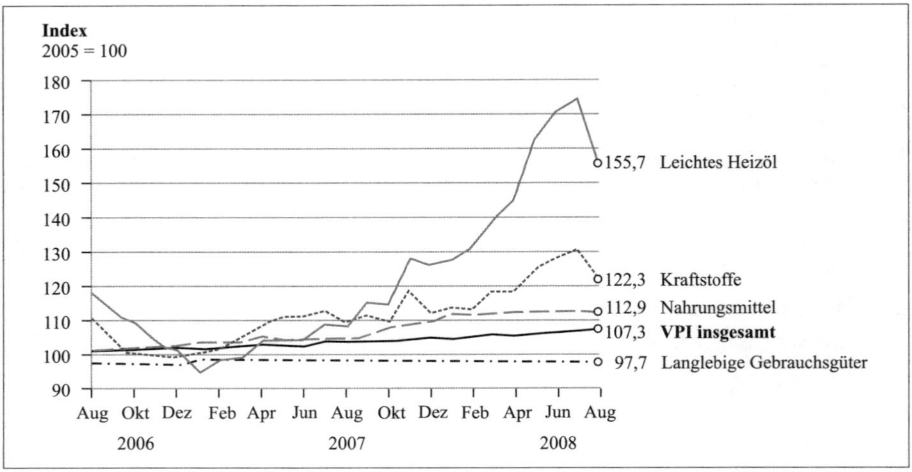

Material 2

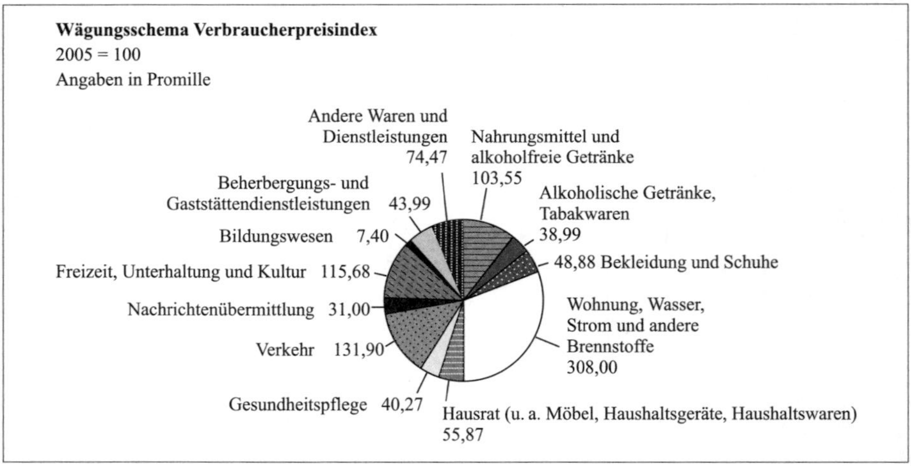

Material 3

Jahr	2004	2005	2006	2007	2008
VPI	98,5	100,0	101,6	103,9	106,6

Anlage zu Teilaufgabe 3.1

(Bei Verwendung aus dem Aufgabensatz heraustrennen und zu Ihren Lösungsblättern geben)

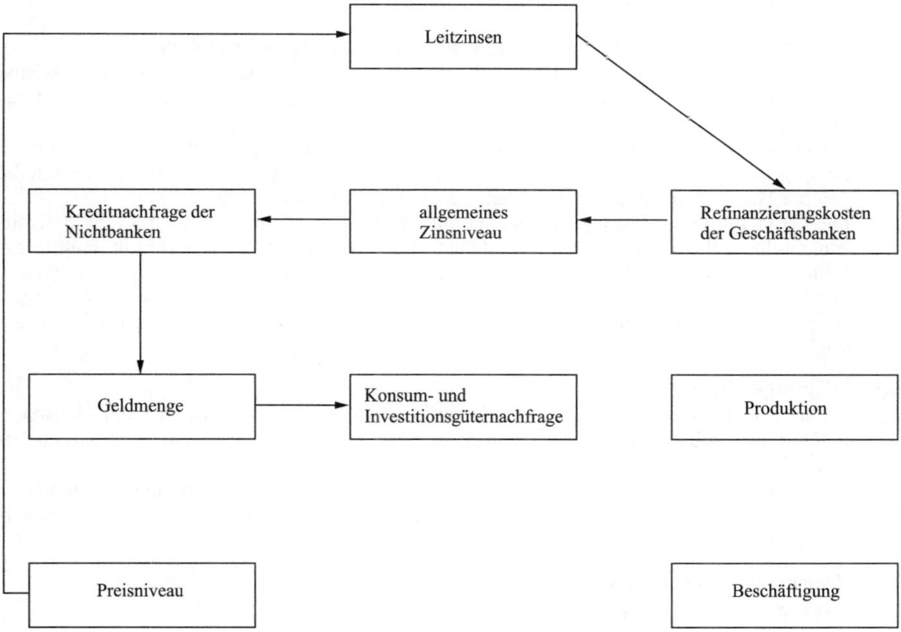

Lösungsvorschlag

Aufgabe 4: Binnenwert des Geldes und Geldwertmessung in Verbindung mit den Grundsätzen der Geldpolitik der Europäischen Zentralbank

1.1 Informationen aus dem Verbraucherpreisindex (VPI)

Der Verbraucherpreisindex (VPI) in M 1 informiert darüber, dass sich die Preise wichtiger Güter der privaten Lebenshaltung im gewogenen Durchschnitt vom Basisjahr 2005 bis August 2008 um 7,3 % erhöht haben. Er dient als Maßstab für die Preisveränderung einer Volkswirtschaft.

1.2 Ursachen für die VPI-Veränderung und Ermittlung des VPI-Indexes

Die Preisindizes für leichtes Heizöl, Kraftstoffe und Nahrungsmittel sind von August 2006 bis August 2008 stark gestiegen. Der Index für langlebige Gebrauchsgüter ist dagegen gesunken.

Diese Preisindizes gehen zusammen mit den Indizes ähnlicher Güter in verschiedene Hauptgruppenindizes ein. Aus dem gewogenen arithmetischen Mittel von insgesamt 12 solcher Hauptgruppenindizes (= Wägungsschema) wird der VPI berechnet.

Die Gewichtung der Hauptgruppen „Wohnung, Wasser, Strom usw.“, „Verkehr“, „Nahrungsmittel, alkoholfreie Getränke“, denen die Güter Heizöl, Kraftstoffe und Nahrungsmittel jeweils zugeordnet sind, ist größer als die der Hauptgruppe „Hausrat“, zu der die langlebigen Gebrauchsgüter gehören. Deshalb wirken sich die hier vorliegenden Preissteigerungen bei Heizöl, Kraftstoffen und Nahrungsmitteln stärker auf den VPI aus als die Preissenkung bei langlebigen Gebrauchsgütern.

1.3 Wägungsschema

- Das Wägungsschema gibt die durchschnittlichen Ausgabenanteile privater Haushalte für die verschiedenen Warengruppen an. Diese dienen als Gewichtungsfaktoren bei der Ermittlung des VPI.
- Durch die Aktualisierung des Wägungsschemas werden auf Basis neuer Daten über die Verbrauchsgewohnheiten Änderungen des Konsumverhaltens der privaten Haushalte berücksichtigt.

1.4 Preisniveau- und Kaufkraftänderung

103,9 Punkte =	100,00 %	
2,7 Punkte =	2,60 %	Preisniveauänderung
106,6 Punkte =	100,00 %	
–8,1 Punkte =	–7,60 %	Kaufkraftabnahme

1.5 Wirtschaftspolitisches Ziel Preisniveaustabilität

- Neben einer hohen Beschäftigung (Ziel der Vollbeschäftigung) ist die Preisniveaustabilität das wichtigste wirtschaftspolitische Ziel. Durch seine Erreichung sollen die mit einer Geldwertminderung einhergehenden negativen Folgen vermieden werden, wie z. B.:
  - Außerkraftsetzung von Preisfunktionen zur Steuerung der Märkte,
  - Fehlinvestitionen wegen mangelnder Planungssicherheit,
  - negative Verteilungswirkung, da Bezieher geringer Einkünfte durch eine Inflation verhältnismäßig stärker belastet werden als Bezieher höherer Einkünfte und Sachwertbesitzer.
- Das von der EZB formulierte Ziel einer jährlichen Preisniveausteigerung von „unter, aber nahe bei 2 %“ wurde im Jahr 2008 nicht erreicht.

2.1 Leitzins und dazugehörige geldpolitische Instrumente

Als Leitzinsen werden die von der EZB festgelegten Zinssätze (Hauptrefinanzierungssatz, Spitzenrefinanzierungssatz und Einlagesatz) bezeichnet, durch deren Höhe die EZB den angestrebten geldpolitischen Kurs signalisiert, um die wirtschaftspolitischen Ziele zu erreichen.

Offenmarktpolitik:
- Hauptrefinanzierungsgeschäft: kurzfristige Kredite der EZB an die Geschäftsbanken mit einwöchiger Laufzeit, zum Hauptrefinanzierungssatz (= wichtigster Leitzinssatz)
- längerfristige Refinanzierungsgeschäfte: Laufzeit in der Regel drei Monate

Ständige Fazilitäten:
- Spitzenrefinanzierungsfazilität: Tagesgeldkredite der EZB an die Geschäftsbanken
- Einlagefazilität: Tagesgeldanlagen der Geschäftsbanken bei der EZB

2.2 Zweck der Leitzinsveränderung

Aufgrund der aus Material 1 ersichtlichen kontinuierlichen Preisniveausteigerungen kann es sich nur um eine Erhöhung der Leitzinsen gehandelt haben.
Zweck: Erhöhung des Zinsniveaus zur Dämpfung der kreditfinanzierten Nachfrage und damit Stabilisierung des Preisniveaus.

3.1 Absicht und Folgen der Leitzinsveränderung

- Absicht der EZB: Abschwächung einer drohenden Rezession durch bessere Versorgung des Bankensystems mit Liquidität in Form zinsgünstiger Kredite
- Ursache-Wirkungs-Zusammenhänge:

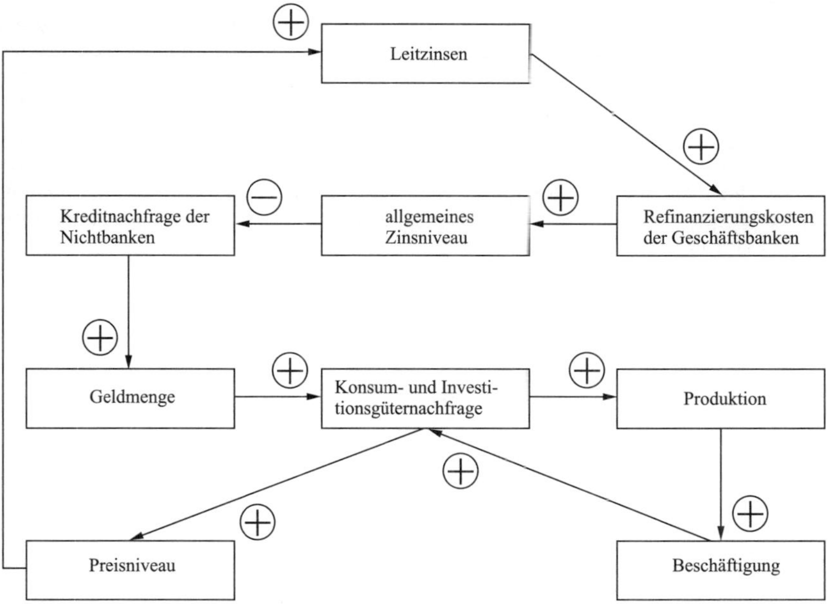

- Begründungen für die ergänzenden Ursache-Wirkungs-Zusammenhänge:
  - Wenn die Nachfrage nach Konsum- und Investitionsgütern steigt, steigt die Produktion.
  - Wenn die Produktion steigt, steigt die Beschäftigung.

- Wenn die Beschäftigung steigt, steigt die Nachfrage nach Konsum- und Investitionsgütern.
- Wenn die Nachfrage nach Konsum- und Investitionsgütern steigt, steigt (sofern das Angebot nicht in gleichem Umfang steigt) das Preisniveau.

3.2 Wirkungshemmnisse der Leitzinssenkungen

Das Ziel einer Konjunkturankurbelung durch expansive Geldpolitik wird möglicherweise wegen des Angebotscharakters der Maßnahmen aus folgenden Gründen nicht erreicht:

- Die Geschäftsbanken geben die günstigen Refinanzierungskonditionen nicht (vollständig) an ihre Kunden weiter, weshalb das allgemeine Zinsniveau nicht sinkt und der erhoffte Impuls auf Kreditnachfrage, Konsum und Investitionen ausbleibt.
- Aufgrund pessimistischer Zukunftserwartungen fragen Unternehmen und Verbraucher die angebotenen günstigeren Kredite nicht nach.
- Wenn im Ausland die Zinsen nun höher sind, besteht die Gefahr des Kapitalabflusses ins Ausland. Dies könnte sich negativ auf die inländischen Investitionen und den Konsum auswirken.
- Es können zeitliche Wirkungsverzögerungen (time lags) der Leitzinssenkung auftreten.

3.3 Folgen der Leitzinssenkung für Wechselkurs und Außenhandel

- Der Zufluss von Anlagekapital aus dem US-$-Raum in den Euro-Raum schwächt sich aufgrund der geringer werdenden Zinsunterschiede ab. Das führt zu einer sinkenden Euro-Nachfrage. Bei gleichbleibendem Euro-Angebot kommt es damit tendenziell zu einer Abwertung des Euro gegenüber dem US-$.
- Dies führt zu einer Verringerung der in US-$ ausgedrückten Preise deutscher Exportgüter und zu einer Verteuerung der in US-$ zu zahlenden Importgüter. Daraus könnte eine Zunahme der Exportmengen und eine Abnahme der Importmengen resultieren (mit der Gefahr einer importierten Inflation).

Anmerkung: Wenn man den Beginn des Zeitraums betrachtet und davon ausgeht, dass die *noch hohen* €-Zinsen im Gegensatz zu den *bereits* 0 % US-$-Zinsen das Kapital nochmals in den Euro-Raum fließen lassen, kann man auch zu folgender Argumentation gelangen: *noch* Zufluss von Anlagekapital in den Euro-Raum und damit Aufwertung, Exportrückgang und Importzunahme).

Verhalten der Marktteilnehmer unter Wettbewerbsbedingungen (Nachfrage und Angebot am Gütermarkt), Preisbildung unter Wettbewerbsbedingungen in Verbindung mit Markteingriffen des Staates

Es wird angenommen, dass auf dem Schwaigerner Brennholzmarkt die Bedingungen eines Polypols auf dem vollkommenen Markt erfüllt sind. Die konkurrierenden Anbieter beliefern die Bewohner der Stadt Schwaigern mit Brennholz.
Stellvertretend für die zahlreichen Marktteilnehmer wird das Verhalten von drei Anbietern und drei Nachfragern untersucht.

1 Ermitteln Sie die Gesamtnachfrage am Brennholzmarkt tabellarisch (Anlage 1, S. 30) und stellen Sie diese in einem Koordinatensystem (Anlage 3, S. 32) grafisch dar.

2 Begründen Sie, warum die ermittelte Gesamtnachfragekurve mehrfach geknickt ist.

3 Ermitteln Sie das langfristige Gesamtangebot am Brennholzmarkt tabellarisch (Anlage 2, S. 31) und stellen Sie dieses im selben Koordinatensystem (Anlage 3, S. 32) grafisch dar.

4 Begründen Sie, warum sich die individuellen Angebotskurven im vorliegenden Fall unterscheiden.

5 Geben Sie die Höhe des Gleichgewichtspreises und der Gleichgewichtsmenge an.

6 In den letzten Jahren ist die Brennholznachfrage stark gestiegen.

Nennen Sie zwei Ursachen für diese Entwicklung und beschreiben Sie deren Auswirkung auf die Nachfragekurve für Brennholz.

7 Anbieter Edel möchte den Zusammenhang zwischen der Erhöhung der Heizölpreise und der nachgefragten Brennholzmenge herausfinden.
Er stellt fest, dass sich bei einem Anstieg des Heizölpreises um 20 % die nachgefragte Brennholzmenge in Schwaigern von 160 m^3 auf 200 m^3 verändert hat.

Berechnen Sie die indirekte Preiselastizität der Nachfrage und erläutern Sie Ihr Ergebnis.

8 Auf Grund ständig steigender Brennholzpreise haben insbesondere einkommensschwache Familien in holzbefeuerten Altbauten Schwierigkeiten, ihren Brennstoffbedarf zu finanzieren. Die Stadt Schwaigern erwägt deshalb, in Zukunft in den Brennholzmarkt einzugreifen.

8.1 Im Stadtrat wird überlegt, die Nachfrager mit einem zweckgebundenen Zuschuss zu unterstützen.

– Begründen Sie, um welche Form des Markteingriffs es sich dabei handelt.

– Stellen Sie diesen Markteingriff in einer Skizze dar.
– Betrachten Sie kritisch die Folgen dieser Maßnahme für Nachfrager, Anbieter und die Stadt.

8.2 Die Stadt Schwaigern entschließt sich, einen Höchstpreis für Brennholz einzuführen.
– Stellen Sie diesen Markteingriff in einer Skizze dar.
– Betrachten Sie kritisch die Folgen dieser Maßnahme für Nachfrager, Anbieter und die Stadt.

Punkte:

Frage	1	2	3	4	5	6	7	8.1	8.2
NP	5	2	5	2	2	2	3	5	4

Anlage 1 zu Teilaufgabe 1
(Bei Verwendung aus dem Aufgabensatz heraustrennen und zu Ihren Lösungsblättern geben)

Individuelle Nachfragefunktionen für Brennholz

Nachfrager Axel:	Nachfragemenge	=	$380 - 10 \cdot p$
Nachfragerin Beate:	Nachfragemenge	=	$740 - 20 \cdot p$
Nachfrager Cäsar:	Nachfragemenge	=	$1.020 - 30 \cdot p$

Berechnung der Gesamtnachfrage nach Brennholz

	Nachfragemengen in m³			
Preis in € je m³	**Axel (A)**	**Beate (B)**	**Cäsar (C)**	**insgesamt**
30				
31				
32				
33				
34			0	
35			0	
36			0	
37		0	0	
38	0	0	0	0

Anlage 2 zu Teilaufgabe 3
(Bei Verwendung aus dem Aufgabensatz heraustrennen und zu Ihren Lösungsblättern geben)

Entwicklung der Grenzkosten bei unterschiedlichen Produktionsmengen:

Anbieter Dodel (D)		Anbieter Edel (E)		Anbieter Fadel (F)	
Menge in m³	**Grenzkosten in €**	**Menge in m³**	**Grenzkosten in €**	**Menge in m³**	**Grenzkosten in €**
70	30	30	31	5	33
90	31	40	32	9	34
105	32	45	33	12	35
110	33	48	34	14	36
113	34	49	35	16	37
114	35	49	36	17	38
114	36	49	37	Betriebsoptimum 5 m³	
114	37	49	38		
114	38	Betriebsoptimum 30 m³			
Betriebsoptimum 70 m³					

Berechnung des langfristigen Gesamtangebots für Brennholz

Preis in € je m³	**Langfristige Gesamtangebotsmengen in m³**			
	Dodel (D)	**Edel (E)**	**Fadel (F)**	**insgesamt**
30		0	0	
31			0	
32			0	
33				
34				
35				
36				
37				
38				

Anlage 3 zu den Teilaufgaben 1, 3 und 5
(Bei Verwendung aus dem Aufgabensatz heraustrennen und zu Ihren Lösungsblättern geben)

Koordinatensystem

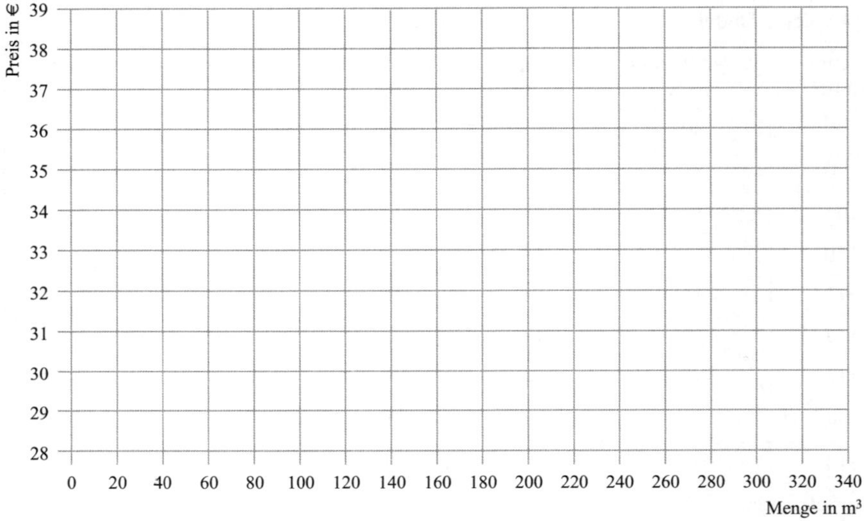

Lösungsvorschlag

Aufgabe 5: Verhalten der Marktteilnehmer unter Wettbewerbsbedingungen (Nachfrage und Angebot am Gütermarkt), Preisbildung unter Wettbewerbsbedingungen in Verbindung mit Markteingriffen des Staates

1 Ermittlung der Gesamtnachfrage

Preis in € je m³	Nachfragemengen in m³			
	Axel (A)	Beate (B)	Cäsar (C)	insgesamt
30	80	140	120	340
31	70	120	90	280
32	60	100	60	220
33	50	80	30	160
34	40	60	0	100
35	30	40	0	70
36	20	20	0	40
37	10	0	0	10
38	0	0	0	0

Hinweis: Die grafische Darstellung im Koordinatensystem finden Sie auf S. 34.

2 Mehrfach geknickte Nachfragekurve

Die Gesamtnachfrage ergibt sich durch Addition der bei unterschiedlichen Preisen individuell nachgefragten Mengen. Da für die drei Nachfrager unterschiedliche Prohibitivpreise (= Preise, zu denen der einzelne Nachfrager nicht mehr bereit ist etwas nachzufragen) gelten, verläuft die Nachfragekurve im vorliegenden Fall nicht stetig.

3 Ermittlung des Gesamtangebots

Preis in € je m³	Langfristige Gesamtangebotsmengen in m³			
	Dodel (D)	Edel (E)	Fadel (F)	insgesamt
30	70	0	0	70
31	90	30	0	120
32	105	40	0	145
33	110	45	5	160
34	113	48	9	170
35	114	49	12	175
36	114	49	14	177
37	114	49	16	179
38	114	49	17	180

Koordinatensystem zu den Teilaufgaben 1 und 3:

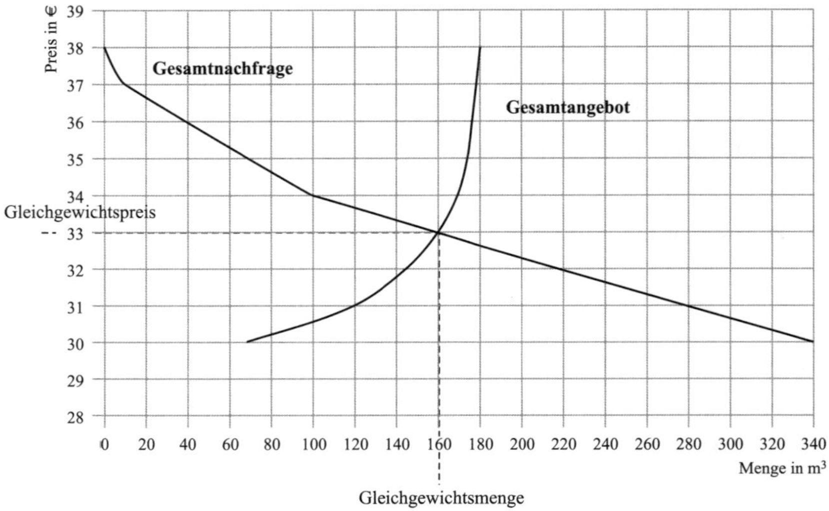

4 Individuelle Angebotskurven

Die individuelle Angebotskurve zeigt, wie viele Mengeneinheiten eines Gutes ein Anbieter bei unterschiedlichen Preisen jeweils anzubieten plant.
Das individuelle Angebot von Unternehmen ist abhängig von der jeweiligen Kostenstruktur. Im vorliegenden Fall liegt das Betriebsoptimum (Stückkostenminimum) bei unterschiedlichen Mengen.
Daraus folgt, dass auch die Kurven der Grenzkosten (zusätzliche Kosten bei der Erhöhung der Produktionsmenge um eine Einheit) unterschiedlich verlaufen. Ab dem Betriebsoptimum entspricht die jeweilige Grenzkostenkurve der langfristigen Angebotsfunktion.

5 Marktgleichgewicht

Das Marktgleichgewicht liegt bei einem Gleichgewichtspreis von 33 € und einer Gleichgewichtsmenge von 160 m^3 Brennholz.

6 Ursachen Brennholznachfragesteigerung und Auswirkungen Nachfragekurve

- Preiserhöhung bei anderen Energieträgern, z. B. Heizöl
- Umweltgesichtspunkte: Holz ist als CO_2-neutraler Brennstoff im Zeitalter der Klimaerwärmung sehr gefragt (verstärkte Nachfrage nach Holzöfen und Pelletheizungen)

In beiden Fällen ergibt sich eine Rechtsverschiebung der Nachfragekurve.

7 Berechnung der indirekten Preiselastizität (Kreuzpreiselastizität)

$$El_{ind} = \frac{\text{prozentuale Mengenänderung bei Brennholz}}{\text{prozentuale Preisänderung bei Heizöl}} = \frac{25\ \%}{20\ \%} = +1,25$$

Eine Preiserhöhung bei Heizöl um 1 % führt zu einer Erhöhung der nachgefragten Menge bei Brennholz um 1,25 %.
Da es sich um Substitutionsgüter handelt, ist die Kreuzpreiselastizität positiv.

8.1 Zuschuss als marktkonformer Staatseingriff

– Es handelt sich um eine marktkonforme Maßnahme, da die Preisfunktionen nicht außer Kraft gesetzt werden.
– Marktskizze:

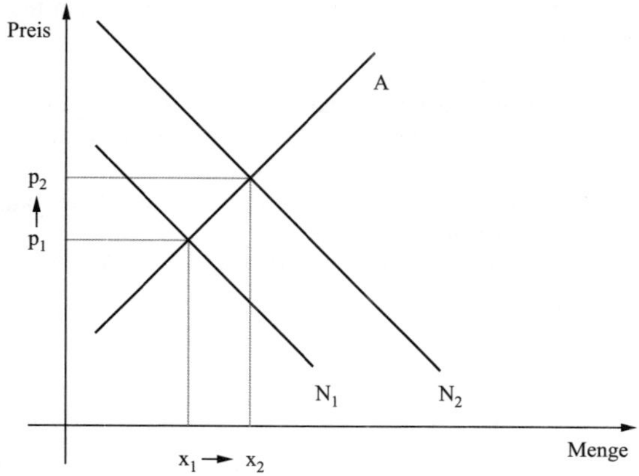

– Folgen für die Nachfrager:
  - Rechtsverschiebung der Nachfragekurve wegen Zunahme der Nachfrage.
  - Gleichgewichtspreis und Gleichgewichtsmenge steigen.
  - Die Preissteigerung ist geringer als der Zuschuss, sodass die Zielgruppe tatsächlich begünstigt wird.

  Folge für die Anbieter:
  - Auch die Anbieter sind begünstigt, da sie eine höhere Menge zu einem höheren Preis absetzen können.

  Folge für die Stadt:
  - Die Stadtkasse wird durch diese Transferzahlung belastet.

8.2 Höchstpreis als marktkonträrer Staatseingriff

– Skizze:

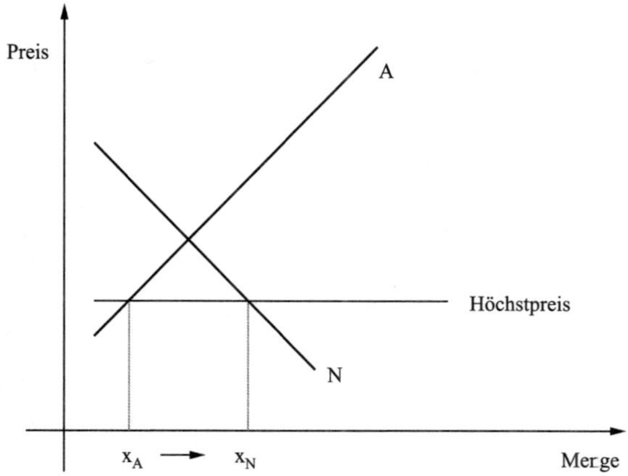

– Es entsteht ein Nachfrageüberhang.
  Folgen für die Nachfrager:
  - Es können nicht alle Nachfrager die von ihnen bei diesem Preis gewünschte Menge erhalten.
  - Allerdings können einige Nachfrager die gewünschte Menge zu einem niedrigeren Preis kaufen, als sie zu zahlen bereit gewesen wären.

  Folge für die Anbieter:
  - Die angebotene Menge ist geringer, weil sich die Produktion für einige Anbieter bei diesem Preis nicht mehr lohnt (Preis liegt unterhalb der Preisuntergrenze).

  Folgen für die Stadt:
  - Die Stadt muss die angebotene Menge rationieren und Bezugsscheine ausstellen, was zusätzlichen Verwaltungsaufwand bedeutet.
  - Die Einführung von Kontrollen zur Verhinderung von Schwarzmärkten ist notwendig.

Profilfach Wirtschaft (Baden-Württemberg)
BWL mit Rechnungswesen (Teil 1) 2011 – Aufgabe 1

Personen- und Kapitalgesellschaften im Vergleich (rechtliche Grundlagen), Gewinnverwendung bei KG und AG

Dipl.-Kfm. Paul Adam und Dipl.-Ing. Peter Geiger wollen zur Erprobung eines umweltschonenden Verfahrens der Müllaufbereitung ein gemeinsames Unternehmen gründen. Das erforderliche Kapital beträgt 2.000.000 €, das von Adam und Geiger allein nicht vollständig aufgebracht werden kann.

Adam und Geiger entscheiden sich für die Gründung einer KG. Der Gesellschaftsvertrag wird am 10. 01. 2007 geschlossen, die Handelsregistereintragung der Green-Tec KG erfolgt am 01. 02. 2007. Adam übernimmt einen Kapitalanteil von 600.000 €, Geiger von 500.000 €. Die beiden Komplementäre werden in der KG mitarbeiten. Markus Klein beteiligt sich als Kommanditist mit 300.000 €, wovon er 200.000 € sofort einzahlt. Der Rest ist zum 01. 07. 2007 fällig. Die jeweiligen Kapitaleinlagen werden am Tag der Handelsregistereintragung erbracht. Bezüglich Geschäftsführung und Vertretung gelten die gesetzlichen Regelungen. Der restliche Kapitalbedarf wird fremdfinanziert.

1 Erläutern Sie zwei Gründe, weshalb sich die Komplementäre Adam und Geiger für eine KG entschieden haben könnten.

2 Nach Aufnahme der Geschäfte sind die folgenden rechtlichen Fragen zu klären:

2.1 Auf einer Messe kauft Peter Geiger am 15. 02. 2007 ohne Abstimmung mit den anderen Gesellschaftern eine Transportanlage zum Preis von 150.000 € bei der Maschinenfabrik Kraft AG. Der Lieferant verlangt von Markus Klein zum 01. 03. 2007 die Begleichung der Rechnung.

Beurteilen Sie die Rechtslage.

2.2 Im Juni 2007 erfährt Markus Klein von einem seiner Meinung nach ungünstigen Vertragsabschluss der KG mit einem Container-Lieferanten. Er möchte deshalb die Geschäftsbücher einsehen.

Erläutern Sie, ob Adam und Geiger ihm dies verweigern können.

2.3 Aus einer Erbschaft hat Markus Klein noch weiteres Kapital zur Verfügung. Damit möchte er sich an der Recycling GmbH als Gesellschafter beteiligen und als Geschäftsführer tätig werden.

- Begründen Sie, ob er dieses Vorhaben ohne die Zustimmung der beiden Komplementäre umsetzen kann.
- Beurteilen Sie, ob es zu einem Interessenkonflikt kommen könnte.

3 Am Ende des Geschäftsjahres 2007 hat die KG einen Gewinn in Höhe von 178.000 € erwirtschaftet. Das Geschäftsjahr entspricht dem Kalenderjahr.

Markus Klein hat am 05. 03. 2007 von der KG die Ausgleichszahlung für die Begleichung der Lieferantenforderung erhalten. Zum 01. 07. 2007 hat er seine restliche Einlage geleistet. Zur Gewinn- und Verlustverteilung enthält der Gesellschaftsvertrag folgende Regelung:

1. Die Vollhafter erhalten vorab eine Tätigkeitsvergütung von monatlich 4.000 €.

2. Das eingebrachte Gesellschaftskapital wird ab dem Zeitpunkt der Einlage ebenso wie ausstehende Einlagen mit 3 % verzinst.
3. Ein Restgewinn wird im Verhältnis 4 : 4 : 1 verteilt.
4. Ein Verlust wird auf die Gesellschafter im Verhältnis 4 : 4 : 1 verteilt.

Die Privatentnahmen erfolgten am 31. 12. 2007. Die Verteilung des Gewinns des Geschäftsjahres 2007 ist aus der nachfolgenden Tabelle ersichtlich:

Gesell-schafter	Anfangs-kapital	Tätigkeits-vergütung	Zinsen	Rest-gewinn	Gesamt-gewinn	Privat-entnahmen
Adam	600.000 €	44.000 €	16.500 €	24.000 €	84.500 €	36.000 €
Geiger	500.000 €	44.000 €	13.750 €	24.000 €	81.750 €	30.000 €
Klein	300.000 € –100.000 €		5.750 €	6.000 €	11.750 €	
Summen		88.000 €	36.000 €	54.000 €	178.000 €	66.000 €

3.1 Weisen Sie rechnerisch nach, wie sich die Zinsen für Markus Klein ergeben.

3.2 Berechnen Sie die Höhe der offenen Selbstfinanzierung der KG für das Geschäftsjahr 2007, sofern nur die Privatentnahmen und der Gewinnanteil des Kommanditisten ausgezahlt wurden.

4 Markus Klein ist mit der Gewinnverteilung 2007 in der Green-Tec KG unzufrieden. Er möchte daher zum nächstmöglichen Termin aus der KG ausscheiden und sein Kapital vollständig in die Recycling GmbH investieren.
- Erläutern Sie mit zwei Argumenten, weshalb Markus Klein mit der Gewinnverteilung unzufrieden sein könnte.
- Begründen Sie, zu welchem Zeitpunkt Markus Klein aus der KG ausscheiden kann.

5 Der Green-Tec KG gelingt mit ihrem neuen umweltschonenden Verfahren zur Müllaufbereitung im Jahr 2008 der europaweite Marktdurchbruch. Um die Müllaufbereitungsanlagen entsprechend der zahlreichen Aufträge fertigen zu können, benötigt die KG für zwei zusätzliche Produktionshallen sowie zahlreiche neue Maschinen 13.000.000 €.

Nach dem Ausscheiden von Klein gründen die beiden ehemaligen Komplementäre Adam und Geiger zum 01. 01. 2009 die Green-Tec AG. Sie bringen die restlichen Vermögenswerte des bisherigen Unternehmens in die neue Gesellschaft ein. Das zusätzlich benötigte Kapital wird von Kleinaktionären aufgebracht.

5.1 Erörtern Sie drei betriebswirtschaftliche Argumente, die für die Gründung der Green-Tec AG sprechen.

5.2 Adam und Geiger werden vom ersten Aufsichtsrat zu Vorständen bestellt. Adam hat den Bauauftrag der ersten Produktionshalle an die Hilser GmbH vergeben. Der Vertrag wurde von Adam und dem Geschäftsführer der Hilser GmbH unterzeichnet.

Begründen Sie, unter welchen Voraussetzungen der Vertrag für die AG bindend ist.

5.3 Die Green-Tec AG weist in ihrem Jahresabschluss zum 31. 12. 2010 auszugsweise folgende Zahlen aus:

Grundkapital	15.000.000 €
Kapitalrücklage	800.000 €
gesetzliche Rücklage	150.000 €
andere Gewinnrücklagen	227.000 €
Gewinnvortrag	130.000 €
Jahresüberschuss	3.000.000 €
Nennwert der Aktie	5 €

Vorstand und Aufsichtsrat stellen den Jahresabschluss fest. Im Hinblick auf anstehende Investitionen nutzt der Vorstand seine gesetzlichen Möglichkeiten zur offenen Selbstfinanzierung in vollem Umfang aus.

5.3.1 Die Hauptversammlung beschließt die vollständige Ausschüttung des Bilanzgewinns. Berechnen Sie die maximale Stückdividende und die gesamte Dividendenzahlung.

5.3.2 – Stellen Sie die Eigenkapitalpositionen nach vollständiger Gewinnverwendung und Dividendenausschüttung dar.
– Berechnen Sie die Höhe der offenen Selbstfinanzierung aus dem Jahresüberschuss 2010.

Punkte:

Frage	1	2.1	2.2	2.3	3.1	3.2	4	5.1	5.2	5.3.1	5.3.2
NP	2	3	2	3	2	2	3	3	3	4	3

Lösungsvorschlag

Aufgabe 1: Personen- und Kapitalgesellschaften im Vergleich (rechtliche Grundlagen), Gewinnverwendung bei KG und AG

1 Gründe für die Wahl der Rechtsform einer KG

– Nur die beiden Komplementäre Adam und Geiger haben das Recht zur Geschäftsführung und Vertretung des Unternehmens (§§ 114, 125 HGB). Klein und evtl. weitere Kommanditisten sind von der Leitung der KG und weitgehend von der Mitsprache ausgeschlossen (§§ 164, 170 HGB).
– Eine künftige Eigenkapitalbeschaffung wird durch die Aufnahme weiterer Kommanditisten, d. h. beschränkt haftender Gesellschafter, erleichtert.

2.1 Haftung bei der KG

Im Außenverhältnis gilt für die Komplementäre Einzelvertretungsbefugnis, d. h., der Vertrag ist für die KG bindend (§ 125 HGB).
Klein haftet gegenüber der Maschinenfabrik mit seiner noch ausstehenden Einlage in Höhe von 100.000 € unmittelbar (§ 171 Abs. 1 HGB). Da seine noch ausstehende Kapitaleinlage noch nicht fällig ist, hat er gegenüber der KG einen Ausgleichs- oder Verrechnungsanspruch. Mit der Restforderung in Höhe von 50.000 € kann sich die Maschinenfabrik an die KG oder unmittelbar an die Komplementäre wenden.

2.2 Kontrollrecht des Kommanditisten

Kommanditist Klein hat nur das Recht auf Einblick in den Jahresabschluss zum 31. 12. 2007 (§ 166 Abs. 1 HGB). Ein laufendes Kontrollrecht steht ihm nicht zu (§ 166 Abs. 2 HGB). Adam und Geiger können ihm den Einblick verweigern.

2.3 Wettbewerbsverbot bei der KG

- Als Kommanditist unterliegt Klein nicht dem gesetzlichen Wettbewerbsverbot (§ 165 HGB) und benötigt daher keine Zustimmung der beiden Komplementäre. Klein kann sich neben seiner Kommanditbeteiligung auch als geschäftsführender Gesellschafter an der GmbH beteiligen.
- Da Klein als Kommanditist grundsätzlich von der Geschäftsführung ausgeschlossen ist, besteht kaum Gefahr, dass er Geschäftsgeheimnisse der Green-Tec KG in seiner Position als Geschäftsführer der GmbH nutzen könnte. Andererseits kann die Tätigkeit in derselben Branche aufgrund der Konkurrenzsituation zu Interessenkonflikten führen.

3.1 Verzinsung der Kapitaleinlage des Kommanditisten

Einlage Klein am 01. 02. 2007	200.000 € zu 3 % für 11 Monate =	5.500 €
Einlage Klein am 01. 07. 2007	100.000 € zu 3 % für 6 Monate =	1.500 €
ausstehende Einlage Klein bis 30. 06. 2007	100.000 € zu 3 % für 5 Monate =	–1.250 €
Zinsen		5.750 €

3.2 Offene Selbstfinanzierung der KG

Gesamtgewinn Komplementäre	166.250 €
– Privatentnahmen	– 66.000 €
= offene Selbstfinanzierung	100.250 €

4 Ausscheiden eines Kommanditisten

- Die Verzinsung seines Kapitalanteils mit 3 % ist geringer als die im HGB vorgesehene Verzinsung von 4 % (§ 168 i. V. m. § 121 Abs. 1 HGB). Der auf ihn entfallende Restgewinn von einem Neuntel erscheint ihm zu gering.
- Klein kann frühestens zum 31. 12. 2008 ausscheiden, sofern er bis zum 30. 06. 2008 gekündigt hat (§ 132 HGB).

5.1 Argumente für die Wahl der Rechtsform einer AG

- Der hohe Kapitalbedarf von 13 Mio. € kann von einem breiten Anlegerpublikum durch Stückelung in kleine Kapitalbeträge aufgebracht werden.
- Die AG als juristische Person ist im Gegensatz zur KG unsterblich, d. h. vom Gesellschafterbestand unabhängig.
- Die auf das Gesellschaftsvermögen der AG beschränkte Haftung verhindert den Zugriff auf das Privatvermögen der Anteilseigner.

5.2 Vertretung bei der AG

Bei der AG gilt der Grundsatz der Gesamtvertretung.

- Im vorliegenden Fall ist der Vertrag zunächst schwebend unwirksam und kann durch Genehmigung von Geiger für die AG rechtswirksam werden.
- Sofern die Satzung für den Vorstand Einzelvertretung vorsieht und dies im Handelsregister eingetragen und veröffentlicht wurde, ist der Vertrag für die AG sofort bindend (§§ 78, 81 AktG).

5.3.1 Gewinnverwendung der AG

Erforderliche Rücklagenbildung: 10 % von 15 Mio. € Grundkapital = 1.500.000 €
Bisher gebildet (Kapitalrücklage + gesetzliche Rücklage):
800.000 € + 150.000 € = 950.000 €

Die Pflicht zur Rücklagenbildung ist noch nicht erfüllt, daher müssen 5 % des Jahresüberschusses 2010 in die gesetzlichen Rücklagen eingestellt werden. Vom Restbetrag kann der Vorstand bis zu 50 % in die anderen Gewinnrücklagen einstellen (offene Selbstfinanzierung).

Jahresüberschuss	3.000.000 €
– Einstellung in die gesetzliche Rücklage	150.000 €
= Zwischensumme	2.850.000 €
– Einstellung in andere Gewinnrücklagen	1.425.000 €
= Zwischensumme	1.425.000 €
+ Gewinnvortrag	130.000 €
= Bilanzgewinn	1.555.000 €

Anzahl Aktien: 15.000.000 € / 5 € = 3.000.000 Aktien

max. Stückdividende: 1.555.000 € Bilanzgew. / 3.000.000 Aktien = 0,518 € / Aktie

⇒ Stückdividende 0,51 € / Aktie

gesamte Dividendenzahlung: 3.000.000 Aktien · 0,51 € / Aktie = 1.530.000 €

5.3.2 Eigenkapital nach Gewinnverwendung, offene Selbstfinanzierung

Grundkapital	15.000.000 €
Kapitalrücklage	800.000 €
gesetzliche Rücklage	300.000 €
andere Gewinnrücklagen	1.652.000 €
Gewinnvortrag *	25.000 €

* Bilanzgewinn	1.555.000 €
– gesamte Dividende	1.530.000 €
= Gewinnvortrag ins Folgejahr	25.000 €

Höhe der offenen Selbstfinanzierung:

Jahresüberschuss 2010	3.000.000 €
– Dividendenzahlung	1.530.000 €
= offene Selbstfinanzierung	1.470.000 €

Außenfinanzierung in Form der Darlehensaufnahme, statische und dynamische Investitionsrechnung

Die Freiburger Concept Möbel AG stellt in ihrem Zweigwerk in Tutschfelden ausschließlich hochwertige Schreibtische der Produktlinie Comfortline her. Im Jahr 2010 wurden 2.000 Schreibtische zu einem Nettopreis von 800 € je Stück abgesetzt. Die Geschäftsleitung plant, die bestehenden Fertigungsmaschinen durch eine neue Produktionsanlage zu ersetzen. Die alte Produktionsanlage verursacht 500.000 € Fixkosten pro Jahr und variable Stückkosten in Höhe von 550 € pro Schreibtisch. Für die neue Anlage liegen für eine Produktionsmenge von 2.000 Stück folgende Daten vor:

Anschaffungswert	2.400.000 €
Restwert nach Ablauf der Nutzungsdauer	0 €
Nutzungsdauer	6 Jahre
Fertigungslöhne pro Jahr	400.000 €
Fertigungsmaterial pro Jahr	300.000 €
Gehälter pro Jahr	60.000 €
Abschreibung	linear
sonstige fixe Kosten pro Jahr (incl. kalk. Zinsen)	140.000 €
sonstige variable Kosten pro Jahr	100.000 €

1 Vor einer Entscheidung verlangt der Vorstand eine Überprüfung der Vorteilhaftigkeit der Investition. Für die folgenden Investitionsrechnungen wird unterstellt, dass die Absatzmenge und der Nettoverkaufspreis des Jahres 2010 für den betrachteten Zeitraum beibehalten werden und dass alle Leistungen und Kosten mit Ausnahme der Abschreibungen zahlungswirksam sind.

1.1 Führen Sie für die erwarteten Absatzzahlen einen Vergleich der jährlichen Gesamtkosten zwischen der alten und der neuen Anlage durch.

1.2 Berechnen Sie die kritische Produktionsmenge und erläutern Sie Ihr Ergebnis.

Hinweis: Sollten Sie zu Aufgabe 1.1 kein Ergebnis haben, gehen Sie für die neue Anlage von variablen Gesamtkosten in Höhe von 900.000 € und jährlichen Fixkosten in Höhe von 530.000 € aus.

1.3 Der Vorstand erwartet, dass sich die Ersatzinvestition (neue Anlage) innerhalb von 5 Jahren amortisiert. Es wird davon ausgegangen, dass durch die Veräußerung der Altanlage 400.000 € erzielt werden. Die alte Anlage wird bisher mit jährlich 100.000 € abgeschrieben.

1.3.1 Überprüfen Sie, ob die neue Anlage die Erwartungen des Vorstands im Hinblick auf die Amortisationszeit erfüllt.

1.3.2 Beschreiben Sie zwei Kritikpunkte an der Amortisationsrechnung als Entscheidungshilfe für die Beurteilung der Vorteilhaftigkeit einer Investition.

1.4 Als weitere Entscheidungshilfe für die Beurteilung der Vorteilhaftigkeit von Investitionen wird die Kapitalwertmethode herangezogen. Hierfür wird ein Kalkulationszinssatz in Höhe von 10 % unterstellt.

1.4.1 Erläutern Sie zwei Faktoren, die bei der Festlegung der Höhe des Kalkulationszinssatzes von Bedeutung sein können.

1.4.2 Ermitteln Sie die Höhe des Kapitalwertes der Investition (ohne Berücksichtigung der Altanlage) und beurteilen Sie Ihr Ergebnis.

Hinweis: Gehen Sie davon aus, dass der Zahlungszeitpunkt jeweils am Jahresende liegt. Alle Berechnungen sind auf volle Euro zu runden. Eine Tabelle mit Aufzinsungs-, Abzinsungs- und Annuitätenfaktoren befindet sich in Anlage 1 auf Seite 2011-9.

1.4.3 Anstelle der Investition im Zweigwerk Tutschfelden stand eine Investition im Stammwerk in Freiburg zur Diskussion. Diese hätte im Vergleich zur Investition in Tutschfelden bei einer Investitionssumme von 2.000.000 € einen um 50.000 € niedrigeren Kapitalwert erzielt.

Begründen Sie mit Hilfe der Kapitalwertmethode, ob sich die Entscheidung zu Gunsten der Investition im Werk Tutschfelden verändern würde, wenn die eingesparten Anschaffungskosten zum Kalkulationszinssatz angelegt würden.

2 Zur Finanzierung der Investition im Werk Tutschfelden (Anschaffungskosten 2.400.000 €) erhält die Freiburger Concept Möbel AG zwei Darlehensangebote. Beide Darlehen werden innerhalb von vier Jahren vollständig getilgt.

Angebot der Volksbank Oberried eG
Abzahlungsdarlehen: Darlehensbetrag 2.500.000 €, Auszahlung 96 %, Nominalzinssatz 7,5 %, Zins und Tilgung jeweils am Jahresende.

Angebot der Eurobank AG Frankfurt
Annuitätendarlehen: Darlehensbetrag 2.400.000 €, Auszahlung 100 %, Nominalzinssatz 8,0 %, Annuitätenzahlung jeweils am Jahresende.

2.1
- Ermitteln Sie für beide Darlehensangebote die Aufwands- und die Liquiditätsbelastung der Finanzierung für die einzelnen Jahre und insgesamt ohne Berücksichtigung von Steuern.
- Entscheiden Sie sich unter Berücksichtigung der Zielsetzung hoher Dividendenzahlungen in den nächsten vier Jahren begründet für eines der beiden Darlehen.

Hinweis: Das Disagio beim Darlehensangebot der Volksbank Oberried eG wird gleichmäßig auf die Laufzeit verteilt. Die Berechnungen sind auf volle Euro zu runden. Eine Tabelle mit Annuitätenfaktoren befindet sich in Anlage 1 auf Seite 2011-9. Verwenden Sie für Ihre Lösung die Tabellen der Anlage 2 auf Seite 2011-8.

2.2 Erläutern Sie, wie sich die Berücksichtigung eines Gewinnsteuersatzes von 30 % auf die in Aufgabe 2.1 ermittelte Liquiditätsbelastung auswirkt. (keine Berechnung)

2.3 Als Alternative zur Darlehensfinanzierung wird auch die Möglichkeit einer Leasingfinanzierung geprüft.
Zeigen Sie für beide Finanzierungsarten, welche Bilanzpositionen der Schlussbilanz sich am Ende des Anschaffungsjahres ändern und aus welchem Grund.

Punkte:

Frage	1.1	1.2	1.3.1	1.3.2	1.4.1	1.4.2	1.4.3	2.1	2.2	2.3
NP	3	3	3	2	2	5	2	5	2	3

Anlage 1 (siehe S. 2011-9)

Anlage 2 zu Aufgabe 2.1

Darlehensangebot der Volksbank Oberried eG

Jahr	Darlehens-betrag	Tilgung	Zinsen	Disagio	Aufwand	Liquiditäts-belastung
1						
2						
3						
4						
Summe						

Darlehensangebot der Eurobank AG, Frankfurt

Jahr	Darlehens-betrag	Tilgung	Zinsen	Aufwand	Liquiditätsbelastung
1					
2					
3					
4					
Summe					

Anlage 1

Aufzinsungs-, Abzinsungs- und Annuitätenfaktoren

für Zinssätze (p) von 5 % bis 10 % $q = 1 + p/100$
und Laufzeiten (n) von 1–10 Jahren

Aufzinsungsfaktor: q^n Annuitätenfaktor: $\frac{q^n(q-1)}{(q^n-1)}$ Abzinsungsfaktor: $\frac{1}{q^n}$

n \ 5 %	q^n	$\frac{1}{q^n}$	$\frac{q^n(q-1)}{(q^n-1)}$
1	1,050000	0,952381	1,050000
2	1,102500	0,907029	0,537805
3	1,157625	0,863838	0,367209
4	1,215506	0,822702	0,282012
5	1,276282	0,783526	0,230975
6	1,340096	0,746215	0,197017
7	1,407100	0,710681	0,172820
8	1,477455	0,676839	0,154722
9	1,551328	0,644609	0,140690
10	1,628895	0,613913	0,129505

n \ 6 %	q^n	$\frac{1}{q^n}$	$\frac{q^n(q-1)}{(q^n-1)}$
1	1,060000	0,943396	1,060000
2	1,123600	0,889996	0,545437
3	1,191016	0,839619	0,374110
4	1,262477	0,792094	0,288591
5	1,338226	0,747258	0,237396
6	1,418519	0,704961	0,203363
7	1,503630	0,665057	0,179135
8	1,593848	0,627412	0,161036
9	1,689479	0,591898	0,147022
10	1,790848	0,558395	0,135868

n \ 7 %	q^n	$\frac{1}{q^n}$	$\frac{q^n(q-1)}{(q^n-1)}$
1	1,070000	0,934579	1,070000
2	1,144900	0,873439	0,553092
3	1,225043	0,816298	0,381052
4	1,310796	0,762895	0,295228
5	1,402552	0,712986	0,243891
6	1,500730	0,666342	0,209796
7	1,605781	0,622750	0,185553
8	1,718186	0,582009	0,167468
9	1,838459	0,543934	0,153486
10	1,967151	0,508349	0,142378

n \ 8 %	q^n	$\frac{1}{q^n}$	$\frac{q^n(q-1)}{(q^n-1)}$
1	1,080000	0,925926	1,080000
2	1,166400	0,857339	0,560769
3	1,259712	0,793832	0,388034
4	1,360489	0,735030	0,301921
5	1,469328	0,680583	0,250456
6	1,586874	0,630170	0,216315
7	1,713824	0,583490	0,192072
8	1,850930	0,540269	0,174015
9	1,999005	0,500249	0,160080
10	2,158925	0,463193	0,149029

n \ 9 %	q^n	$\frac{1}{q^n}$	$\frac{q^n(q-1)}{(q^n-1)}$
1	1,090000	0,917431	1,090000
2	1,188100	0,841680	0,568469
3	1,295029	0,772183	0,395055
4	1,411582	0,708425	0,308669
5	1,538624	0,649931	0,257092
6	1,677100	0,596267	0,222920
7	1,828039	0,547034	0,198691
8	1,992563	0,501866	0,180674
9	2,171893	0,460428	0,166799
10	2,367364	0,422411	0,155820

n \ 10 %	q^n	$\frac{1}{q^n}$	$\frac{q^n(q-1)}{(q^n-1)}$
1	1,100000	0,909091	1,100000
2	1,210000	0,826446	0,576190
3	1,331000	0,751315	0,402115
4	1,464100	0,683013	0,315471
5	1,610510	0,620921	0,263797
6	1,771561	0,564474	0,229607
7	1,948717	0,513158	0,205405
8	2,143589	0,466507	0,187444
9	2,357948	0,424098	0,173641
10	2,593742	0,385543	0,162745

Lösungsvorschlag

Aufgabe 2: Außenfinanzierung in Form der Darlehensaufnahme, statische und dynamische Investitionsrechnung

1.1 Kostenvergleichsrechnung

Kosten der alten Anlage:

$K = x \cdot k_v + K_{fix}$

$K = 2.000 \text{ Stück} \cdot 550 \text{ €/Stck.} + 500.000 \text{ €} = 1.600.000 \text{ €}$

Kosten der neuen Anlage

Fertigungslöhne pro Jahr	400.000 €		
Fertigungsmaterial pro Jahr	300.000 €		
Sonstige variable Kosten pro Jahr	100.000 €	K_v =	800.000 €
Gehälter pro Jahr	60.000 €		
Sonstige fixe Kosten pro Jahr	140.000 €		
Abschreibung pro Jahr	400.000 €	K_{fix} =	600.000 €
Gesamtkosten pro Jahr		K =	1.400.000 €

Die neue Anlage verursacht bei einer Absatzmenge von 2.000 Stück 200.000 € weniger Gesamtkosten als die alte Produktionsanlage.

1.2 Kritische Menge beim Vergleich alte und neue Produktionsanlage

$k_v$neu: 800.000 €/2.000 Stück = 400 €/Stück

Kostenfunktion der neuen Anlage: K = 400 x + 600.000

Kritische Menge:

$$\begin{aligned} \text{Kosten alte Anlage} &= \text{Kosten neue Anlage} \\ 550\,x + 500.000 &= 400\,x + 600.000 \\ 150\,x &= 100.000 \\ x &= 666\tfrac{2}{3} \text{ Stück} \end{aligned}$$

Bei einer Absatzmenge von 667 Stück ist die neue Anlage kostengünstiger. Bei kleineren Absatzmengen verursacht die alte Anlage geringere Kosten.

Ersatzlösung:

Kostenfunktion der neuen Anlage: K = 450 x + 530.000

Kritische Menge: = 300 Stück

1.3.1 Berechnung der Amortisationszeit

$$\text{Amortisationszeit } t = \frac{\text{Anschaffungswert der neuen Anlage – Restwert der alten Anlage}}{\text{Kosteneinsparung + zusätzliche Abschreibung}}$$

$$t = \frac{2.400.00 - 400.000}{200.000 + 300.000} = 4 \text{ Jahre}$$

Die Amortisationszeit liegt mit 4 Jahren unterhalb der von der Geschäftsleitung erwarteten Amortisationszeit von 5 Jahren.

Ersatzlösung:

$$t = \frac{2.400.00 - 400.000}{170.000 + 300.000} = 4{,}26 \text{ Jahre}$$

1.3.2 Kritik an der Amortisationsrechnung

- Kapitalrückflüsse nach Ablauf der Amortisationszeit werden nicht berücksichtigt, sodass u. U. Investitionsalternativen nicht berücksichtigt werden, die langfristig höhere Rückflüsse erzielen.
- Die Amortisationsrechnung gibt keine Auskunft über die Rentabilität der Investition.

1.4.1 Festlegung des Kalkulationszinssatzes

Bei der Festlegung des Kalkulationszinssatzes können von Bedeutung sein:
- der gegenwärtige Zinssatz am Kapitalmarkt zuzüglich eines Risikozuschlags;
- eine vom Investor vorgegebene Mindestverzinsung.

1.4.2 Berechnung des Kapitalwertes

Jahr	Einzahlungen in €*)	Auszahlungen in €**)	Einzahlungs-überschüsse in €	Abzinsungs-faktor	Barwerte in €
1	1.600.000	1.000.000	600.000	0,909091	545.455
2	1.600.000	1.000.000	600.000	0,826446	495.868
3	1.600.000	1.000.000	600.000	0,751315	450.789
4	1.600.000	1.000.000	600.000	0,683013	409.808
5	1.600.000	1.000.000	600.000	0,620921	372.553
6	1.600.000	1.000.000	600.000	0,564474	338.684
Barwertsumme:					2.613.157
Anschaffungswert:					2.400.000
Kapitalwert:					213.157

*) Einzahlungen = Umsatzerlöse (2.000 Stück · 800 €/Stück)
**) Auszahlungen = Kostenn – Abschreibungen
Kosten = 1.400.000 € (siehe Aufgabe 1.1)
Abschreibungen = 2.400.000 €/6 Jahre = 400.000 €

Der Kapitalwert besagt, dass der Investor neben der Kapitalrückzahlung eine Verzinsung in Höhe von 10 % seines eingesetzten Kapitals sowie weitere Überschüsse erzielt, deren Barwert 213.157 € beträgt. Die Investition ist somit vorteilhaft.

Ersatzlösung:

Jahr	Einzahlungen in €	Auszahlungen in €	Einzahlungs-überschüsse in €	Abzinsungs-faktor	Barwerte in €
1	1.600.000	1.030.000	570.000	0 909091	518.182
2	1.600.000	1.030.000	570.000	0 826446	471.074
3	1.600.000	1.030.000	570.000	0 751315	428.250
4	1.600.000	1.030.000	570.000	0,683013	389.317
5	1.600.000	1.030.000	570.000	0,620921	353.925
6	1.600.000	1.030.000	570.000	0,564474	321.750
Barwertsumme:					2.482.498
Anschaffungswert:					2.400.000
Kapitalwert:					82.498

1.4.3 Kapitalwertmethode zur Beurteilung einer Investitionsalternative

Die Entscheidung war richtig, da eine Anlage des Differenzbetrages zum Kalkulationszinssatz einen Kapitalwert von null Euro hat, sodass sich die Kapitalwerte der beiden Alternativen nicht verändern.

2.1 Vergleich von Darlehensangeboten

– Aufwands- und Liquiditätsbelastung:

Abzahlungsdarlehen (in €)

Jahr	Darlehens-betrag	Tilgung	Zinsen	Disagio	Aufwand	Liquiditäts-belastung
1	2.500.000	625.000	187.500	25.000	212.500	812.500
2	1.875.000	625.000	140.625	25.000	165.625	765.625
3	1.250.000	625.000	93.750	25.000	118.750	718.750
4	625.000	625.000	46.875	25.000	71.875	671.875
Summe		2.500.000	468.750	100.000	568.750	2.968.750

Annuitätendarlehen (in €)

Faktor 0,301921 Annuität $= 2.400.000\ € \cdot 0,301921 = 724.610\ €$

Jahr	Darlehensbetrag	Tilgung	Zinsen	Aufwand	Liquiditätsbelastung
1	2.400.000	532.610	192.000	192.000	724.610
2	1.867.390	575.219	149.391	149.391	724.610
3	1.292.171	621.236	103.374	103.374	724.610
4	670.935	670.935	53.675	53.675	724.610
Summe		2.400.000	498.440	498.440	2.898.440

– Voraussetzung für Gewinnausschüttungen ist ein entsprechend hoher Jahresüberschuss. Der Aufwand beim Annuitätendarlehen ist geringer als beim Abzahlungsdarlehen, sodass es im Hinblick auf das Ziel hoher Dividendenzahlungen vorzuziehen ist.

2.2 Auswirkung von Gewinnsteuern beim Darlehensvergleich

Die steuerlich abzugsfähigen Aufwendungen der Finanzierung mindern den Gewinn als Bemessungsgrundlage für die Gewinnbesteuerung. Somit wird bei einem Steuersatz von 30 % ein Liquiditätsabfluss für Steuerzahlungen in Höhe von 30 % der berechneten Aufwendungen verhindert. Die Liquiditätsbelastung sinkt.

2.3 Veränderung der Bilanzpositionen durch Darlehens- bzw. Leasingfinanzierung

Finanzierung durch Leasing:
- Liquide Mittel nehmen ab durch die Leasingraten
- Eigenkapital nimmt ab durch den Aufwand für die Leasingraten

Finanzierung durch Darlehen:
- Anlagevermögen (Maschinen) nimmt zu durch den Kauf der Maschine
- Liquide Mittel nehmen ab durch Zinszahlung und Tilgung
- Eigenkapital nimmt ab durch Zinsaufwand, ggf. Disagio und Abschreibung
- Fremdkapital (Verbindlichkeiten) nimmt zu durch das Darlehen

Zuschlagskalkulation – BAB – Kostenanalyse und Deckungsbeitrag

1 Die Apparatebau German GmbH stellt elektronische Messgeräte her. Im unteren Preissegment ist der Wettbewerbsdruck durch die fernöstliche Konkurrenz sehr hoch. Die Kostenrechnungsabteilung arbeitet an einem Konzept, das gewährleisten soll, dass trotz reduzierter Angebotspreise die gewünschte Kapitalrendite erzielt werden kann. Aus Konkurrenzgründen soll im 2. Quartal das Produkt D101 zum Listenverkaufspreis von 1.350 € angeboten werden. Aus diesem Grund sollen die gesamten Fertigungskosten höchstens 587 € betragen. Die Kosten für das Fertigungsmaterial belaufen sich derzeit auf 220 €.

Aus der Kostenrechnung sind des weiteren folgende Angaben bekannt:

Verwaltungsgemeinkostenzuschlagssatz	5 %
Vertriebsgemeinkostenzuschlagssatz	2 %
Materialgemeinkostenzuschlagssatz	15 %
Sondereinzelkosten des Vertriebs	16,81 €
Gewinnzuschlagssatz	20 %
Kundenskonto	3 %
Kundenrabatt	12 %
Vertreterprovision	7 %

Die angegebenen Gemeinkostenzuschlagssätze sind Durchschnittswerte aus den vergangenen Abrechnungsperioden.

1.1 Berechnen Sie, um wie viel Prozent das Fertigungsmaterial günstiger bezogen werden muss, um unter den angegebenen Bedingungen den angestrebten Gewinn zu erreichen.

(Rundung auf eine Nachkommastelle)

1.2 Zwischenzeitlich liegen aus der Kostenrechnung für das 1. Quartal folgende Gemeinkosten für die einzelnen Kostenstellen vor:

BAB 1. Quartal	Kostenstellen						
	Allgemeine Hilfsstelle	Material	Fertigungshilfsstelle	Fertigung I	Fertigung II	Verwaltung	Vertrieb
Gemeinkosten	360.000 €	450.000 €	250.000 €	1.200.000 €	1.350.000 €	434.250 €	142.200 €

1.2.1 Führen Sie die Umlage der Gemeinkosten der beiden Hilfsstellen durch und berechnen Sie die Summe der Gemeinkosten der Hauptkostenstellen. Die Allgemeine Hilfsstelle wird nach der Fläche in m², die Fertigungshilfsstelle nach der Zahl der Mitarbeiter umgelegt. Verwenden Sie dazu die Anlage, Seite 2011-16.

	Allgemeine Hilfsstelle	Material	Fertigungs-hilfsstelle	Fertigung I	Fertigung II	Verwaltung	Vertrieb
Fläche in m²	500	1.200	400	2.200	2.800	800	600
Mitar-beiter	16	22	8	85	49	26	28

1.2.2 Berechnen Sie die Ist-Zuschlagssätze des 1. Quartals (Rundung auf eine Nachkommastelle) und das Betriebsergebnis. Berücksichtigen Sie eine Bestandserhöhung an Fertigerzeugnissen von 120.000 €, eine Bestandsminderung bei den unfertigen Erzeugnissen von 30.000 € und folgende zusätzliche Angaben:

(Beträge in €)	Material	Fertigung I	Fertigung II	Verwaltung	Vertrieb
Zuschlags-basis	FM 2.800.000	FL I 1.175.200	FL II 983.750	Herstell-kosten der Produktion	Herstell-kosten des Umsatzes
Sonder-einzelkosten	–	–	44.050	–	26.000

Die Umsatzerlöse im 1. Quartal betrugen 9.400.000 €.

1.3 Die Auswertung der vergangenen Quartalszahlen ergibt, dass abgesehen von den Vertriebsgemeinkosten die Istgemeinkosten in allen anderen Kostenstellen höher sind als die Normalgemeinkosten.

1.3.1 Begründen Sie, ob diese höheren Istgemeinkosten zu einer Kostenüber- oder Kostenunterdeckung in den betreffenden Kostenstellen führen.

1.3.2 Nennen Sie zwei Ursachen, die diese Entwicklung ausgelöst haben könnten.

1.3.3 Beschreiben Sie die Auswirkung der festgestellten Kostenabweichung auf das Betriebsergebnis des 1. Quartals.

1.4 Beurteilen Sie das Ergebnis aus Aufgabe 1.1 (Preisreduktion bezüglich des Fertigungsmaterials zur Erzielung des gewünschten Gewinns) unter Beachtung der beschriebenen Kostenentwicklung (Aufgabe 1.3).

1.5 Der Leiter der Kostenrechnungsabteilung schlägt vor, den BAB ab dem 2. Quartal um die Kostenstellen „Qualitätsmanagement“ und „Fertigung III“ zu erweitern.

1.5.1 Die Einrichtung der neuen Kostenstelle „Fertigung III“ ist umstritten. Der Abteilungsleiter begründet die Notwendigkeit mit einer Erweiterung des Produktionsprogramms.

Erläutern Sie den Zusammenhang.

1.5.2 Begründen Sie, ob die Kostenstelle „Qualitätsmanagement“ als allgemeine oder spezielle Hilfskostenstelle eingerichtet werden soll.

2 Eine Planungsrechnung der Apparatebau German GmbH für das Zweigwerk III, in dem ausschließlich das Produkt F302 hergestellt wird, geht davon aus, dass man bei einer Kapazitätsauslastung von zwei Dritteln einen Umsatz von 1.000.000 € pro Quartal und einen Deckungsbeitrag von 480.000 € pro Quartal erzielen kann. Die Fixkosten pro Quartal betragen 600.000 €.

Es ist von einem linearen Gesamterlös- und Gesamtkostenverlauf auszugehen.

2.1 Ermitteln Sie das Betriebsergebnis für die oben beschriebene Situation, und berechnen Sie den erforderlichen Gesamterlös, um die Gewinnschwelle zu erreichen.

2.2 Berechnen Sie das maximal erreichbare Betriebsergebnis.

Punkte:

Frage	1.1	1.2.1	1.2.2	1.3.1	1.3.2	1.3.3	1.4	1.5.1	1.5.2	2.1	2.2
NP	4	3	5	2	2	2	2	3	2	3	2

Anlage: Quartals-BAB der Apparatebau German GmbH

	Allgemeine Hilfsstelle	Material	Fertigungs-hilfsstelle	Fertigung I	Fertigung II	Verwaltung	Vertrieb
Summe der Gemeinkosten (in €)	360.000	450.000	250.000	1.200.000	1.350.000	434.250	142.200
Umlage Allgemeine Hilfsstelle							
Zwischensumme							
Umlage Fertigungs-hilfsstelle							
Summe der Gemeinkosten (in €)							

Lösungsvorschlag

Aufgabe 3: Zuschlagskalkulation – BAB – Kostenanalyse und Deckungsbeitrag

1.1 Rückwärtskalkulation

Fertigungsmaterial		200,00 €	100 %	
+ Materialgemeinkosten	15 %	30,00 €	+ 15 %	
= Materialkosten		230,00 €	115 %	
+ Fertigungskosten		587,00 €		
= Herstellkosten		817,00 €		100 %
+ Verwaltungsgemeinkosten	5 %	40,85 €		+ 5 %
+ Vertriebsgemeinkosten	2 %	16,34 €		+ 2 %
+ Sondereinzelkosten des Vertriebs		16,81 €		107 % = 874,19 €
= Selbstkosten		891,00 €	100 %	
+ Gewinnzuschlag	20 %	178,20 €	+ 20 %	
= Barverkaufspreis		1.069,20 €	120 %	90 %
+ Kundenskonto	3 %	35,64 €		+ 3 %
+ Vertreterprovision	7 %	83,16 €		+ 7 %
= Zielverkaufspreis		1.188,00 €	88 %	100 %
+ Kundenrabatt	12 %	162,00 €	+ 12 %	
= Listenverkaufspreis		1.350,00 €	100 %	

Fertigungsmaterial bisher	220,00 €
Fertigungsmaterial neu	200,00 €
Kostendifferenz	20,00 €
Preisreduzierung in %	**9,1 %**

1.2.1 Betriebsabrechnungsbogen

	Allgemeine Hilfsstelle	Material	Fertigungs-hilfsstelle	Fertigung I	Fertigung II	Verwaltung	Vertrieb
Summe der Gemeinkosten (in €)	360.000	450.000	250.000	1.200.000	1.350.000	434.250	142.200
Umlage Allgemeine Hilfsstelle	→	54.000	18.000	99.000	126.000	36.000	27.000
Zwischensumme		504.000	268.000	1.299.000	1.476.000	470.250	169.200
Umlage Fertigungs-hilfsstelle			→	170.000	98.000		
Summe der Gemeinkosten (in €)		504.000		1.469.000	1.574.000	470.250	169.200

1.2.2 Gesamtkalkulation zur Berechnung der Ist-Zuschlagssätze

	Istkosten in €	Zuschlagssätze
Fertigungsmaterial	2.800.000	
+ Materialgemeinkosten	504.000	18 %
= Materialkosten	3.304.000	
Fertigungslöhne I	1.175.200	
+ Fertigungsgemeinkosten I	1.469.000	125 %
Fertigungslöhne II	983.750	
+ Fertigungsgemeinkosten II	1 574.000	160 %
+ Sondereinzelkosten der Fertigung	44.050	
= Fertigungskosten	5.246.000	
Herstellkosten der Produktion	8.550.000	
– Bestandsmehrung Fertigerzeugnisse	120.000	
+ Bestandsminderung unfertige Erzeugnisse	30.000	
Herstellkosten des Umsatzes	8.460.000	
+ Verwaltungsgemeinkosten	470.250	5,5 %
+ Vertriebsgemeinkosten	169.200	2 %
+ Sondereinzelkosten des Vertriebs	26.000	
Selbstkosten	9.125.450	
Betriebsergebnis	**274.550**	
Umsatzerlöse	9.400.000	

1.3.1 Begründung einer Kostenunterdeckung

Da die Istgemeinkosten des 1. Quartals höher sind als die den Kunden durch die Angebotskalkulation in Rechnung gestellten Normalgemeinkosten, führt dies zu Kostenunterdeckungen in den Kostenstellen Material, Fertigung I, Fertigung II und Verwaltung.

1.3.2 Ursachen einer Kostenunterdeckung

- Unterdurchschnittliche Beschäftigung
- Preiserhöhung für die in der Produktion erforderlichen Güter
- Erhöhter Verbrauch von Gütern und Diensten

Hinweis: *Laut Aufgabenstellung sind nur zwei Nennungen notwendig.*

1.3.3 Auswirkung der Kostenabweichung auf das Betriebsergebnis

Da bei der Kalkulation zu wenige Gemeinkosten eingerechnet wurden, wird das tatsächlich erzielte Betriebsergebnis des 1. Quartals geringer ausfallen als das geplante Betriebsergebnis (Umsatzergebnis).

1.4 Auswirkung der Kostenabweichung auf die Einkaufspreise für Fertigungsmaterial

Die in 1.1 berechnete Preisreduktion des Fertigungsmaterials reicht nicht aus, um den gewünschten Gewinn zu realisieren.
Die höheren Istgemeinkosten werden durch die verrechneten Normalgemeinkosten nicht abgedeckt. Um eine Verringerung des angestrebten Gewinns zu vermeiden, müsste das Fertigungsmaterial noch günstiger eingekauft werden.

1.5.1 Gründe für die Einrichtung einer neuen Kostenstelle

Bei der Erweiterung des Produktionsprogramms durch Produkte, deren Herstellungsverfahren unterschiedlich sind (verschieden hohe Fertigungslohnanteile, Inanspruchnahme unterschiedlicher Maschinen und Arbeitsplätze), bewirkt eine detaillierte Kostenstellengliederung im Fertigungsbereich eine verursachungsgerechtere Verteilung der Fertigungsgemeinkosten. Nur die Produkte, die kostenintensive Bearbeitungsmaschinen in Anspruch nehmen, werden dann mit den verursachten Kosten belastet.

1.5.2 Unterscheidung zwischen allgemeiner und spezieller Hilfskostenstelle

Hinweis: *Verschiedene Lösungen sind möglich. Begründen Sie Ihre Entscheidung.*

Qualitätsmanagement als „spezielle Hilfskostenstelle":
Es werden nur bestimmte Tätigkeiten bezogen auf einzelne Kostenstellen durchgeführt (z. B. Wareneingangsprüfungen in der Materialstelle; Warenendkontrollen in den Fertigungsstellen u. a.).

Qualitätsmanagement als „allgemeine Hilfskostenstelle":
Qualitätsmanagement wird unabhängig von einer bestimmten Kostenstelle als gesamtbetriebliche Aufgabe angesehen. Diese Hilfsstelle gibt folglich ihre Leistungen an alle anderen Kostenstellen (auch Verwaltungs- und Vertriebsstellen) im Unternehmen weiter.

2.1 Ermittlung des Betriebsergebnisses; Gesamterlös an der Gewinnschwelle

Betriebsergebnis = DB – K_{fix} = 480.000 € – 600.000 € = $\underline{\underline{-120.000\text{ €}}}$ (Verlust)

Die Gewinnschwelle erfordert einen Deckungsbeitrag in Höhe der Fixkosten.
Der DB ist somit um 120.000 € auf die Höhe der K_{fix} (= 600.000 €) zu steigern.

120.000 € · 100 / 480.000 € = 25 % (notwendige Steigerung des DB)

Weil E, K_v und DB, ausgehend vom Ursprung, linear verlaufen, müssen die Erlöse um denselben Prozentsatz gesteigert werden:

1.000.000 € · 1,25 = $\underline{\underline{1.250.000\text{ €}}}$ (Gesamterlös an der Gewinnschwelle)

2.2 Maximales Betriebsergebnis

Der maximal erreichbare Gewinn wird an der Kapazitätsgrenze erreicht.

Beschäftigungsgrad = 66 ²/₃ % → DB = 480.000 €
Beschäftigungsgrad = 100 % → DB = 720.000 €

Betriebsergebnis = DB – K_{fix} = 720.000 € – 600.000 € = $\underline{\underline{120.000\text{ €}}}$

Preisbildung bei Unternehmen mit Marktmacht

1 In **A-Stadt**, einer mittelgroßen Kreisstadt, gibt es seit einiger Zeit einen Waschsalon namens „Waschwerk". In dessen Räumlichkeiten kann Kleidung gegen Bezahlung gewaschen und getrocknet werden. Alle Geräte sind mit Münzautomaten ausgestattet. Der nächste Waschsalon befindet sich in einer 30 Kilometer entfernten Nachbarstadt.

Die bisherigen Erfahrungswerte lassen den Inhaber von „Waschwerk" hinsichtlich des Zusammenhangs zwischen Preis und Menge mit folgender Funktion für einen durchschnittlichen Geschäftstag rechnen:

$x = -20p + 240$

p = Preis für einen Waschgang (Maschinenfüllung)
x = Anzahl der Waschgänge pro Geschäftstag

Pro Geschäftstag fallen 300 € fixe Kosten an. Die variablen Kosten belaufen sich auf 1,00 € je Waschgang.

1.1 Grenzen Sie die hier vorliegende Marktform gegenüber der des Polypols auf dem vollkommenen Markt ab, indem Sie für beide Marktformen angeben,
- welche Größen ein Anbieter jeweils festlegen kann (Aktionsparameter) und
- welche Größen er bei seinen Entscheidungen berücksichtigen muss (Reaktionsparameter).

1.2 Ermitteln Sie für den Waschsalon die erlösmaximale Preis-Mengen-Kombination und die Höhe des sich für diesen Fall ergebenden Gewinns pro Geschäftstag.

1.3 Ermitteln Sie für den Waschsalon die gewinnmaximale Preis-Mengen-Kombination und die Höhe des sich für diesen Fall ergebenden Gewinns pro Geschäftstag.

1.4 Vergleichen Sie die Ergebnisse von 1.2 und 1.3 und begründen Sie, warum der Gewinn trotz einer höheren Zahl von Waschvorgängen geringer sein kann.

1.5 Der Inhaber von „Waschwerk" überlegt sich Möglichkeiten, wie er seinen Gewinn noch weiter steigern kann. Bisher wurde von allen Kunden ein einheitlicher Preis von 6,50 € pro Waschgang verlangt.

Ein erheblicher Teil seiner Kundschaft wäre bereit, auch einen um 1,50 € höheren Preis zu akzeptieren. Für Studenten der kürzlich eröffneten Fachhochschule, die den Waschsalon verstärkt nutzen, soll gegen Vorlage eines Studentenausweises der bisherige Preis beibehalten werden.

1.5.1 Ermitteln Sie den Tagesgewinn, der sich bei einer auf die beiden unterschiedlichen Zielgruppen abgestimmten Preisgestaltung ergeben würde.

1.5.2 Fertigen Sie eine Skizze, in der Sie die Konsumentenrente jeweils vor und nach der Preisdifferenzierung sowie den zusätzlichen Gewinn des Anbieters grafisch darstellen.

1.5.3 Nennen und beschreiben Sie eine weitere Form der Preisdifferenzierung, die der Waschsalon anwenden könnte.

2 In **B-Stadt** gibt es zahlreiche nahezu identische SB-Waschsalons, so dass hier von einem Polypol auf dem vollkommenen Markt gesprochen werden kann.

Die Kostenstrukturen der Anbieter führen aufgrund des bauartbedingten Verschleißes der dort eingesetzten Waschmaschinen und der dortigen Stromtarife zu einem S-förmigen Verlauf der Gesamtkostenkurve.

Im Preis-Mengen-Diagramm (Anlage, Seite 2011-23) ist eine aus den Grenzkostenkurven aller Anbieter zusammengefasste Kurve dargestellt.

In B-Stadt gilt folgende Gesamtnachfragefunktion für Dienstleistungen von SB-Waschsalons:

$x = -200p + 1.200$

2.1 Ermitteln Sie in der Anlage, Seite 2011-23, grafisch den Gleichgewichtspreis und die Gleichgewichtsmenge.

2.2 Nehmen Sie an, alle SB-Waschsalon-Betreiber in B-Stadt würden sich hinsichtlich des Preises absprechen und einen Einheitspreis festlegen (Kollektivmonopol). Gehen Sie davon aus, dass sich an den Kosten- und Nachfragestrukturen nichts ändert.
- Ermitteln Sie grafisch die gewinnmaximale Preis-Mengen-Kombination (Anlage, Seite 2011-23).
- Beurteilen Sie das Ergebnis aus Konsumentensicht.

2.3 Die Zahl der Nutzer von SB-Waschsalons in B-Stadt hat sich in letzter Zeit deutlich erhöht.

Begründen Sie, wie sich dies auf die gewinnmaximale Preis-Mengen-Kombination des Kollektivmonopols bei sonst unveränderten Bedingungen auswirkt.

Punkte:

Frage	1.1	1.2	1.3	1.4	1.5.1	1.5.2	1.5.3	2.1	2.2	2.3
NP	4	3	3	2	3	4	2	2	4	3

Anlage zu Aufgabe 2.1 und 2.2

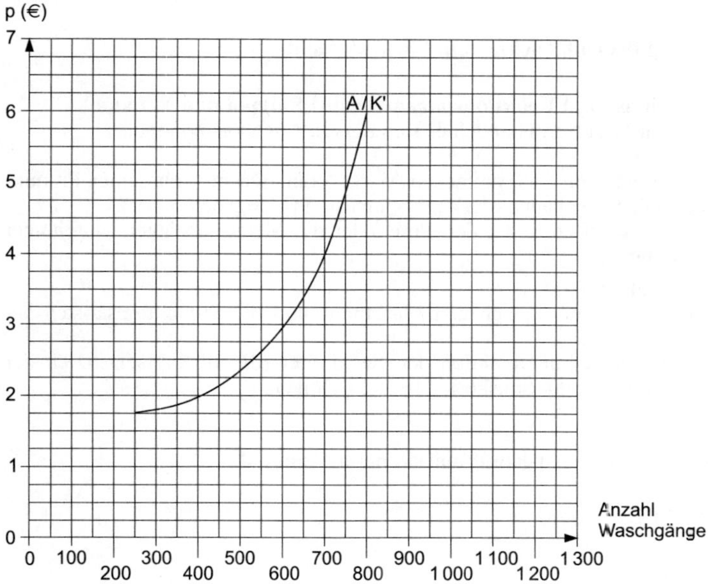

Lösungsvorschlag

Aufgabe 4: Preisbildung bei Unternehmen mit Marktmacht

1.1 Vergleich der Aktions- und Reaktionsparameter bei Polypol und Monopol

Bei der vorliegenden Marktform handelt es sich um ein Angebotsmonopol.

- **Aktionsparameter:**
  - Der Polypolist auf dem vollkommenen Markt kann sich nur mit seiner Produktionsmenge an den gegebenen Marktpreis anpassen (Mengenanpasser).
  - Der Monopolist kann entweder den Preis oder die Menge festlegen (autonomer Preis- oder Mengenfixierer).
- **Reaktionsparameter:**
  - Der Polypolist muss den gegebenen Marktpreis und die Produktionskosten berücksichtigen.
  - Der Monopolist muss die Reaktion der Nachfrager (direkte Preiselastizität der Nachfrage) und die Produktionskosten berücksichtigen.

1.2 Erlösmaximale Preis-Mengen-Kombination beim Monopol

$p = -0{,}05x + 12$

$E = p \cdot x = -0{,}05x^2 + 12x$

$E' = -0{,}1x + 12$

$E' = 0 \Rightarrow 0 = -0{,}1x + 12$

$x = \underline{\underline{120 \text{ Waschgänge}}} \Rightarrow p = -0{,}05 \cdot 120 + 12 \quad \Rightarrow p = \underline{\underline{6\ €}}$

$G = E - K = 6 \cdot 120 - (300 + 120 \cdot 1) \quad \Rightarrow G = \underline{\underline{300\ €}}$

***Hinweis:** Alternativ ist hier auch eine grafische Lösung möglich.*

1.3 Gewinnmaximale Preis-Mengen-Kombination beim Monopol

$E' = K'$

$-0{,}1x + 12 = 1$

$x = \underline{\underline{110 \text{ Waschgänge}}} \Rightarrow p = -0{,}05 \cdot 110 + 12 \quad \Rightarrow p = \underline{\underline{6{,}50\ €}}$

$G = 6{,}50 \cdot 110 - (300 + 110 \cdot 1) \quad \Rightarrow G = \underline{\underline{305\ €}}$

***Hinweis:** Alternativ ist hier auch eine grafische Lösung möglich.*

1.4 Ergebnisvergleich

Die erlösmaximale Menge ist um 10 höher als die gewinnmaximale.

Für Waschvorgänge, die über die gewinnmaximale Menge von 110 hinausgehen, liegen die Grenzkosten über den Grenzerlösen. Daher sinkt mit weiterer Mengenausdehnung der Gesamtgewinn. Somit ist der Gewinn bei der erlösmaximalen Menge von 120 Waschgängen geringer als bei 110 Waschgängen.

1.5.1 Tagesgewinn bei Preisdifferenzierung

Preis-Absatz-Funktion $\Rightarrow$ $x = -20p + 240$

Absatzmenge bei einem Preis von $6{,}50 + 1{,}50 = 8{,}00$ € $\Rightarrow$

$x = -20 \cdot 8{,}00 + 240 = 80$ Waschgänge würden bei einem Preis von 8,00 € nachgefragt.

Bei einem Preis von 6,50 € würden 110 Waschgänge nachgefragt.

Bei einer Preisdifferenzierung mit Preisen von 8,00 € und 6,50 € können 80 Waschgänge zu 8,00 € und 30 Waschgänge (110 – 80) zu 6,50 € abgesetzt werden.

Erlös bei Preisdifferenzierung: $E = 8{,}00 \cdot 80 + 6{,}50 \cdot 30 = 835$ €

Gewinn bei Preisdifferenzierung: $G = 835 - (300 + 110 \cdot 1) = 425$ €

1.5.2 Grafische Darstellung der abgeschöpften Konsumentenrente durch die Preisdifferenzierung

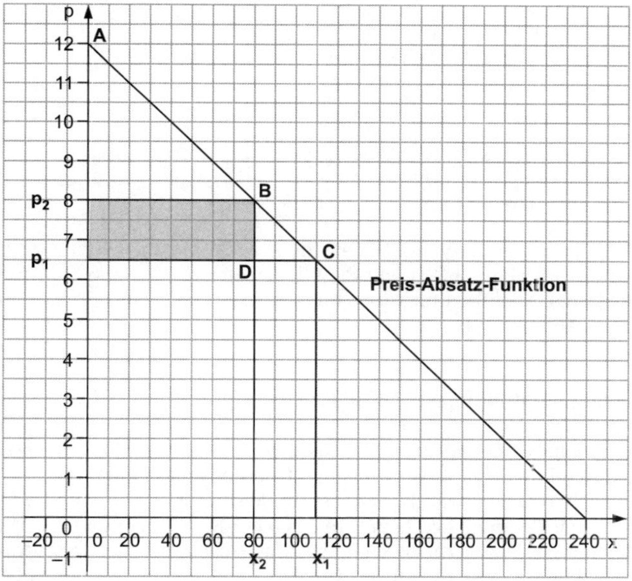

Hinweis: Die Skizze wäre auch ohne Achsenskalierung möglich.

Konsumentenrente ohne Preisdifferenzierung: Dreieck $A - C - p_1$
Konsumentenrente mit Preisdifferenzierung: Dreieck $A - B - p_2$ + Dreieck $B - C - D$
Abgeschöpfte Konsumentenrente = zusätzlicher Gewinn: Viereck $p_2 - B - D - p_1$

1.5.3 Weitere Form der Preisdifferenzierung

z. B. zeitliche Preisdifferenzierung:
Der Waschsalon hätte z. B. die Möglichkeit, bis 16.00 Uhr geringere Preise als danach oder samstags höhere Preise als unter der Woche zu verlangen bzw. Nachttarife anzubieten.

2.1 Grafische Ermittlung des Polypolpreises bei s-förmigem Gesamtkostenverlauf

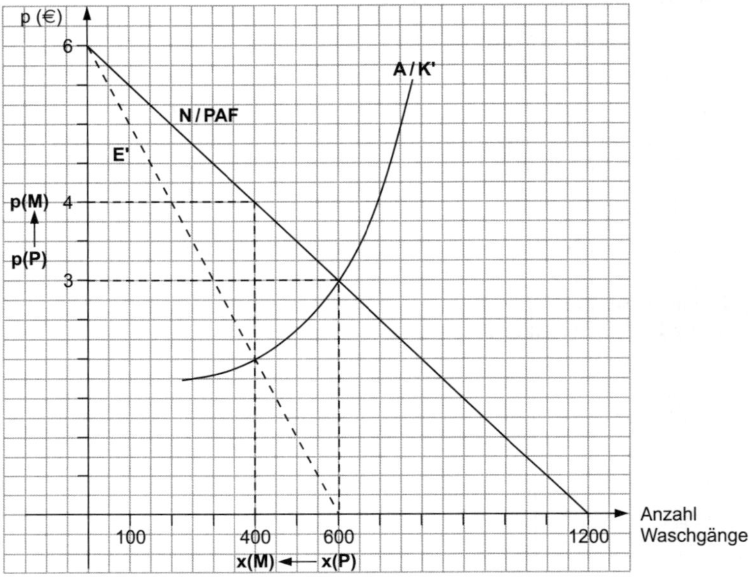

Unter den Bedingungen des Polypols (P) auf dem vollkommenen Markt beträgt der Gleichgewichtspreis 3 € (Preis p(P)) und die Gleichgewichtsmenge 600 Waschgänge x(P). (Schnittpunkt der Nachfragefunktion (Preis-Absatz-Funktion) mit der Angebotsfunktion (Grenzkostenfunktion)).

2.2 Marktveränderung bei Bildung eines Kollektivmonopols

siehe Skizze 2.1

- Beim Kollektivmonopol beträgt der gewinnmaximale Preis (p(M)) 4 € und die gewinnmaximale Menge x(M) 400 Waschgänge (Cournot'scher Punkt).
- Ein Markt mit vollkommener Konkurrenz ist für den Verbraucher vorteilhafter, weil unter sonst gleichen Bedingungen beim Monopol der Preis höher und die Marktversorgung schlechter ist. Durch Ausnutzung der Marktmacht realisiert der Monopolist sein Gewinnmaximum durch künstliche Angebotsverknappung mit der Folge eines höheren Preises. Deshalb sind Monopole als wettbewerbs- und verbraucherfeindlich zu beurteilen.

2.3 Gewinnmaximale Preis-Mengen-Kombination bei steigender Nachfrage

Die Nachfragekurve verschiebt sich nach rechts.

Es ergibt sich ein neuer Schnittpunkt der dadurch veränderten Grenzerlöskurve mit der unveränderten Grenzkostenkurve.

Die Gewinnmaximierungsbedingung E' = K' ist auch bei einer höheren Menge und einem höheren Preis erfüllt.

Profilfach Wirtschaft (Baden-Württemberg)
Volkswirtschaftslehre (Teil 2) 2011 – Aufgabe 5

Ziele und Problemfelder der Wirtschaftspolitik, auch anhand von Tagesfragen: Umwelt-, Beschäftigungs- und Arbeitsmarktpolitik

M 1: Auszug aus dem Koalitionsvertrag zwischen CDU, CSU und FDP

„Wir wollen nachhaltiges Wachstum, um Wohlstand und soziale Gerechtigkeit zu sichern. […] Denn nachhaltiges Wachstum schafft Arbeit […].
In der jetzigen Situation gilt es, den Einbruch des wirtschaftlichen Wachstums so schnell wie möglich zu überwinden." […]

„Wir streben an, die paritätisch [= zu gleichen Teilen von Arbeitgebern und -nehmern] finanzierten … Sozialversicherungsbeiträge, die sich auch als Lohnzusatzkosten niederschlagen, unter 40 % vom Lohn zu halten. Wir werden dafür sorgen, dass sich Arbeit lohnt, dass den Bürgern mehr Netto vom Bruttoeinkommen bleibt." […]

„Das Prinzip der Nachhaltigkeit prägt unsere Politik. Wir wollen gute Lebensbedingungen für die kommenden Generationen. Der Klimaschutz ist weltweit die herausragende umweltpolitische Herausforderung unserer Zeit."

Quelle: http://www.cdu.de/doc/pdfc/091026-koalitionsvertrag-cducsu-fdp.pdf

M 2: Auszug aus dem Gesetz zur Beschleunigung des Wirtschaftswachstums

A. Ziele

„In der momentanen […] wirtschaftlichen Gesamtsituation gilt es, […] neue Impulse für einen stabilen und dynamischen Aufschwung zu setzen. […]
Deshalb wollen wir, dass Steuern einfach, niedrig und gerecht sind. Eine Steuerpolitik, die sich in diesem Sinne als Wachstumspolitik versteht, schafft Vertrauen und Zuversicht und stärkt durch wirksame und zielgerichtete steuerliche Entlastungen die produktiven Kräfte unserer Gesellschaft. Zur Sicherung der Technologieführerschaft Deutschlands soll der weitere Ausbau der erneuerbaren Energien gefördert werden."

Quelle: http://dip21.bundestag.de/dip21/btd/17/000/1700015.pdf

1 Nennen Sie drei wirtschaftspolitische Ziele des „Magischen Sechsecks", die Bestandteil des Koalitionsvertrages (M 1) sind, und definieren Sie die jeweiligen Größen, mit denen die Erreichung dieser Ziele gemessen wird bzw. gemessen werden könnte.

2 Im Koalitionsvertrag (M 1) wird bei zwei wirtschaftspolitischen Zielen, die zum „Magischen Viereck" gehören, von einer Zielharmonie ausgegangen.

Begründen Sie anhand dieser beiden Ziele
- auf welcher Überlegung der unterstellte Zusammenhang beruht,
- warum dieser Zusammenhang häufig nicht im erhofften Ausmaß zutrifft (Zwei Argumente).

3 Bei der Wachstumsförderung und Konjunkturstabilisierung werden das nachfrage- und das angebotsorientierte Konzept unterschieden.

Stellen Sie die Grundauffassungen der beiden Konzeptionen hinsichtlich folgender Kriterien gegenüber:
- Funktionsweise marktwirtschaftlicher Systeme
- Hauptursache für Wirtschaftskrisen
- Wirtschaftspolitische Rolle des Staates.

4 Wählen Sie aus der Koalitionsvereinbarung (M 1) und dem Wachstumsbeschleunigungsgesetz (M 2) insgesamt vier Vorhaben aus und ordnen Sie diese der nachfrage- bzw. der angebotsorientierten Wirtschaftspolitik zu.

Begründen Sie Ihre Entscheidungen, indem Sie die erhoffte Wirkungsweise der Maßnahmen erläutern.

Fertigen Sie dazu eine Lösungstabelle nach folgendem Muster an:

Vorhaben	Art der wirtschaftspolitischen Konzeption	Begründung / Wirkungsweise

5 Aufgrund mehrerer Konjunkturprogramme und deren Finanzierung über „deficit spending" ist die Staatsverschuldung auf Rekordhöhe gestiegen.

5.1 Begründen Sie mit zwei Argumenten, warum die Rückführung der Staatsschulden in der Praxis nur selten gelingt.

5.2 Erläutern Sie zwei negative Folgen einer hohen Staatsverschuldung.

5.3 Trotz der enormen Staatsverschuldung möchte die Regierung die Einkommensteuer für die Bezieher mittlerer Einkommen senken. In diesem Zusammenhang wird behauptet, eine solche Steuersenkung finanziere sich letztlich selbst und führe daher nicht zu einer weiteren Erhöhung der Staatsverschuldung.

Erläutern Sie den bei dieser Annahme unterstellten Zusammenhang zwischen Steuersatz und Steueraufkommen und nehmen Sie kritisch dazu Stellung.

6 Im Rahmen des Wachstumsbeschleunigungsgesetzes wurden unter anderem Maßnahmen im Bereich des Umweltschutzes beschlossen. Davon ist auch die Ökosteuer betroffen.

6.1 Erläutern Sie Absicht und Wirkungsweise der Ökosteuer.

6.2 Zur Erhaltung der Wettbewerbsfähigkeit von reinen Biokraftstoffen wurde die Ökosteuer auf Biodiesel gesenkt.
- Erläutern Sie, welche Anpassungsprozesse und Folgen sich durch diese Maßnahme auf dem Biodieselmarkt ergeben.
- Skizzieren Sie diese in einem Preis-Mengen-Diagramm mit normal verlaufenden Angebots- und Nachfragekurven.

6.3 Als Folge der Veränderungen auf dem Biodieselmarkt kommt es zu Reaktionen der Verbraucher, die bisher herkömmlichen Dieselkraftstoff getankt haben.

Erläutern Sie die sich daraus ergebenden Anpassungsprozesse und Folgen auf dem Biodieselmarkt.

Punkte:

Frage	1	2	3	4	5.1	5.2	5.3	6.1	6.2	6.3
NP	3	3	6	4	2	2	3	2	3	2

Lösungsvorschlag

Aufgabe 5: Ziele und Problemfelder der Wirtschaftspolitik, auch anhand von Tagesfragen: Umwelt-, Beschäftigungs- und Arbeitsmarktpolitik

1 Wirtschaftspolitische Ziele des Magischen Sechsecks im Koalitionsvertrag

- **Stetiges und angemessenes Wirtschaftswachstum**
  Messgröße: Zuwachsrate des realen Bruttoinlandsprodukts
- **Hoher Beschäftigungsstand**
  Messgröße: $\text{Arbeitslosenquote} = \dfrac{\text{registrierte Arbeitslose} \cdot 100}{\text{Anzahl ziviler Erwerbspersonen}}$
- **Erhaltung einer lebenswerten Umwelt**
  Messgröße: absolute Zielvorgabe nicht möglich, da es sich um ein qualitatives Ziel handelt (relative Vorgaben z. B. Senkung von CO_2-Ausstoß, Senkung der Erderwärmung um jeweils x %; Müllvermeidung)
- **Soziale Gerechtigkeit (gerechte Einkommens- und Vermögensverteilung)**
  Messgröße: absolute Zielvorgabe nicht möglich, da es sich um ein qualitatives Ziel handelt (relative Vorgaben z. B. Lohnquote)

Hinweis: *Laut Aufgabenstellung sind nur drei Nennungen notwendig.*

2 Zielharmonie zwischen wirtschaftspolitischen Zielen des Magischen Vierecks im Koalitionsvertrag

Zwischen den Zielen stetiges und angemessenes Wirtschaftswachstum und hoher Beschäftigungsstand wird Zielharmonie angenommen: Wirtschaftliches Wachstum bedeutet folglich Mehrproduktion, was zu erhöhtem Beschäftigungsstand führt.

Dies trifft aber nicht immer zu. Gründe hierfür können sein:

- Die Höhe der Wachstumsraten reicht häufig nicht aus, um signifikante Beschäftigungswirkungen auszulösen, weil nach einer Phase der Unterbeschäftigung die Mehrproduktion zunächst durch den Abbau von Kurzarbeit, die Einführung von Überstunden und erhöhte Arbeitsproduktivität ermöglicht wird (Okun'sches Gesetz).
- Die Mehrproduktion wird durch vermehrten Kapitaleinsatz und technischen Fortschritt erreicht (Rationalisierungsinvestitionen).
- Je nach Art der Arbeitslosigkeit, z. B. strukturelle Arbeitslosigkeit, bleibt trotz Wirtschaftswachstums eine Sockelarbeitslosigkeit bestehen (jobless growth).

Hinweis: *Laut Aufgabenstellung sind nur zwei Argumente notwendig.*

3 Vergleich: Nachfrage- und angebotsorientierte Wirtschaftspolitik

	Nachfrageorientierte Wirtschaftspolitik	**Angebotsorientierte Wirtschaftspolitik**
Funktionsweise marktwirtschaftlicher Systeme	Marktwirtschaften sind tendenziell instabil, weil es aufgrund von Marktunvollkommenheiten und Marktversagen Ungleichgewichte gibt, die nicht automatisch beseitigt werden.	Marktwirtschaften sind stabil, da sie bei funktionierendem Wettbewerb automatisch zum Gleichgewicht auf allen Märkten (inklusive Arbeitsmarkt) führen.
Hauptursache für Wirtschaftskrisen	zu geringe gesamtwirtschaftliche Nachfrage im Verhältnis zum Produktionspotenzial	zu geringe private Investitionen aufgrund nicht ausreichend rentabler Produktionsbedingungen
Wirtschaftspolitische Rolle des Staates	Er soll die gesamtwirtschaftliche Nachfrage erhöhen, um Ungleichgewichte zu beseitigen und das System zu stabilisieren. Dazu sind Eingriffe des Staates in den Wirtschaftsablauf notwendig (Globalsteuerung).	Er sorgt für Rahmenbedingungen (Ordnungspolitik), die die Investitionsbereitschaft der Unternehmen (Angebotsseite) stärken. Eingriffe des Staates in den Wirtschaftsablauf (Interventionismus) sollen unterbleiben, da diese zur Instabilität einer Marktwirtschaft führen.

4 Zuordnung realpolitischer Vorhaben zu den wirtschaftspolitischen Konzeptionen

Vorhaben	**Art der wirtschaftspolitischen Konzeption**	**Begründung / Wirkungsweise**
aus Koalitionsvertrag		
Sozialversicherungsbeiträge und damit Lohnzusatzkosten niedrig halten	angebotsorientiert	Unternehmen bleiben wettbewerbsfähig; Arbeitsplätze bleiben erhalten.
	nachfrageorientiert	Niedrige Sozialversicherungsbeiträge erhöhen das nachfragewirksame Nettoeinkommen der Arbeitnehmer.
Arbeit soll sich lohnen ⇒ mehr Nettoeinkommen	angebotsorientiert	Erhöhung der Leistungsbereitschaft
	nachfrageorientiert	Erhöhung der gesamtwirtschaftlichen Nachfrage
aus Beschleunigungsgesetz		
Steuerpolitik ⇒ steuerliche Entlastung der Bürger (einfache, niedrige und gerechte Steuern)	nachfrageorientiert	Erhöhung der gesamtwirtschaftlichen Nachfrage
	angebotsorientiert	Erhöhung der Leistungsbereitschaft
Förderung erneuerbarer Energien	angebotsorientiert	Sicherung zukunftsträchtiger Geschäftsfelder

✎ ***Hinweis:*** *Bei plausibler Begründung sind auch andere Zuordnungen möglich.*

5.1 Probleme bei der Verminderung der Staatsschulden

Deficit-spending geht davon aus, dass die in der Rezession aufgenommenen Kredite durch steigende Steuereinnahmen im Aufschwung wieder getilgt werden können (antizyklische Fiskalpolitik).

Risiken:
- Wenn trotz staatlicher Nachfragestimulierung der Aufschwung ausbleibt, gelingt der Ausstieg aus der Verschuldung nicht (mögliche Gründe: pessimistische Zukunftserwartungen, exogene Einflüsse wie Finanzkrise).
- Auch im Aufschwung und in der Hochkonjunktur erfolgt häufig aus politischen Gründen keine Schuldentilgung, da Politiker bisweilen dazu neigen, die Steuermehreinnahmen nicht zur Schuldentilgung, sondern angesichts bevorstehender Wahlen für Wahlgeschenke zu verwenden.

5.2 Negative Folgen hoher Staatsverschuldung

- Einschränkung des Handlungsspielraums der Regierung, da ein großer Teil der Staatsausgaben auf Zins- und Tilgungsleistungen entfällt und nicht für öffentliche Investitionen, wie z. B. Bildung und Infrastruktur, verwendet werden kann.
- Die Bonität des Staates an den Finanzmärkten könnte sinken. Somit würden die zu zahlenden Zinsen steigen.
- Es besteht die Gefahr, dass der Staat bei der Kreditnachfrage infolge der steigenden Zinsen private Kreditnehmer verdrängt und dadurch private Investitionen verhindert werden (crowding out).

Hinweis: *Laut Aufgabenstellung sind nur zwei Nennungen notwendig.*

5.3 Selbstfinanzierende Steuersenkung (Laffer-Theorem)

Zusammenhang zwischen Steuersatz und Steueraufkommen (Laffer-Theorem):
Bei gewinnabhängigen Steuern kann ein bestimmtes Steueraufkommen einerseits durch einen hohen (leistungsfeindlichen) Steuersatz bei niedriger gesamtwirtschaftlicher Gewinnsumme, andererseits durch einen niedrigeren Steuersatz bei hoher gesamtwirtschaftlicher Gewinnsumme erzielt werden. Durch die geplante Steuersenkung sollen Leistungsanreize geschaffen werden, um dadurch insgesamt mehr einkommensteuerpflichtiges Einkommen zu schaffen.

Kritische Stellungnahme:
Bezieher mittlerer Einkommen erhalten durch Steuersenkungen mehr Nettoeinkommen bei gleicher Leistung. Es ist fraglich, inwieweit sich die Steuersenkung bei dieser Zielgruppe, bei der es sich mehrheitlich um Arbeitnehmer (Gehaltsempfänger) handelt, in einen Leistungsanreiz mit zusätzlicher Einkommenserzielung niederschlagen kann.
In der Praxis ist eine sich selbst finanzierende Steuersenkung nicht nachweisbar. Oft führte diese Steuerpolitik zu steigenden Haushaltsdefiziten und höherer Staatsverschuldung.

6.1 Absicht und Wirkungsweise der Ökosteuer

Die Ökosteuer ist eine Mengensteuer auf umweltbelastende Energieträger. Dadurch entstehen für die Produzenten höhere Kosten. Wenn die Überwälzung der Kostenerhöhung auf die Verbraucher gelingt, kommt es zu den beabsichtigten Preissteigerungen. Dadurch soll der umweltschädliche Energieverbrauch eingeschränkt werden.
Auf diese Weise sollen externe (soziale) Kosten der Umweltschädigung internalisiert, d. h. in der Kostenrechnung der Verursacher berücksichtigt werden.

6.2 Anpassungsprozesse und Folgen der Steuersenkung auf dem Biodieselmarkt
Die Senkung der Ökosteuer für Biodiesel führt zu einer Kostenentlastung der Produzenten. Die Angebotskurve verschiebt sich dadurch nach rechts. Beim ursprünglichen Preis liegt jetzt ein Angebotsüberhang vor, sodass es durch eine Bewegung auf den Kurven zu einem neuen Gleichgewicht bei einem niedrigeren Preis und einer höheren Menge kommt.

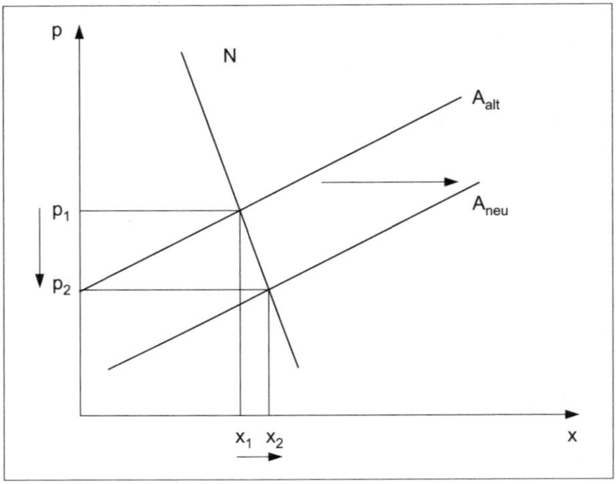

6.3 Anpassungsprozesse und Folgen der Steuersenkung auf die Substitutionsnachfrage
Da es sich um Substitutionsgüter handelt, nimmt die Nachfrage nach dem vergleichsweise preisgünstigeren Biodieselkraftstoff zu. Die Nachfragekurve verschiebt sich dadurch nach rechts. Beim bisherigen Preis liegt jetzt ein Nachfrageüberhang vor, sodass es durch eine Bewegung auf den Kurven zu einem neuen Gleichgewicht bei einem höheren Preis und einer höheren Menge kommt.

Profilfach Wirtschaft (Baden-Württemberg)
BWL mit Rechnungswesen (Teil 1) 2012 – Aufgabe 1

Personengesellschaften (rechtliche Grundlagen), Darlehensfinanzierung, Vergleich Leasing – Kredit auch anhand der Barwerte

Thomas Berger betreibt seit 1996 erfolgreich ein Einzelunternehmen in Karlsruhe, das Kunststoffteile für die Automobilindustrie herstellt. Zu Beginn des Jahres 2011 beschäftigt Berger 23 Mitarbeiter. Für eine Betriebserweiterung im Frühjahr 2011 benötigt er zusätzliches Kapital. Zusammen mit seinem Schwager Klaus Wegmann sowie seinem Mitarbeiter Hans Maier gründet er deshalb eine Kommanditgesellschaft.

Auszug aus dem Gesellschaftsvertrag

§ 1 Das Unternehmen wird unter der Firma Autoteile Berger KG geführt.

§ 2 Thomas Berger bringt als Komplementär seine bisherige Einzelunternehmung im Wert von 1.800.000 € in die Gesellschaft ein. Hans Maier tritt als weiterer Komplementär mit einer Bareinlage von 400.000 € ein. Klaus Wegmann beteiligt sich mit einer Bareinlage von 1.600.000 € als Kommanditist an der Gesellschaft.

§ 3 Beginn der Gesellschaft ist der 18. März 2011.

§ 4 Gewinn und Verlustverteilung:
Die Komplementäre erhalten vorab eine gewinnunabhängige Tätigkeitsvergütung von jeweils 4.000 € pro Monat. Vom erzielten Jahresgewinn erhält jeder Gesellschafter zunächst eine Verzinsung in Höhe von 6 % seines zu Beginn des Geschäftsjahres vorhandenen Kapitalanteils. Ein eventuell vorhandener Restgewinn wird im Verhältnis 9 : 2 : 8 auf die Gesellschafter Berger, Maier und Wegmann verteilt. Die gleiche Regelung gilt für einen Verlust.

Ansonsten gelten die gesetzlichen Bestimmungen. Die KG wird am 31. März 2011 in das Handelsregister Karlsruhe eingetragen.

1 Nach Aufnahme der Geschäftstätigkeit sind die folgenden rechtlichen Fragen zu klären.

1.1 Während sich Hans Maier im Juni 2011 auf einer Urlaubsreise befindet, schließt Thomas Berger mit Einverständnis von Klaus Wegmann einen Vertrag über einen Großkredit in Höhe von 1,4 Mio. € mit der Sparkasse Karlsruhe ab.
Beurteilen Sie die Rechtslage im Innen- und im Außenverhältnis.

1.2 Wegmann möchte im August 2011 zur Finanzierung eines privaten Ferienhauses aus seiner Beteiligung 600.000 € entnehmen.
Nehmen Sie zu diesem Vorhaben begründet Stellung.

1.3 In § 4 des Gesellschaftsvertrags wird die Gewinn- und Verlustverteilung geregelt.
Beurteilen Sie die getroffenen Vereinbarungen aus der Sicht von Hans Maier durch Vergleich mit den gesetzlichen Regelungen (drei Aspekte).

2 Klaus Wegmann hätte lieber eine GmbH gegründet. Dies wurde jedoch von Thomas Berger abgelehnt.
- Stellen Sie zwei Vorteile einer GmbH gegenüber einer KG dar.
- Wegmann hatte Bedenken, dass sein Einfluss als Gesellschafter in einer KG schwächer ist als in einer GmbH.
  Begründen Sie diese Befürchtung.

3 Die Autoteile Berger KG benötigt zu Beginn des Jahres 2012 eine Fertigungsmaschine zum Anschaffungspreis von 180.000 €. Die Maschine hat eine betriebsgewöhnliche Nutzungsdauer von 6 Jahren und soll linear abgeschrieben werden.

Es eröffnen sich folgende Finanzierungsmöglichkeiten:

Kreditangebot der Hausbank	**Angebot der Deutschen Leasing AG**
– Darlehen in Höhe von 180.000 € – Sollzinssatz 7 % – Auszahlung des Darlehens zu 100 % – Laufzeit 48 Monate – Tilgung jeweils am Jahresende in gleichen Raten	– Grundmietzeit 48 Monate – jährliche Leasingrate während der Grundmietzeit (zahlbar jeweils am Jahresende): 24 % der Anschaffungskosten – jährliche Leasingrate nach Ablauf der Grundmietzeit (zahlbar jeweils am Jahresende): 17 % der Anschaffungskosten

3.1 Prüfen und begründen Sie, welche Art des Leasingvertrages hinsichtlich
- der Dauer der Leasingzeit
- des Leasinggebers

vorliegt.

3.2 Ermitteln Sie die Liquiditätsbelastung und den Gesamtaufwand für beide Finanzierungsalternativen während der gesamten Nutzungsdauer.
Verwenden Sie für Ihre Lösung die Tabellen der Anlage 1 auf S. 2012-3.

3.3 Das Kreditangebot der Hausbank wäre auch als Annuitätendarlehen mit einem Sollzinssatz von 7 % möglich.
Berechnen Sie die Liquiditätsbelastung während der gesamten Nutzungsdauer, wenn der Kredit als Annuitätendarlehen nach vier Jahren vollständig getilgt sein soll (siehe Anlage 3 auf S. 2012-5).

3.4 Der Leiter der Finanzbuchhaltung schlägt vor, weitere Aspekte wie Gewinnsteuern und Barwerte in die Finanzierungsentscheidung einzubeziehen.

3.4.1 Erläutern Sie, weshalb der Barwert der Liquiditätsbelastung aussagekräftiger ist als die in Teilaufgabe 3.2 berechnete Liquiditätsbelastung.

3.4.2 Berechnen Sie auf der Grundlage Ihrer Ergebnisse aus Teilaufgabe 3.2 die Barwerte der Liquiditätsbelastung nach Steuern für die einzelnen Nutzungsjahre und insgesamt. Berücksichtigen Sie dazu einen Gewinnsteuersatz von 20 % und einen Kalkulationszinssatz von 8 %.
Interpretieren Sie Ihr Ergebnis.
Verwenden Sie für Ihre Lösung die Tabellen der Anlage 2 auf S. 2012-4 sowie Anlage 3 auf S. 2012-5. Berechnungen sind auf volle Euro zu runden.

3.4.3 Prüfen Sie, ob und gegebenenfalls wie sich die Steuerminderung bei der Darlehensfinanzierung verändern würde, wenn statt des Abzahlungsdarlehens zu gleichen Bedingungen ein Festdarlehen in Anspruch genommen werden könnte.
Begründen Sie Ihre Antwort (rechnerischer Nachweis nicht erforderlich).

Punkte:

Frage	1.1	1.2	1.3	2	3.1	3.2	3.3	3.4.1	3.4.2	3.4.3
NP	3	2	3	4	2	4	2	2	6	2

Anlage 1 zu Teilaufgabe 3.2

Darlehen der Hausbank (in €)

Jahr	Darlehen am Jahresanfang	Zinsen	Tilgung	Abschreibung	Liquiditäts-belastung	Gesamt-aufwand
1						
2						
3						
4						
5						
6						
Σ						

Leasingangebot (in €)

Jahr	Liquiditätsbelastung	Gesamtaufwand
1		
2		
3		
4		
5		
6		
Σ		

Anlage 2 zu Aufgabe 3.4.2

Liquiditätsbelastung und Barwerte beim Darlehen (in €)					
Jahr	Liquiditätsbelastung vor Steuern	Gesamtaufwand	Steuerminderung	Liquiditätsbelastung nach Steuern	Barwert
1					
2					
3					
4					
5					
6					
Σ					

Liquiditätsbelastung und Barwerte beim Leasing (in €)					
Jahr	Liquiditätsbelastung vor Steuern	Gesamtaufwand	Steuerminderung	Liquiditätsbelastung nach Steuern	Barwert
1					
2					
3					
4					
5					
6					
Σ					

Anlage 3

Aufzinsungs-, Abzinsungs- und Annuitätenfaktoren

für Zinssätze (p) von 5 % bis 10 % $\quad q = 1 + p / 100$
und Laufzeiten (n) von 1–10 Jahren

Aufzinsungsfaktor: q^n Annuitätenfaktor: $\frac{q^n(q-1)}{(q^n-1)}$ Abzinsungsfaktor: $\frac{1}{q^n}$

n \ 5 %	q^n	$\frac{1}{q^n}$	$\frac{q^n(q-1)}{(q^n-1)}$
1	1,050000	0,952381	1,050000
2	1,102500	0,907029	0,537805
3	1,157625	0,863838	0,367209
4	1,215506	0,822702	0,282012
5	1,276282	0,783526	0,230975
6	1,340096	0,746215	0,197017
7	1,407100	0,710681	0,172820
8	1,477455	0,676839	0,154722
9	1,551328	0,644609	0,140690
10	1,628895	0,613913	0,129505

n \ 6 %	q^n	$\frac{1}{q^n}$	$\frac{q^n(q-1)}{(q^n-1)}$
1	1,060000	0,943396	1,060000
2	1,123600	0,889996	0,545437
3	1,191016	0,839619	0,374110
4	1,262477	0,792094	0,288591
5	1,338226	0,747258	0,237396
6	1,418519	0,704961	0,203363
7	1,503630	0,665057	0,179135
8	1,593848	0,627412	0,161036
9	1,689479	0,591898	0,147022
10	1,790848	0,558395	0,135868

n \ 7 %	q^n	$\frac{1}{q^n}$	$\frac{q^n(q-1)}{(q^n-1)}$
1	1,070000	0,934579	1,070000
2	1,144900	0,873439	0,553092
3	1,225043	0,816298	0,381052
4	1,310796	0,762895	0,295228
5	1,402552	0,712986	0,243891
6	1,500730	0,666342	0,209796
7	1,605781	0,622750	0,185553
8	1,718186	0,582009	0,167468
9	1,838459	0,543934	0,153486
10	1,967151	0,508349	0,142378

n \ 8 %	q^n	$\frac{1}{q^n}$	$\frac{q^n(q-1)}{(q^n-1)}$
1	1,080000	0,925926	1,080000
2	1,166400	0,857339	0,560769
3	1,259712	0,793832	0,388034
4	1,360489	0,735030	0,301921
5	1,469328	0,680583	0,250456
6	1,586874	0,630170	0,216315
7	1,713824	0,583490	0,192072
8	1,850930	0,540269	0,174015
9	1,999005	0,500249	0,160080
10	2,158925	0,463193	0,149029

n \ 9 %	q^n	$\frac{1}{q^n}$	$\frac{q^n(q-1)}{(q^n-1)}$
1	1,090000	0,917431	1,090000
2	1,188100	0,841680	0,568469
3	1,295029	0,772183	0,395055
4	1,411582	0,708425	0,308669
5	1,538624	0,649931	0,257092
6	1,677100	0,596267	0,222920
7	1,828039	0,547034	0,198691
8	1,992563	0,501866	0,180674
9	2,171893	0,460428	0,166799
10	2,367364	0,422411	0,155820

n \ 10 %	q^n	$\frac{1}{q^n}$	$\frac{q^n(q-1)}{(q^n-1)}$
1	1,100000	0,909091	1,100000
2	1,210000	0,826446	0,576190
3	1,331000	0,751315	0,402115
4	1,464100	0,683013	0,315471
5	1,610510	0,620921	0,263797
6	1,771561	0,564474	0,229607
7	1,948717	0,513158	0,205405
8	2,143589	0,466507	0,187444
9	2,357948	0,424098	0,173641
10	2,593742	0,385543	0,162745

Lösungsvorschlag

Aufgabe 1: Personengesellschaften (rechtliche Grundlagen), Darlehensfinanzierung, Vergleich Leasing – Kredit auch anhand der Barwerte

1.1 Vertretung und Geschäftsführung bei der KG

Innenverhältnis:
Bei der Aufnahme eines Großkredits handelt es sich um eine außergewöhnliche Handlung, welche die Zustimmung aller Gesellschafter erfordert (§ 161 Abs. 2 i. V. m. § 116 Abs. 2 HGB). Da die Zustimmung von Maier nicht eingeholt wurde, hat Berger seine Geschäftsführungsbefugnis überschritten.

Außenverhältnis:
Der Kreditvertrag ist bindend für die KG, da jeder Komplementär Einzelvertretungsbefugnis für gewöhnliche und außergewöhnliche Rechtsgeschäfte hat (§ 125 Abs. 1 HGB).

1.2 Privatentnahme eines Kommanditisten

Als Kommanditist hat Wegmann keinen Anspruch auf Privatentnahmen, sondern nur auf Auszahlung seines Gewinnanteils. Ohne Einwilligung der anderen Gesellschafter ist er nicht befugt, seinen Kapitalanteil zu vermindern (§ 169 Abs. 1 HGB).

1.3 Gewinn- und Verlustverteilung bei der KG

- Der Gesellschaftsvertrag sieht mit einer Verzinsung von 6 % des eingesetzten Kapitals für alle Gesellschafter eine höhere und damit dem Risiko angemessenere Verzinsung als nach § 121 Abs. 1 HGB vor.
- Die Verteilung des Restgewinns soll laut § 168 Abs. 2 HGB in einem angemessenen Verhältnis erfolgen. Im vorliegenden Fall ist die Verteilung des Restgewinns offensichtlich im Verhältnis der Kapitalanteile erfolgt, was als angemessen angesehen werden kann. Das höhere Risiko durch die private Haftung als Komplementär wird in dieser Gewinnverteilung jedoch nicht berücksichtigt.
- Die Mitarbeit der beiden Komplementäre wurde bereits vorab durch die gewinnunabhängige Tätigkeitsvergütung abgegolten.
- Im Verlustfall bleibt die Belastung von Hans Maier vergleichsweise gering.

Vor diesem Hintergrund ist Hans Maier angemessen am Ergebnis beteiligt.

Hinweis: *Laut Aufgabenstellung ist nur die Nennung von drei Aspekten notwendig.*

2 Vorteile der GmbH gegenüber der KG; Einfluss der Gesellschafter

Vorteile:
- Es besteht eine Haftungsbeschränkung für alle Gesellschafter.
- Die GmbH ist als juristische Person unsterblich und vom Gesellschafterwechsel unabhängig.
- Es besteht die Möglichkeit zur Fremdorganschaft.

Hinweis: *Laut Aufgabenstellung ist nur die Nennung von zwei Vorteilen notwendig.*

Wegmann hat als Kommanditist lediglich ein Kontroll- und Widerspruchsrecht (§§ 166, 164 HGB). Als GmbH-Gesellschafter hat er in der Gesellschafterversammlung ein Stimmrecht, das sich nach der Höhe seines Geschäftsanteils bemisst. Jeder Euro eines Geschäftsanteils gewährt eine Stimme, sodass bei einem Geschäftsanteil von 1.600.000 € ein spürbarer Einfluss auf die Geschäftsleitung ausgeübt werden kann.

3.1 Leasingarten

Im vorliegenden Fall handelt es sich um ein
- Finance Leasing, da der Vertrag eine unkündbare Grundmietzeit von 48 Monaten vorsieht.
- indirektes Leasing, da eine selbstständige Leasinggesellschaft das Leasinggut zur Verfügung stellt.

3.2 Vergleich Darlehen- und Leasingfinanzierung

Darlehen der Hausbank (in €)

Jahr	Darlehen am Jahresanfang	Zinsen	Tilgung	Abschreibung	Liquiditäts-belastung	Gesamt-aufwand
1	180.000	12.600	45.000	30.000	57.600	42.600
2	135.000	9.450	45.000	30.000	54.450	39.450
3	90.000	6.300	45.000	30.000	51.300	36.300
4	45.000	3.150	45.000	30.000	48.150	33.150
5	–	0	0	30.000	0	30.000
6	–	0	0	30.000	0	30.000
Σ		31.500	180.000	180.000	211.500	211.500

Leasingangebot (in €)

Jahr	Liquiditätsbelastung	Gesamtaufwand
1	43.200	43.200
2	43.200	43.200
3	43.200	43.200
4	43.200	43.200
5	30.600	30.600
6	30.600	30.600
Σ	234.000	234.000

3.3 Liquiditätsbelastung durch Annuitätendarlehen

$$\begin{aligned}\text{Liquiditätsbelastung} &= \text{Kreditbetrag} \cdot \text{Annuitätenfaktor} \cdot \text{Laufzeit}\\ &= 180.000\ € \cdot 0{,}295228 \cdot 4\ \text{Jahre}\\ &= 212.564{,}16\ €\end{aligned}$$

3.4.1 Aussagekraft des Barwertes

Der Barwert ist der Gegenwartswert einer zukünftigen Zahlung.

Um die in den unterschiedlichen Jahren anfallenden Zahlungen der beiden Finanzierungsalternativen besser miteinander vergleichen zu können, müssen die einzelnen Zahlungen auf einen gemeinsamen Bezugszeitpunkt, im vorliegenden Fall auf den Beginn der Darlehenslaufzeit bzw. der Laufzeit des Leasingvertrages, abgezinst werden.

3.4.2 Barwerte der Liquiditätsbelastung nach Steuern

Liquiditätsbelastung und Barwerte beim Darlehen (in €)					
Jahr	Liquiditätsbelastung vor Steuern	Gesamtaufwand	Steuerminderung	Liquiditätsbelastung nach Steuern	Barwert
1	57.600	42.600	8.520	49.080	45.444
2	54.450	39.450	7.890	46.560	39.918
3	51.300	36.300	7.260	44.040	34.960
4	48.150	33.150	6.630	41.520	30.518
5	0	30.000	6.000	−6.000	−4.083
6	0	30.000	6.000	−6.000	−3.781
Σ	211.500	211.500	42.300	169.200	142.976

Liquiditätsbelastung und Barwerte beim Leasing (in €)					
Jahr	Liquiditätsbelastung vor Steuern	Gesamtaufwand	Steuerminderung	Liquiditätsbelastung nach Steuern	Barwert
1	43.200	43.200	8.640	34.560	32.000
2	43.200	43.200	8.640	34.560	29.630
3	43.200	43.200	8.640	34.560	27.435
4	43.200	43.200	8.640	34.560	25.403
5	30.600	30.600	6.120	24.480	16.661
6	30.600	30.600	6.120	24.480	15.427
Σ	234.000	234.000	46.800	187.200	146.556

Die Liquiditätsbelastung ist beim Darlehen im vorliegenden Fall vor und nach Steuern geringer als beim Leasing. Allerdings verringert sich der Unterschied zwischen den beiden Finanzierungsalternativen durch Berücksichtigung von Steuern. Die höhere Aufwandsbelastung beim Leasing führt zu einem höheren Steuerminderungseffekt.
Der Vergleich der Barwertsummen zeigt, dass sich die Vorteilhaftigkeit der Kreditfinanzierung weiter verringert. (Durch die Abzinsung fällt vor allem die höhere Liquiditätsbelastung beim Leasing in den späteren Jahren weniger ins Gewicht.) Trotzdem bleibt die Kreditfinanzierung um einen Betrag günstiger, dessen Barwert sich auf 3.580 € beläuft.

3.4.3 Steuerminderungseffekt bei einem Festdarlehen

Die Tilgung eines Festdarlehens erfolgt erst am Ende der Laufzeit. Aufgrund der höheren Zinszahlungen während der Laufzeit wären die Aufwandsbelastung und folglich die Steuerentlastung größer.

Profilfach Wirtschaft (Baden-Württemberg)
BWL mit Rechnungswesen (Teil 1) 2012 – Aufgabe 2

GmbH (rechtliche Grundlagen); Vollkostenrechnung in Form der Zuschlagskalkulation, Angebotskalkulation, Deckungsbeitragsrechnung

Die beiden Wirtschaftsingenieure Albert Koch und Conrad Blumer haben ein neues umweltfreundliches Verfahren zur Herstellung von Bootslacken und Unterwasserfarben für Yachten entwickelt. Zusammen mit dem Dipl.-Kaufmann Wolfgang Arnold gründen sie die ALCON GmbH.

Auszug aus dem Gesellschaftsvertrag

§ 1 Firma: ALCON GmbH

§ 2 Sitz der Gesellschaft: Friedrichshafen

§ 3 Gegenstand des Unternehmens ist die Herstellung und der Vertrieb von Bootslacken und Unterwasserfarben.

§ 4 Geschäftsbeginn: 01. 02. 2011

§ 5 Stammkapital und Geschäftsanteile:
Das Stammkapital der Gesellschaft beträgt 130.000 €.
Als Geschäftsanteil übernehmen:

Albert Koch	75.000 €
Wolfgang Arnold	20.000 €
Conrad Blumer	35.000 €

§ 6 Die Einlagen sind in Geld zu folgenden Zeitpunkten zu erbringen:
Albert Koch und Wolfgang Arnold zum 01. 02. 2011
Conrad Blumer: 25 % zum 01. 02. 2011, der Rest zum 30. 11. 2011

§ 7 Geschäftsführung und Vertretung der Gesellschaft:
Zu Geschäftsführern werden bestellt:

Albert Koch:	Marketing und Vertrieb
Conrad Blumer:	Beschaffung, Produktion und Entwicklung
Wolfgang Arnold:	Personal und Rechnungswesen

Die Geschäftsführer sind einzelvertretungsberechtigt.
Rechtsgeschäfte, deren Wert 30.000 € übersteigen, bedürfen der Zustimmung sämtlicher Gesellschafter.

1 Erklären Sie die Begriffe
- Geschäftsanteil und
- Stammkapital.

2 Erläutern Sie, unter welcher Bedingung der Nennbetrag des Geschäftsanteils und der tatsächliche Wert des Geschäftsanteils voneinander abweichen können.

3 Prüfen Sie, ob zum 08. März 2011 die Anmeldung zum Handelsregister erfolgen kann.

4 Blumer kauft im Namen der ALCON GmbH am 03. Mai 2011 eine Abfüllanlage im Wert von 35.000 € bei der Weber Abfülltechnik KG, Konstanz. Die Anlage soll am 27. Mai 2011 noch vor ihrer Lieferung bezahlt werden. Arnold verweigert die Zahlung, weil er die Anlage für überteuert hält.

Prüfen Sie die Rechtslage im Innen- und Außenverhältnis.

5 Am 02. Februar 2012 findet eine Gesellschafterversammlung statt. Es stehen u. a. folgende Tagesordnungspunkte zur Beschlussfassung an:

- **TOP 3: Neufassung des § 3 der Satzung: Erweiterung des Geschäftszweckes**
  Gegenstand des Unternehmens ist die Herstellung und der Vertrieb von Bootslacken, Unterwasserfarben **und der Verkauf von Bootszubehör**.
- **TOP 5: Beschluss über die Verwendung des Jahresüberschusses**
  Jahresüberschuss 2011: 97.500,00 €
  Feststellung des Jahresabschlusses und Verwendung des Ergebnisses
  Vorschlag: Die Gewinnanteile sind an die Gesellschafter vollständig auszuschütten.

Bei Zustimmung zu TOP 3 ist zusätzlicher Kapitalbedarf zu erwarten.

5.1 Begründen Sie, ob die Änderung im Gesellschaftsvertrag (TOP 3) vorgenommen werden kann, wenn Gesellschafter Blumer dagegen stimmt.

5.2 Beurteilen Sie den Vorschlag, die Gewinnanteile vollständig an die Gesellschafter auszuschütten.

6 Im Jahr 2012 soll der neue Bootslack SHELTER in 10-Liter-Kanistern auf den Markt kommen. Aus der Kostenrechnung liegen für einen Kanister folgende Angaben vor:

Fertigungsmaterial	140 €
Fertigungslöhne	80 €
Materialgemeinkostenzuschlagssatz	10 %
Fertigungsgemeinkostenzuschlagssatz	110 %
Verwaltungsgemeinkostenzuschlagssatz	12 %
Vertriebsgemeinkostenzuschlagssatz	5 %
Kundenskonto	3 %
Kundenrabatt	15 %
Sondereinzelkosten des Vertriebs	1,26 €

6.1 Bestimmen Sie den Listenverkaufspreis für einen Kanister, wenn ALCON mit einem Gewinnzuschlag von 8 % kalkuliert.

(Rundung auf zwei Nachkommastellen)

6.2 Berechnen Sie für die ALCON GmbH den Gewinn je Stück in Euro und in Prozent, wenn die Bootswerft SEASIDE bei einem Großauftrag lediglich einen Listenverkaufspreis von 460,00 € pro Kanister unter sonst gleichen Bedingungen akzeptiert.

(Rundung auf zwei Nachkommastellen)

6.3 Koch hat in der letzten Zeit gelegentlich Aufträge zu nicht kostendeckenden Preisen angenommen. Arnold hätte dagegen solche Aufträge abgelehnt.
Beurteilen Sie die unterschiedlichen Auffassungen aus kostenrechnerischer Sicht.

7 ALCON bietet u. a. drei Unterwasserlacke an. Diese werden in 10-Liter-Kanistern abgefüllt. Für das laufende Quartal liegen folgende Zahlen vor:

	AXXON	DELTA	XYLON
Erlös / Kanister	236 €	148 €	132 €
Fertigungszeit / Kanister	4 Stunden	4 Stunden	2 Stunden
sonstige variable Kosten pro Kanister	72 €	16 €	34 €
geplante Menge	240 Kanister	300 Kanister	400 Kanister

Fertigungslohn pro Stunde: 20 €

7.1 Berechnen Sie den Gesamtdeckungsbeitrag für diese Produkte, wenn die geplanten Mengen auch tatsächlich abgesetzt werden können.

7.2 Ein Großauftrag für das Produkt SHELTER führt dazu, dass für die Produkte AXXON, DELTA und XYLON insgesamt im laufenden Quartal nur noch 2.560 Stunden Fertigungszeit zur Verfügung stehen.

Bestimmen Sie das optimale Produktionsprogramm.

Punkte:

Frage	1	2	3	4	5.1	5.2	6.1	6.2	6.3	7.1	7.2
NP	2	2	2	3	3	3	3	2	3	3	4

Lösungsvorschlag

Aufgabe 2: GmbH (rechtliche Grundlagen); Vollkostenrechnung in Form der Zuschlagskalkulation, Angebotskalkulation, Deckungsbeitragsrechnung

1 Geschäftsanteil und Stammkapital

- Der Geschäftsanteil ist die Beteiligung eines Gesellschafters am tatsächlichen Reinvermögen einer GmbH.
- Das Stammkapital ist die Summe der Nennbeträge aller Geschäftsanteile.

2 Nennbetrag und tatsächlicher Wert des Geschäftsanteils

Nennbetrag und tatsächlicher Wert des Geschäftsanteils können voneinander abweichen, wenn Teile des Jahresüberschusses nicht entnommen, sondern den Rücklagen zugeführt wurden.

3 Voraussetzungen zur HR-Anmeldung

- Das Mindeststammkapital der GmbH muss 25.000 € betragen.
- Vor Anmeldung der Gesellschaft müssen mindestens 25 % auf jeden Nennbetrag des Geschäftsanteils und mindestens 50 % des Mindeststammkapitals einbezahlt sein. (§§ 5, 7 Abs. 2 GmbHG).

Alle Voraussetzungen sind erfüllt. Die Anmeldung der Gesellschaft kann erfolgen.

4 Geschäftsführung und Vertretung bei der GmbH

Innenverhältnis:
Die Geschäftsführer sind allein geschäftsführungsberechtigt bis 30.000 € (§ 7 Gesellschaftsvertrag), d. h., Blumer hätte ohne Zustimmung der anderen Geschäftsführer die Anlage nicht bestellen dürfen.

Außenverhältnis:
Der Kaufvertrag ist für die GmbH bindend, da jeder Geschäftsführer einzelvertretungsberechtigt ist. Beschränkungen der Vertretungsbefugnis sind gegenüber Dritten unwirksam (§ 37 Abs. 2 GmbHG).

Ergebnis:
Die GmbH ist an den Vertrag gebunden und zur Zahlung verpflichtet. Blumer ist den anderen Gesellschaftern gegebenenfalls zu Schadenersatz verpflichtet, da er gegen Vereinbarungen aus dem Gesellschaftsvertrag verstoßen hat (§ 37 Abs. 1 GmbHG).

5.1 Satzungsänderung bei der GmbH

Satzungsänderungen bedürfen einer Dreiviertelmehrheit der abgegebenen Stimmen (§ 53 Abs. 2 GmbHG). Jeder Euro eines Geschäftsanteils gewährt eine Stimme.

Stimmanteile:	
Koch:	75.000 Stimmen
Arnold:	20.000 Stimmen
Blumer:	35.000 Stimmen
	130.000 Stimmen

Koch und Arnold verfügen lediglich über 95.000 Stimmen. Dies entspricht einem Anteil von 73,1 %. Folglich kann Blumer eine Satzungsänderung verhindern.

5.2 Beurteilung einer vollständigen Gewinnausschüttung

Für einen Kapitalgeber ist eine Ausschüttung deshalb von Interesse, weil er für sein investiertes Kapital den Ertrag ausbezahlt bekommen möchte. Er erhält damit die Möglichkeit, neue Anlageentscheidungen zu treffen.

Aus Sicht der GmbH ist es in Anbetracht des geplanten Investitionsvorhabens sinnvoll, auf die Ausschüttung zu verzichten und zumindest Teile des Jahresüberschusses einzubehalten, um die Selbstfinanzierung einer Fremdfinanzierung vorzuziehen. Eine stärkere Eigenkapitalbasis erhöht zudem die Stabilität des jungen Unternehmens und führt zu einer höheren Kreditwürdigkeit.

6.1 Vorwärtskalkulation

	Fertigungsmaterial		140,00 €		
+	Materialgemeinkosten	10 %	14,00 €		
=	Materialkosten		154,00 €		
	Fertigungslöhne		80,00 €		
+	Fertigungsgemeinkosten	110 %	88,00 €		
=	Fertigungskosten		168,00 €		
	Herstellkosten		322,00 €		
+	Verwaltungskosten	12 %	38,64 €		
+	Vertriebsgemeinkosten	5 %	16,10 €		
+	Sondereinzelkosten des Vertriebs		1,26 €		
=	Selbstkosten		378,00 €	100 %	
+	Gewinnzuschlag	8 %	30,24 €	+ 8 %	
=	Barverkaufspreis		408,24 €	108 %	97 %
+	Kundenskonto	3 %	12,63 €		+ 3 %
=	Zielverkaufspreis		420,87 €	85 %	100 %
+	Kundenrabatt	15 %	74,27 €	+ 15 %	
=	Listenverkaufspreis		495,14 €	100 %	

6.2 Rückwärtskalkulation

	Selbstkosten		378,00 €		
+	Gewinnzuschlag		**1,27 €**		
=	Barverkaufspreis		379,27 €		97 %
+	Kundenskonto	3 %	11,73 €		+ 3 %
=	Zielverkaufspreis		391,00 €	85 %	100 %
+	Kundenrabatt	15 %	69,00 €	+ 15 %	
=	Listenverkaufspreis		460,00 €	100 %	

Gewinnzuschlag in Prozent: $\frac{1,27\ € \cdot 100\ \%}{378,00\ €} = 0,34\ \%$

6.3 Annahme nicht kostendeckender Aufträge

Die Auffassung von Koch ist aus kostenrechnerischer Sicht dann vertretbar, wenn der Preis über den variablen Stückkosten liegt und somit positive Deckungsbeiträge erwirtschaftet werden. Bei Unterbeschäftigung führt diese Vorgehensweise insgesamt zu einer Verbesserung des Betriebsergebnisses.

Um jedoch dauerhaft am Markt existieren zu können, muss das Unternehmen einen angemessenen Gewinn erzielen. Deshalb ist die Auffassung von Arnold nachzuvollziehen, vor allem, wenn das Unternehmen nahezu voll ausgelastet ist.

7.1 Gesamtdeckungsbeitrag

	AXXON	DELTA	XYLON
Erlös / Kanister	236 €	148 €	132 €
Fertigungslöhne sonstige variable Kosten	80 € 72 €	80 € 16 €	40 € 34 €
Stückdeckungsbeitrag	84 €	52 €	58 €
Produktbeitrag (gesamt)	20.160 €	15.600 €	23.200 €
Gesamtdeckungsbeitrag		58.960 €	

7.2 Relativer Deckungsbeitrag; optimales Produktionsprogramm

Benötigte Fertigungszeit ohne Kapazitätsbeschränkung:

AXXON	$240 \cdot 4 =$	960 Stunden
DELTA	$300 \cdot 4 =$	1.200 Stunden
XYLON	$400 \cdot 2 =$	800 Stunden
Summe		2.960 Stunden

Es liegt eine Engpasssituation vor. Deshalb richtet sich die Rangfolge nach dem relativen Deckungsbeitrag.

	AXXON	DELTA	XYLON
Stückdeckungsbeitrag	84 €	52 €	58 €
Engpass Fertigungszeit / Kanister	4 Stunden	4 Stunden	2 Stunden
relativer Deckungsbeitrag	21 € / Std.	13 € / Std.	29 € / Std.
Rangfolge	2	3	1
optimales Produktionsprogramm	**240 Stück**	**200 Stück ***	**400 Stück**
Fertigungszeit	960 Stunden	800 Stunden	800 Stunden

*	beschränkte Fertigungszeit	2.560 Stunden
–	Fertigungszeit XYLON	800 Stunden
–	Fertigungszeit AXXON	960 Stunden
=	max. Fertigungszeit DELTA	800 Stunden / 4 Stunden = 200 Stück

AG: Jahresabschluss, Bewertung nach HGB (BilMoG), Analyse des Jahresabschlusses

Die Kaiser AG stellt hochwertige Druckmaschinen her. In den letzten Jahren gab es einen kontinuierlichen Rückgang der Nachfrage nach Druckmaschinen. Die Kaiser AG war daher gezwungen, die Belegschaft auf 679 Mitarbeiter (Geschäftsjahr 2011) abzubauen.
Während im Geschäftsjahr 2010 eine Dividende von 0,70 € pro Aktie ausgeschüttet werden konnte, betrug die Dividende für das Geschäftsjahr 2011 nur 0,50 €/Aktie (Nennwert: 10 €/Aktie).

Aufbereitete Bilanzen der Kaiser AG für die Geschäftsjahre 2010 und 2011 (in Mio. €)

AKTIVA	2010	2011	PASSIVA	2010	2011
A. Anlagevermögen			**A. Eigenkapital**		
I. Sachanlagen	91,9	88,4	I. Gezeichnetes Kapital	30,0	30,0
II. Finanzanlagen	21,1	21,4	II. Kapitalrücklage	3,4	3,4
Summe	113,0	109,8	III. Gewinnrücklagen		
			1. gesetzl. Rücklage	2,5	2,5
			2. and. Gewinnrückl	5,7	6,9
			IV. Bilanzgewinn	2,8	1,9
			Summe	44,4	44,7
B. Umlaufvermögen					
I. Vorräte	61,3	55,1	**B. Langfr. Fremdkap.**		
II. Forderungen a. LuL.	45,6	49,3	1. Pensionsrückstellg.	27,5	34,1
III. Wertpapiere	7,5	7,9	2. Verbindlichkeiten gegenüber Kreditinstituten	66,2	65,9
IV. Kasse, Bank	14,0	15,4			
Summe	128,4	127,7	Summe	93,7	100,0
			C. Kurzfr. Fremdkap.		
			1. sonst. Rückstellg.	45,4	41,2
			2. Verbindlichk. a. LuL.	57,9	51,6
			Summe	103,3	92,8
	241,4	237,5		241,4	237,5

1 Begründen Sie, ob die Kaiser AG den Jahresabschluss um einen Anhang erweitern und einen Lagebericht erstellen muss.

2 Erläutern Sie jeweils eine Funktion von Anhang und Lagebericht.

3 Zur Vorbereitung der Bilanzpressekonferenz werden unter anderem verschiedene Bilanzkennzahlen ermittelt, um die wirtschaftliche Situation des Unternehmens zu verdeutlichen. Der Finanzvorstand erwartet vor allem kritische Fragen zur Kapitalstruktur des Unternehmens.

3.1 – Berechnen Sie für das Geschäftsjahr 2011 folgende Bilanzkennzahlen:
- Eigenkapitalquote
- Deckungsgrad I
- Deckungsgrad II
- Liquiditätsgrad II (einzugsbedingte Liquidität)

(Rundung jeweils auf eine Nachkommastelle)

– Beurteilen Sie die Ergebnisse.

3.2 Der Finanzvorstand begründet die derzeitige Kapitalstruktur damit, dass in der Vergangenheit der Leverage-Effekt genutzt worden sei.
Erläutern Sie diesen Effekt und zeigen Sie zwei Probleme auf, die bei der weiteren Nutzung dieser Strategie auftreten können.

3.3 Die Bilanzposition „Pensionsrückstellungen" zeigt zwischen den Geschäftsjahren 2010 und 2011 eine auffällige Veränderung.
Erläutern Sie die Wirkungsweise einer Finanzierung des Unternehmens durch die Bildung von Pensionsrückstellungen.

4 Die Gewinn- und Verlustrechnung für das Geschäftsjahr 2011 weist folgende Zahlen aus:

GuV-Rechnung der Kaiser AG (in Mio. €) Geschäftsjahr 2011 (vereinfacht)		
1	Umsatzerlöse	93,8
2	Bestandserhöhungen Erzeugnisse	3,5
3	sonstige betriebliche Erträge	0,8
4	Aufwendungen Roh-, Hilfs-, Betriebsstoffe	66,1
5	Personalaufwand	27,4
6	Abschreibungen	4,3
7	sonstige betriebliche Aufwendungen	0,7
8	Erträge aus Beteiligungen	2,3
9	Zinserträge	0,4
10	Zinsaufwendungen	1,6
11	außerordentliche Erträge	5,7
12	außerordentliche Aufwendungen	0,7
13	Steuern vom Einkommen und vom Ertrag	2,1
14	sonstige Steuern	0,5
15	Jahresüberschuss	3,1

4.1 Der Vorstand ist zwar mit der Höhe des Jahresüberschusses, nicht aber mit dem Ergebnis der gewöhnlichen Geschäftstätigkeit zufrieden.
Zeigen Sie an einer Position der vorliegenden GuV-Rechnung auf, dass diese Bedenken des Vorstands berechtigt sind.

4.2 Das EBIT wird als Kennzahl zur Beurteilung der Ertragslage oft dem Jahresüberschuss vorgezogen.

4.2.1 Ermitteln Sie das EBIT der Kaiser AG für das Geschäftsjahr 2011.

4.2.2 Erläutern Sie, weshalb das EBIT für den Vergleich der Ertragslage verschiedener Unternehmen als aussagekräftiger gilt.

5 Im Geschäftsjahr 2011 wurden 10 Offset-Druckmaschinen fertiggestellt. Anfang 2012 sollen die Maschinen ausgeliefert werden. Zur Ermittlung des Bilanzansatzes für den 31. 12. 2011 lagen aus der Kostenrechnung folgende Zahlen für eine Druckmaschine vor:

Materialeinzelkosten	40.000 €
Fertigungseinzelkosten	100.000 €
MGKZ	25 %
FGKZ	150 %
VwGKZ (Verwaltungsbereich)	10 %
VtGKZ	5 %

5.1 Bisher wurden die hergestellten Maschinen im Jahresabschluss zum Mindestwertansatz ausgewiesen.
Berechnen Sie den Unterschiedsbetrag zum höchstmöglichen Bilanzansatz.

5.2 Zeigen Sie die Veränderungen in der GuV-Rechnung auf, die sich durch die Bewertung zum höchstmöglichen Bilanzansatz ergeben würden.

Punkte:

Frage	1	2	3.1	3.2	3.3	4.1	4.2.1	4.2.2	5.1	5.2
NP	2	2	8	3	3	2	2	3	3	2

Lösungsvorschlag

Aufgabe 3: AG: Jahresabschluss, Bewertung nach HGB (BilMoG), Analyse des Jahresabschlusses

1 Pflicht zur Erstellung von Anhang und Lagebericht

Die Kaiser AG muss sowohl einen Anhang als auch einen Lagebericht erstellen.

Anhang: (§ 264 Abs. 1 S. 1 HGB)
Alle Kapitalgesellschaften müssen den Jahresabschluss um einen Anhang erweitern.

Lagebericht: (§ 264 Abs. 1 S. 3 HGB)
Mittelgroße und große Kapitalgesellschaften müssen einen Lagebericht erstellen. Die Kaiser AG ist gemäß § 267 Abs. 3 HGB eine große Kapitalgesellschaft. Sowohl die Anzahl der Mitarbeiter (> 250) als auch die Bilanzsummen (> 19.250.000 €) erfüllen in beiden Jahren die Kriterien einer großen Kapitalgesellschaft.

2 Funktion von Anhang und Lagebericht

Anhang: (§ 284 HGB)

Der Anhang liefert weitere Informationen zu einzelnen Posten der Bilanz und GuV-Rechnung (z. B. Bewertungsmethoden).

Lagebericht: (§ 289 Abs. 1 HGB)

Ziel ist es, ein Bild von den tatsächlichen Verhältnissen des Unternehmens zu vermitteln. Dazu sollen der Geschäftsverlauf, das Geschäftsergebnis und die Lage der Kapitalgesellschaft dargestellt werden. Im Gegensatz zum Anhang enthält der Lagebericht auch zukunftsorientierte Angaben.

3.1 Berechnung und Beurteilung von Bilanzkennzahlen

Berechnung des Eigenkapitals: 44,7 Mio. € – 1,5 Mio. € = 43,2 Mio. €

Hinweis: *In der ausgewiesenen Summe des Eigenkapitals ist die Bilanzposition „Bilanzgewinn" enthalten, die noch um die auszuzahlende Dividende (0,50 €/Aktie · 3 Mio. Aktien) bereinigt werden muss.*

$$\text{Eigenkapitalquote} = \frac{\text{Eigenkapital} \cdot 100}{\text{Gesamtkapital}} = \frac{43{,}2 \cdot 100}{237{,}5} = \underline{\underline{18{,}2\,\%}}$$

$$\text{Anlagedeckungsgrad I} = \frac{\text{Eigenkapital} \cdot 100}{\text{Anlagevermögen}} = \frac{43{,}2 \cdot 100}{109{,}8} = \underline{\underline{39{,}3\,\%}}$$

$$\text{Anlagedeckungsgrad II} = \frac{(\text{EK} + \text{langfr. FK}) \cdot 100}{\text{Anlagevermögen}} = \frac{(43{,}2 + 100) \cdot 100}{109{,}8} = \underline{\underline{130{,}4\,\%}}$$

$$\text{Liquiditätsgrad II} = \frac{(\text{Kasse, Bank} + \text{Wertpapiere} + \text{Forderungen}) \cdot 100}{\text{kurzfr. Fremdkapital}}$$

$$= \frac{(15{,}4 + 7{,}9 + 49{,}3) \cdot 100}{92{,}8 + 1{,}5\,*} = \underline{\underline{77{,}0\,\%}}$$

* Die Dividende wird bis zu ihrer Auszahlung als kurzfristige Verbindlichkeit behandelt und muss hier zum kurzfristigen Fremdkapital hinzuaddiert werden.

Beurteilung:

- Eigenkapitalquote: Die Eigenkapitalquote ist mit 18,2 % nicht zufriedenstellend. Die Unternehmung ist sehr stark auf die Finanzierung mit Fremdkapital angewiesen.
- Anlagedeckungsgrad I: Beim Anlagedeckungsgrad I gilt der Richtwert von 100 %. Dieser wird hier bei Weitem nicht erreicht. Dies bestätigt die schlechte Ausstattung des Unternehmens mit Eigenkapital.
- Anlagedeckungsgrad II: Beim Anlagedeckungsgrad II wird der Richtwert von 100 % übertroffen. Die Goldene Bilanzregel ist erfüllt, d. h., das Anlagevermögen wird durch langfristiges Kapital finanziert.
- Liquiditätsgrad II: Beim Liquiditätsgrad II wird der Richtwert von 100 % (one-to-one-ratio) nicht erfüllt. Das Unternehmen kann auf der Basis der einzugsbedingten Liquidität seine kurzfristigen Verbindlichkeiten nicht erfüllen. Dies lässt auf eine angespannte Liquiditätslage schließen.

3.2 Leverage-Effekt

Erläuterung:

Eine Erhöhung des Verschuldungsgrades führt zu einer Erhöhung der Eigenkapitalrentabilität, solange der Fremdkapitalzinssatz niedriger als die Gesamtkapitalrentabilität ist.

mögliche Probleme:

- Bei einer Verschlechterung der Gesamtkapitalrentabilität oder einer Erhöhung des Fremdkapitalzinssatzes ergibt sich das Risiko eines negativen Leverage-Effektes. Dies führt zu einer Verringerung der Eigenkapitalrentabilität.
- Angesichts des bereits jetzt hohen Verschuldungsgrades und des damit verbundenen Risikos wird der Kreditgeber den Zinssatz erhöhen und /oder keine weiteren Kredite mehr zur Verfügung stellen.

3.3 Finanzierung durch Bildung von Pensionsrückstellungen

Die Finanzierung aus den Pensionsrückstellungsgegenwerten stellt eine langfristige Fremdfinanzierung dar, bei der keine Zinszahlungen anfallen.

Die mit der Rückstellungsbildung anfallenden Aufwendungen sind noch nicht auszahlungswirksam. Der ausgewiesene Gewinn wird geringer und die Rückstellungsbildung wirkt als Ausschüttungssperre.

Durch die geringeren Gewinnsteuern werden zusätzliche liquide Mittel im Unternehmen belassen.

4.1 Vergleich Jahresüberschuss – Ergebnis der gewöhnlichen Geschäftstätigkeit

Das „Ergebnis der gewöhnlichen Geschäftstätigkeit" beträgt lediglich 0,7 Mio. € (Summe der GuV-Positionen 1 bis 10). Auffällig ist die Position 11 „außerordentliche Erträge" in Höhe von 5,7 Mio. €. Sie enthält einmalige Vorgänge, die verglichen mit dem Jahresüberschuss in dieser Periode sehr hoch sind. Dies ist nicht in jeder Periode wiederholbar. Die Bedenken des Vorstandes sind berechtigt, da der Jahresüberschuss, bereinigt um die „außerordentlichen Erträge", sogar negativ wäre.

4.2.1 Berechnung des EBIT

	Jahresüberschuss	3,1 Mio. €
+	außerordentliche Aufwendungen	0,7 Mio. €
–	außerordentliche Erträge	5,7 Mio. €
+	Ertragssteuern	2,1 Mio. €
+	Zinsaufwendungen	1,6 Mio. €
–	Zinserträge	0,4 Mio. €
=	EBIT	1,4 Mio. €

4.2.2 Vorteile des EBIT

Durch das Herausrechnen

- der Steuern kann die Ertragskraft von Unternehmen verglichen werden, für die unterschiedliche Gewinnsteuersätze gelten (je nach Unternehmensform oder Land).
- der Zinsen können Unternehmen mit unterschiedlicher Kapitalausstattung und unterschiedlichen Fremdkapitalzinssätzen verglichen werden.
- der außerordentlichen Erträge und Aufwendungen bleiben einmalige und zufällige Vorgänge unberücksichtigt.

5.1 Wertunter- und Wertobergrenze bei der Bewertung von Fertigerzeugnissen

Ansatz für 10 Maschinen	Wertuntergrenze	Wertobergrenze
+ Materialeinzelkosten	400.000 €	400.000 €
+ Materialgemeinkosten 25 %	100.000 €	100.000 €
+ Fertigungseinzelkosten	1.000.000 €	1.000.000 €
+ Fertigungsgemeinkosten 150 %	1.500.000 €	1.500.000 €
	3.000.000 €	3.000.000 €
+ Verwaltungsgemeinkosten 10 %	–	300.000 €
+ Vertriebsgemeinkosten 5 % (Verbot!)	–	–
= Bilanzansatz 31. 12. 2011	3.000.000 €	3.300.000 €

Der Unterschiedsbetrag beträgt 300.000 €.

5.2 Veränderungen in der GuV

Änderung der GuV-Positionen:

2	Bestandserhöhungen Erzeugnisse:	Erhöhung von 3,5 Mio. € auf 3,8 Mio. €
15	Jahresüberschuss:	Erhöhung von 3,1 Mio. € auf 3,4 Mio. €

Profilfach Wirtschaft (Baden-Württemberg)
Volkswirtschaftslehre (Teil 2) 2012 – Aufgabe 4

Verhalten der Marktteilnehmer unter Wettbewerbsbedingungen (Nachfrage und Angebot am Gütermarkt), Preisbildung unter Wettbewerbsbedingungen in Verbindung mit Markteingriffen des Staates

Material

In Deutschland werden pro Jahr ca. 10 Mrd. Hühnereier in verschiedenen Größenklassen erzeugt. Die Nachfrage nach Eiern hat in den letzten Jahren zugenommen.
Käfighaltung (Batteriehaltung) ist in Deutschland seit dem 01. 01. 2010 verboten. Mit Vorbereitungen für die Umstellung der Produktion wurde bereits im Jahr 2009 begonnen.
Im Februar 2006 war die Hühnerhaltung von der Vogelgrippe betroffen.
Abnehmer der Eierproduktion sind Privathaushalte, Gastronomie und Lebensmittelindustrie. Deren Nachfrage weist erhebliche saisonale Schwankungen auf.

(Quelle: Bundesanstalt für Landwirtschaft und Ernährung: Kennzahlen des deutschen Eiermarktes. BMELV 422. Herausgeber: Bundesministerium für Ernährung, Landwirtschaft und Verbraucherschutz, Berlin 2010; www.bmelv.de/SharedDocs/Standardartikel/Landwirtschaft/Agrarmaerkte/Produkte/Eier.html)

Eierpreise werden in Deutschland an verschiedenen Waren- und Produktenbörsen ermittelt. Die folgende Abbildung zeigt die Preisentwicklung für Eier, Handelsklasse I, L, an der Bayerischen Warenbörse München für den Zeitraum 2005 bis 2009:

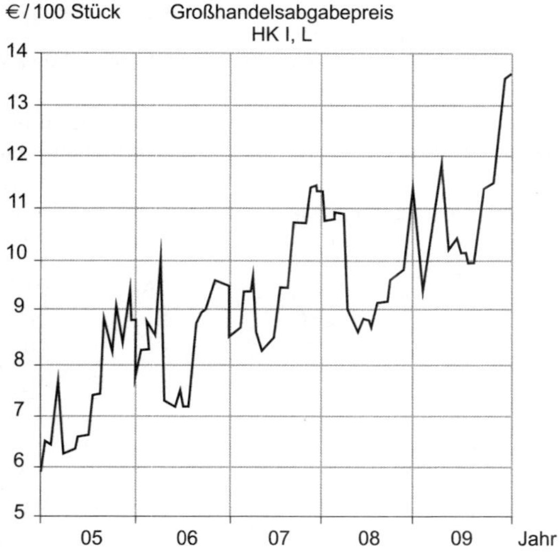

(Quelle: Bayerische Warenbörse München, in: Agrarmärkte 2010. Eier und Geflügel. Herausgeber: Landesanstalt für Entwicklung der Landwirtschaft und der Ländlichen Räume, Bayerische Landesanstalt für Landwirtschaft. München / Schwäbisch Gmünd 2010)

1 Zeigen Sie unter Verwendung der Informationen aus dem oben stehenden Material anhand von drei Ursachen auf, warum sich die Preise während der Jahre 2005 bis 2009 in der dargestellten Weise verändert haben.

2 Bauer Aierle ist einer von vielen Eier-Anbietern in Nordwürttemberg. Seine Gesamtkostenkurve für die Eierproduktion weist fixe Kosten und einen S-förmigen Verlauf auf. Seine Gesamterlöskurve für Eier verläuft linear.
Es wird vollständige Konkurrenz unterstellt.

2.1
- Skizzieren Sie in einem Koordinatensystem den Verlauf von Gesamtkosten und Gesamterlösen, sodass eine Gewinnzone entsteht.
- Bestimmen Sie in der Skizze die gewinnmaximale Menge.
- Zeigen Sie in der Skizze, wie sich die gewinnmaximale Menge ändert, wenn der Eierpreis steigt.

2.2 Begründen Sie aus betriebswirtschaftlicher Sicht das Angebotsverhalten von Aierle bei steigendem Eierpreis und konstanten Kosten.

2.3 Erläutern Sie, welchen Einfluss eine Erhöhung der Fixkosten auf das kurzfristige und langfristige Angebotsverhalten von Aierle hat.

3 Die Legehennen werden unter anderem mit Mais, Soja-Schrot und Fischmehl gefüttert. Seit dem letzten Jahr ist im deutschen Großhandel für importierte Agrarprodukte der Tonnenpreis für Fischmehl um 30 % gestiegen, während die Nachfrage nach Soja-Schrot um 42 % zugenommen hat.
Der Tonnenpreis für Soja-Schrot ist im gleichen Zeitraum um 20 % gestiegen.
- Erläutern Sie den sich aus der beschriebenen Marktentwicklung ergebenden Zusammenhang zwischen Fischmehl und Soja-Schrot durch die Berechnung einer geeigneten Elastizitätskennzahl.
- Erörtern Sie eine sich aus diesem Zusammenhang möglicherweise ergebende ökologische Folgewirkung.

4 Der Staat will die Erzeuger von Bio-Eiern unterstützen.
Es sollen die Auswirkungen eines Mindestpreises (Alternative 1) und einer Subventionierung (Alternative 2) miteinander verglichen werden.
In der folgenden Abbildung sind als Ausgangssituation die Marktnachfrage der privaten Haushalte nach Bio-Eiern und das Marktangebot der für die Endverbraucher bestimmten Bio-Eier dargestellt.

Gesamtangebot und Gesamtnachfrage für Bio-Eier

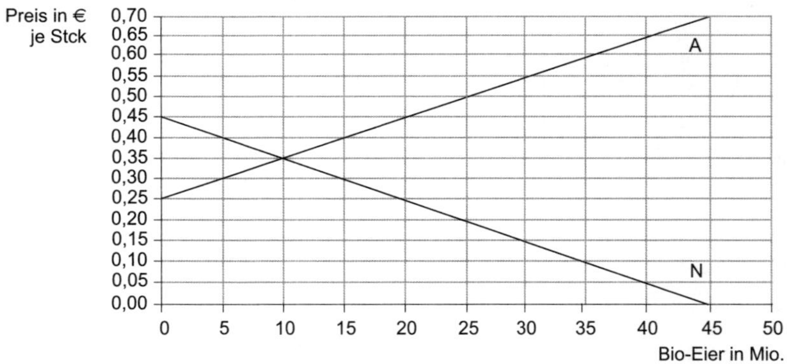

4.1
- Berechnen Sie die Gesamtwohlfahrt in der Ausgangssituation
- Erläutern Sie das Zustandekommen des Ergebnisses.

4.2 Alternative 1:
Der geplante Mindestpreis soll sich um 0,05 € vom bisherigen Gleichgewichtspreis unterscheiden.
- Stellen Sie die sich daraus ergebende Veränderung der Marktsituation in Grafik 1 (Anlage, S. 2012-24) dar.
- Berechnen Sie für diesen Fall die Gesamtwohlfahrt unter Berücksichtigung der Folgen für den Staatshaushalt.
- Ermitteln Sie die Veränderung der Gesamtwohlfahrt gegenüber dem Ergebnis aus 4.1.

4.3 Alternative 2:
Der Staat zahlt den Anbietern für jedes verkaufte Bio-Ei eine Subvention in Höhe von 0,20 €.
- Stellen Sie die sich daraus ergebende Veränderung der Marktsituation in Grafik 2 (Anlage, S. 2012-24) dar.
- Berechnen Sie für diesen Fall die Gesamtwohlfahrt unter Berücksichtigung der Folgen für den Staatshaushalt.
- Ermitteln Sie die Veränderung der Gesamtwohlfahrt gegenüber dem Ergebnis aus 4.1.

4.4
- Unterscheiden Sie Mindestpreise und staatliche Subventionen hinsichtlich ihrer Wirkung auf den Preismechanismus.
- Treffen Sie für den vorliegenden Fall unter Berücksichtigung von Wohlfahrtswirkungen und Marktversorgung eine begründete Entscheidung, ob der Staat die Erzeuger von Bio-Eiern durch Subventionierung oder durch die Einführung eines Mindestpreises unterstützen soll.

4.5 Begründen Sie mit zwei Argumenten, warum trotz der Belastung des Staatshaushalts staatliche Eingriffe zugunsten der Bio-Eier-Produktion gerechtfertigt sein können.

Punkte:

Frage	1	2.1	2.2	2.3	3	4.1	4.2	4.3	4.4	4.5
NP	3	3	2	3	3	3	3	3	4	3

Anlage

Grafik 1

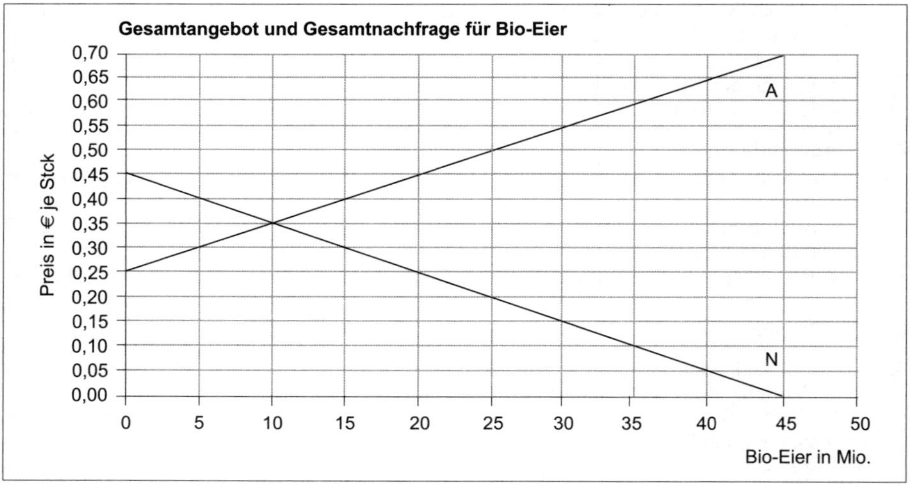

Grafik 2

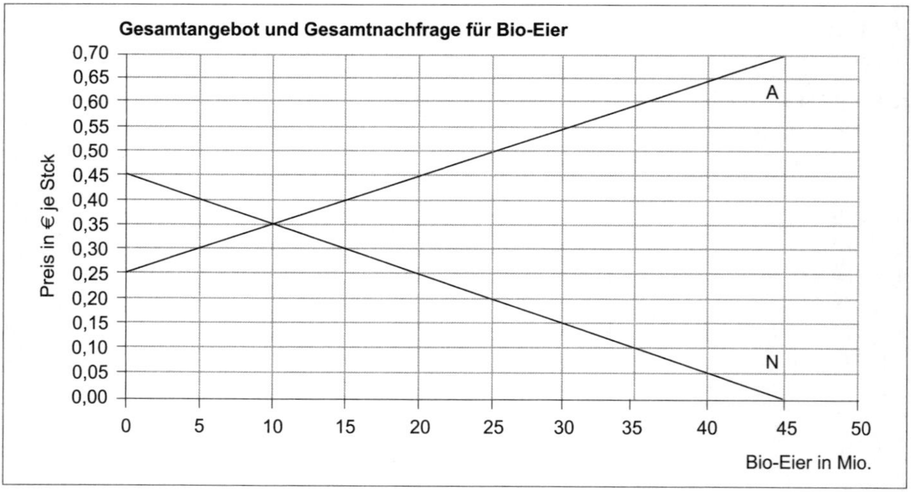

Lösungsvorschlag

Aufgabe 4: Verhalten der Marktteilnehmer unter Wettbewerbsbedingungen (Nachfrage und Angebot am Gütermarkt), Preisbildung unter Wettbewerbsbedingungen in Verbindung mit Markteingriffen des Staates

1 Ursachen der Preisentwicklung auf dem Eiermarkt in den Jahren 2005 bis 2009

- Preisentwicklung Februar 2006 unmittelbar nach Ausbruch der Vogelgrippe:
  - zunächst: Preisanstieg wegen Angebotsrückgang, da viele Legehennen getötet wurden
  - danach: Preisverfall wegen Nachfragerückgang aus Angst vor dem Virus
- Preisanstieg ab Mitte 2009:
  Aufgrund des Verbots der Käfighaltung zum 01. 01. 2010 mussten die Eierproduzenten die Legehennenplätze umbauen. Dies führte zu einer vorübergehenden Angebotsverknappung.
- jährliche Preissteigerungen vor Ostern und Weihnachten wegen erhöhter Nachfrage

2.1 Gesamtkosten- und Gesamterlösfunktion bei s-förmigem Kostenverlauf mit grafischer Bestimmung der gewinnmaximalen Menge bei steigenden Verkaufspreisen

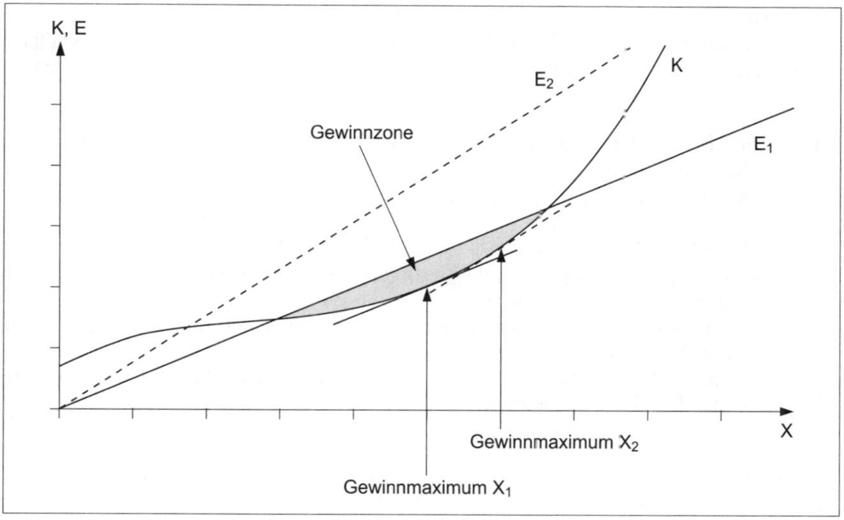

Bei einer Erhöhung des Stückpreises verläuft die Erlöskurve steiler ($E_1 \rightarrow E_2$). Die gewinnmaximale Menge steigt ($X_1 \rightarrow X_2$).

2.2 Betriebswirtschaftliche Begründung des Angebotsverhaltens

Die angebotene Menge entspricht immer der gewinnmaximalen Menge (bei Grenzerlös = Grenzkosten). Bei steigendem Preis erhöht sich die gewinnmaximale Menge (siehe 2.1). Folglich steigt die angebotene Menge bei steigendem Preis.

2.3 Auswirkungen einer Fixkostenerhöhung auf das Anbieterverhalten

Die gewinnmaximale Menge ändert sich nicht, da sich die Erhöhung der fixen Kosten nicht auf die Steigung der Gesamtkostenkurve auswirkt und damit den Verlauf der Grenzkostenkurve nicht beeinflusst. Die Gewinnmaximierungsbedingung (Grenzerlös = Grenzkosten) ist somit nach wie vor bei derselben Menge erfüllt wie vor der Kostenerhöhung.

Allerdings verschiebt sich die Stückkostenkurve nach oben. Das bedeutet, dass die im Betriebsoptimum beginnende langfristige Angebotskurve ihren Ausgangspunkt bei einer höheren langfristigen Preisuntergrenze und einer höheren Menge hat. Langfristig bietet Aierle daher erst ab einem höheren Preis an.

Das kurzfristige Angebotsverhalten ändert sich nicht, da das Betriebsminimum unverändert bleibt.

3 Preiselastizitätsbeziehung zwischen Soja-Schrot und Fischmehl sowie die ökologischen Folgen der Nachfrageverschiebung

$$El_{ind} = \frac{\text{prozentuale Nachfragemengenänderung nach Soja-Schrot}}{\text{prozentuale Preisänderung für Fischmehl}} = \frac{42\ \%}{30\ \%} = +1{,}4$$

Die indirekte Preiselastizität (Kreuzpreiselastizität) ist positiv. → Bei den beiden Gütern handelt es sich um Substitutionsgüter, d. h., bei der Hühnerfütterung wird Fischmehl durch Soja-Schrot ersetzt.

Mögliche ökologische Folgen (Beispiele):
- Zunehmender Soja-Anbau verstärkt die Rodung des tropischen Regenwalds.
- Rückgang der Nachfrage nach Fischmehl wirkt der Überfischung entgegen.

4.1 Berechnung der Gesamtwohlfahrt und Erläuterung des Ergebnisses

	Konsumentenrente:	$(10 \text{ Mio.} \cdot 0{,}1)/2 = 0{,}5$ Mio. €
+	Produzentenrente:	$(10 \text{ Mio.} \cdot 0{,}1)/2 = 0{,}5$ Mio. €
=	Gesamtwohlfahrt	$= 1{,}0$ Mio. €

Die Gesamtwohlfahrt ist der insgesamt von Anbietern und Nachfragern erzielte Vorteil, der sich dadurch ergibt, dass
- Nachfrager bereit gewesen wären, einen höheren Preis als den Marktpreis zu zahlen (Konsumentenrente).
- Anbieter bereit gewesen wären, zu einem niedrigeren Preis als dem Marktpreis zu verkaufen (Produzentenrente).

4.2 Staatlicher Mindestpreis und die Folgen für die Gesamtwohlfahrt

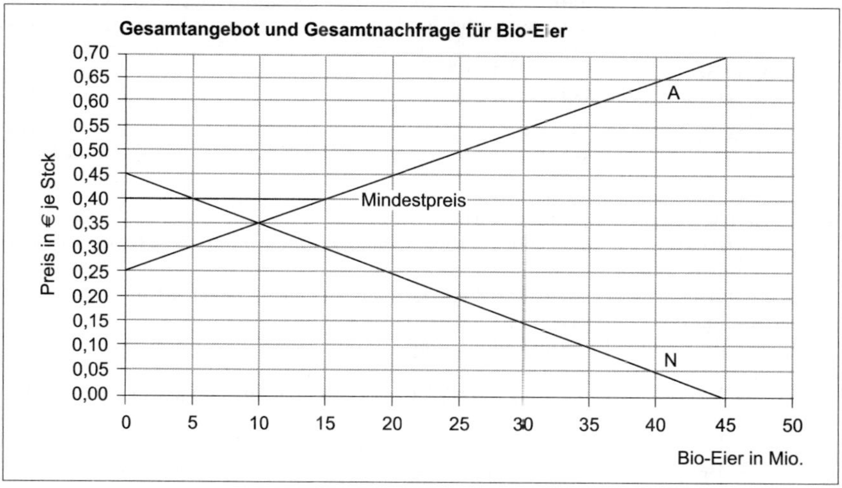

	KR nach Mindestpreis	5 Mio. · (0,45 – 0,40)/2 =	125.000 €
+	PR nach Mindestpreis	15 Mio. · (0,40 – 0,25)/2 =	1.125.000 €
–	Aufkauf des Angebotsüberschusses	(15 Mio. – 5 Mio.) · 0,4 =	4.000.000 €
=	Gesamtwohlfahrt nach Mindestpreis-Einführung		–2.750.000 €
–	KR und PR vor Mindestpreis-Einführung (siehe 4.1)		1.000.000 €
=	Wohlfahrtsminderung nach Mindestpreis-Einführung		–3.750.000 €

4.3 Staatliche Anbietersubventionen und die Folgen für die Gesamtwohlfahrt

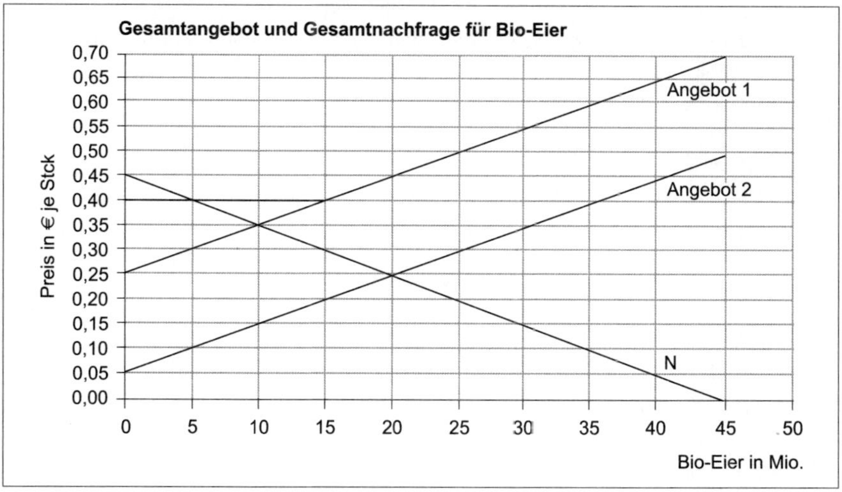

KR nach Subvention	20 Mio. · (0,45 – 0,25)/2	= 2.000.000 €
+ PR nach Subvention	20 Mio. · (0,25 – 0,05)/2	= 2.000.000 €
– Staatsausgaben für Subventionen	20 Mio. · 0,2	= 4.000.000 €
= Gesamtwohlfahrt nach der Subvention		0 €
– KR und PR vor der Subvention (siehe 4.1)		1.000.000 €
= Wohlfahrtsminderung nach Einführung der Subvention		– 1.000.000 €

4.4 Beurteilung der Staatseingriffe

– Mindestpreise setzen den Preismechanismus außer Kraft → es handelt sich somit um eine marktkonträre Maßnahme.
  Subventionen setzen den Preismechanismus nicht außer Kraft → es handelt sich somit um eine marktkonforme Maßnahme.
– Entscheidung für Subventionierung
  Begründung:
  - In beiden Fällen kommt es bei gleicher Belastung für den Staatshaushalt (4 Mio. €) zu einer Wohlfahrtsminderung. Diese ist bei der Subventionierung aber geringer als bei der Einführung eines Mindestpreises (vgl. 4.2 und 4.3).
  - Bei der Subventionierung kommt es zu einem neuen Gleichgewicht bei niedrigerem Preis und höherer Menge.
    Bei der Festsetzung eines Mindestpreises ist der Preis dagegen höher und die Versorgung der Konsumenten schlechter als vorher.

4.5 Begründung für staatliche Eingriffe zugunsten von Bio-Eiern

z. B.:
– Einkommenssicherung von Bio-Eier-Produzenten, um deren Wettbewerbsfähigkeit zu verbessern
– Volksgesundheit: Verzehr von Bio-Produkten ist für die Gesundheit positiv, da für die Legehennen nur ökologisch unbedenkliches Futter zulässig ist
– Verringerung der Absatzchancen für genmanipuliertes und synthetisches Futter
– Tierschutzgedanke: artgerechte Tierhaltung

Hinweis: *Laut Aufgabenstellung sind nur zwei Nennungen notwendig.*

Profilfach Wirtschaft (Baden-Württemberg)
Volkswirtschaftslehre (Teil 2) 2012 – Aufgabe 5

Wirtschaftspolitische Konzeptionen im Vergleich – Ansatzpunkte und Ergebnisse der Wachstums- und Konjunkturpolitik in Deutschland

1 Das Statistische Bundesamt stellt das Material 1 (Anlagen, S. 2012-30) zur Verfügung.

1.1 Erklären Sie, weshalb das Bruttoinlandsprodukt einen wichtigen Konjunkturindikator darstellt.

1.2 Beschreiben Sie ausführlich mit Hilfe der vorliegenden Informationen, wie sich die Konjunkturlage in Deutschland während der Jahre 2007 bis 2010 entwickelt hat.

1.3 Die Bundesregierung hat Ende 2008 bzw. zu Beginn 2009 zwei Konjunkturprogramme verabschiedet. Diese enthielten u. a. eine „Senkung der Einkommensteuer" sowie „staatliche Investitionen in die Infrastruktur".
- Begründen Sie, welche grundsätzliche wirtschaftspolitische Konzeption beim Einsatz dieser Konjunkturprogramme erkennbar wird.
- Erläutern Sie am Beispiel der Maßnahme „Senkung der Einkommensteuer" die erhoffte Wirkungsweise in mindestens vier Schritten.

1.4 Erklären Sie anhand von zwei Argumenten, weshalb umfangreiche staatliche Konjunkturprogramme von Gegnern solcher Maßnahmen kritisiert werden.

2 Die „Abwrackprämie" war ein im Rahmen des Konjunkturpakets beschlossener staatlicher Zuschuss von 2.500 €. Dieser wurde gewährt, wenn man sein mindestens neun Jahre altes Auto verschrottet und dafür einen Neuwagen oder Jahreswagen gekauft hat.

2.1 Beschreiben Sie, um welche Art des Staatseingriffes es sich bei der Abwrackprämie handelt.

2.2
- Erklären Sie, weshalb es als Folge der Abwrackprämie nicht zwangsläufig zu Preissteigerungen auf dem Markt für Neuwagen gekommen ist.
- Veranschaulichen Sie Ihre Aussagen anhand der Skizze eines gesamtwirtschaftlichen Preis-Mengen-Diagramms.

2.3 Erläutern Sie zwei Wirkungshemmnisse, die den erwünschten konjunkturpolitischen Effekt der Abwrackprämie möglicherweise beeinträchtigt haben.

2.4 Die Abwrackprämie wurde auch als Umweltprämie bezeichnet.
Diskutieren Sie die Folgen der Abwrackprämie für das wirtschaftspolitische Ziel „Erhalt einer lebenswerten Umwelt".

2.5 Angenommen, die Nachfrage nach Neuwagen hat sich wegen der Abwrackprämie um 30 % erhöht. Die direkte Preiselastizität der Nachfrage beträgt 1,6.
Ermitteln Sie, um wie viel Prozent die Neuwagen durch die Abwrackprämie preisgünstiger wurden.

3 Im Herbst 2010 ist die Zahl der Arbeitslosen in Deutschland auf annähernd 3 Millionen gesunken. Das war der niedrigste Stand seit 18 Jahren.

3.1 Untersuchen Sie für die Jahre 2000 bis 2010 den Zusammenhang, der zwischen der Zahl der sozialversicherungspflichtig Beschäftigten und der Zahl der Arbeitslosen besteht (Anlagen, Material 2, S. 2012-31).

3.2 Stagnierende Reallöhne, mehr befristete Arbeitsverträge, ein gewachsener Niedriglohnsektor und mehr als eine Million Leiharbeiter werden als Gründe für das deutsche „Jobwunder" genannt.
- Erläutern Sie, weshalb sich „mehr befristete Arbeitsverträge" positiv auf die Beschäftigung auswirken können.
- Begründen Sie, auf welche wirtschaftspolitische Konzeption die für das „Jobwunder" genannten Ursachen hindeuten.

3.3 Prüfen Sie auf der Grundlage des Materials 2 (Anlagen, S. 2012-31) mit rechnerischem Nachweis, ob das wirtschaftspolitische Ziel „Hoher Beschäftigungsstand" 2010 erreicht werden konnte.

Punkte:

Frage	1.1	1.2	1.3	1.4	2.1	2.2	2.3	2.4	2.5	3.1	3.2	3.3
NP	2	3	4	2	1	3	2	3	2	2	3	3

Anlagen

Material 1

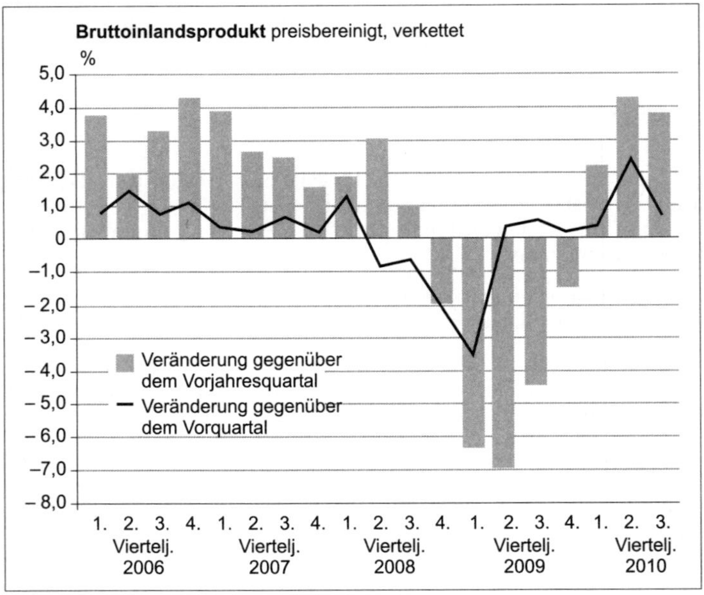

Material 2

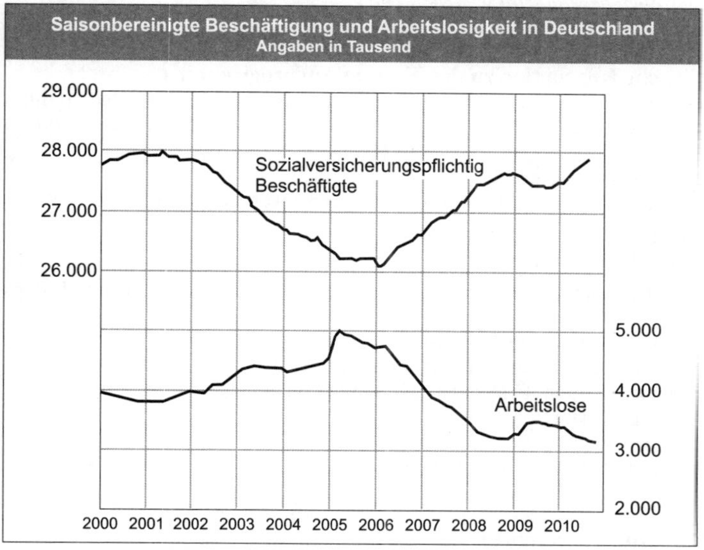

Im Jahr 2010 betrug die
- durchschnittliche Zahl der Arbeitslosen: 3.200.000
- Zahl der zivilen Erwerbspersonen: 45.700.000

Quelle: Bundesagentur für Arbeit

Lösungsvorschlag

Aufgabe 5: Wirtschaftspolitische Konzeptionen im Vergleich – Ansatzpunkte und Ergebnisse der Wachstums- und Konjunkturpolitik in Deutschland

1.1 Bruttoinlandsprodukt als Konjunkturindikator

Das BIP gibt den Wert aller in einer bestimmten Periode hergestellten Güter und Dienstleistungen an. Es ist somit ein Spiegelbild der wirtschaftlichen Aktivität eines Landes und wird daher als wichtiger Gegenwartsindikator zur Charakterisierung der Konjunkturlage angesehen.

1.2 Konjunkturentwicklung in Deutschland von 2007 bis 2010

Zeitraum Q = Quartal	Merkmale	Konjunktur- phase
Q 1 2007 bis Q 3 2008	teilweise hohe Quartals-BIP-Zuwachsraten im Vergleich zum Vorquartal	→ Boom/ Aufschwung
Q 4 2008 (Ausbruch der Finanzkrise) bis Q 4 2009	negative BIP-Veränderung gegenüber dem Vorjahr	→ Rezession/ Depression
Q 1 2010 bis Q 3 2010	steigende (positive) BIP-Zuwachsraten im Vergleich zum entsprechenden Vorjahresquartal)	→ Aufschwung

Hinweis: *Bei der Bestimmung der Konjunkturphase ist die Veränderung des BIP gegenüber dem Vorjahresquartal entscheidend.*

1.3 Wirtschaftspolitische Konzeption zu den Konjunkturprogrammen

Die Konjunkturprogramme entsprechen der nachfrageorientierten Wirtschaftspolitik, da die Konjunktur über eine Erhöhung der gesamtwirtschaftlichen Nachfrage gefördert werden soll:

- Senkung der Einkommensteuer
  → Konsumnachfrage (private Haushalte) soll angeregt werden
- Staatliche Investitionen in die Infrastruktur
  → Erhöhung der Staatsnachfrage

Erhoffte Wirkung der Senkung der Einkommensteuer (Wirkungskette mit mindestens vier Schritten):

→ Steuerbelastung der privaten Haushalte sinkt
→ Verfügbares Einkommen der privaten Haushalte steigt
→ Konsumausgaben steigen / Erlöse der Unternehmen steigen
→ Produktionstätigkeit steigt
→ BIP steigt (Wachstum)
→ Beschäftigung steigt / Arbeitslosigkeit sinkt

1.4 Kritik an Konjunkturprogrammen

- Konjunkturprogramme führen zu einer Erhöhung der Staatsverschuldung.
- Dies kann zu einem Zinsanstieg mit einem „Crowding-out-Effekt" bei privaten Investitionen führen.
- Konjunkturprogramme sind nur ein „Strohfeuer", weil die eigentlichen Ursachen nicht bekämpft werden.
- Konjunkturprogramme verunsichern die Märkte („Stop-and-go-Politik").
- Durch zeitliche Verzögerungen (time-lags) können prozyklische Wirkungen entstehen.

Hinweis: *Die Aufgabenstellung erfordert die Nennung von zwei Argumenten.*

2.1 Staatseingriff Abwrackprämie

Die Abwrackprämie ist ein marktkonformer Staatseingriff, da der Preismechanismus nicht außer Kraft gesetzt wird.

2.2 Auswirkungen der Abwrackprämie auf die Neuwagenpreise

- Die Abwrackprämie führt zu einer Zunahme der Nachfrage nach Neuwagen
  → Rechtsverschiebung der Nachfragekurve.
  Wenn die Kapazitätsauslastung im Bereich der Unterbeschäftigung liegt (Bereich I, siehe Skizze), führt eine Zunahme der Nachfrage (gestrichelte Linie) nicht zwangsläufig zu Preiserhöhungen.

– Skizze:

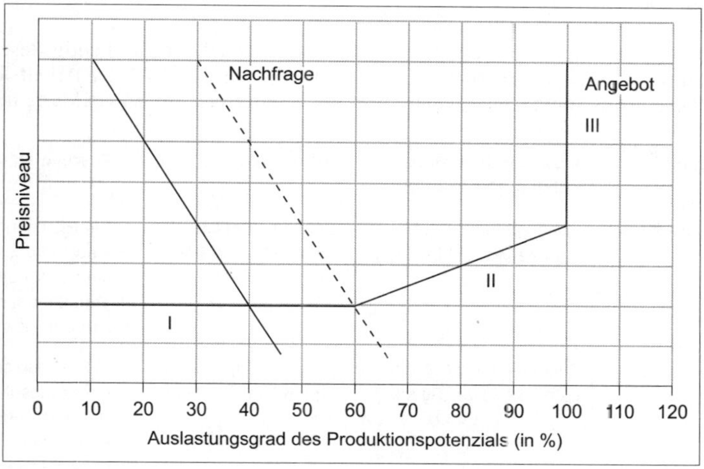

2.3 Konjunkturpolitische Wirkungshemmnisse der Abwrackprämie

z. B.:
- Die Abwrackprämie hatte nur Angebotscharakter. Eine Neuanschaffung wurde unter Umständen trotz eines staatlichen Zuschusses nicht getätigt.
- Mitnahmeeffekte bei Käufern, die ohnehin eine Neuanschaffung geplant hatten.
- Inländische Anbieter profitierten von dieser Maßnahme möglicherweise weniger als ausländische Anbieter, da die Maßnahme eher auf Kleinwagen zielte, die größtenteils importiert werden.

Hinweis: *Die Aufgabenstellung erfordert nur die Nennung von zwei Wirkungshemmnissen.*

2.4 Abwrackprämie als Mittel der Umweltpolitik

Positive Auswirkungen der Abwrackprämie auf die Umwelt:
- Deutlich geringere Emissionswerte von Neuwagen
- Niedriger Treibstoffverbrauch von Neuwagen → Schonung der Erdölressourcen

Negative Auswirkungen der Abwrackprämie auf die Umwelt:
- Verschrottung/Entsorgung der „Altwagen"
- Verschrottung fahrtüchtiger „Altwagen" nur wegen der Prämie
- Ressourcenverbrauch durch Neuproduktion

2.5 Preiselastizität und Folgen der Abwrackprämie für die Preise der Neuwagen

$$El_{dir} = \frac{30\,\%}{\Delta\,p\text{ in }\%} = (-)\,1{,}6 \quad \rightarrow \quad \Delta\,p\text{ in }\% = \frac{30\,\%}{-1{,}6} = (-)\,18{,}75\,\%$$

Die Neuwagen wurden durch die Abwrackprämie um 18,75 % günstiger.

3.1 Zusammenhang zwischen Beschäftigtenzahl und Anzahl der Arbeitslosen in den Jahren 2000 bis 2010

Die beiden Größen entwickeln sich gegenläufig.
Allerdings führt eine Erhöhung der Zahl der sozialversicherungspflichtig Beschäftigten nicht in exakt gleichem Umfang zu einem Rückgang der Zahl der Arbeitslosen und umgekehrt. Dies könnte unter anderem an der demografischen Entwicklung liegen.

Zeitraum	sozialversicherungspflichtig Beschäftigte	Arbeitslose	Zusammenhang
2000 bis 2005	Abnahme um ca. 2 Mio. (von 28 Mio. auf 26 Mio.)	Zunahme um ca. 1 Mio. (von 4 Mio. auf 5 Mio.)	Ein Rückgang sozialversicherungspflichtiger Beschäftigung erhöht tendenziell die Arbeitslosigkeit.
2006 bis 2010	Zunahme um ca. 2 Mio. (von 26 Mio. auf 28 Mio.)	Abnahme um ca. 2 Mio. (von 5 Mio. auf 3 Mio.)	Ein Anstieg sozialversicherungspflichtiger Beschäftigung verringert tendenziell die Arbeitslosigkeit

3.2 Arbeitsmarktreformen – positive Folgen und wirtschaftspolitische Konzeption

- Wenn die Unternehmen die Möglichkeit haben, „mehr befristete Arbeitsverträge" abzuschließen, erhöht sich eher die Bereitschaft, Arbeitsuchende einzustellen. Einstellungshemmende Kündigungsfristen werden nicht wirksam.
- Die genannten Ursachen deuten auf eine angebotsorientierte Wirtschaftspolitik hin, da die Wirtschaftsentwicklung über eine Erhöhung des gesamtwirtschaftlichen Angebots gefördert werden soll:
  Stagnierende Reallöhne können z. B. als Indiz für eine gemäßigte Lohnpolitik gedeutet werden. Insgesamt werden die Rahmenbedingungen für die Angebotsseite verbessert.

3.3 wirtschaftspolitisches Ziel „hoher Beschäftigungsstand"

$$\text{Arbeitslosenquote } 2010 = \frac{3.200.000 \cdot 100}{45.700.000} = 7\ \%$$

Das wirtschaftspolitische Ziel „hoher Beschäftigungsstand" konnte 2010 nicht erreicht werden, da eine Arbeitslosenquote von 7 % nicht als „hoher Beschäftigungsstand" im Sinne von § 1 StabG angesehen werden kann. Das Ziel gilt erst bei einer maximalen Arbeitslosenquote von 3 – 4 % als erreicht.

(Bitte blättern Sie um)